Roland Hellmann
IT-Sicherheit
De Gruyter Studium

Weitere empfehlenswerte Titel

Rechnerarchitektur
Einführung in den Aufbau moderner Computer
Roland Hellmann, 2022
ISBN 978-3-11-074169-8, e-ISBN 978-3-11-074179-7

Mainframe System z Computing
Hardware, Software und Anwendungen
Paul Herrmann, 2020
ISBN 978-3-11-062047-4, e-ISBN 978-3-11-061789-4

Prozessorentwurf mit Verilog HDL
Modellierung und Synthese von Prozessormodellen
Dieter Wecker, 2021
ISBN 978-3-11-071782-2, e-ISBN 978-3-11-071784-6

Elektronik für Informatiker
Von den Grundlagen bis zur Mikrocontroller-Applikation
Manfred Rost, Sandro Wefel, 2021
ISBN 978-3-11-060882-3, e-ISBN 978-3-11-060906-6

IT-Sicherheit
Konzepte – Verfahren – Protokolle
Claudia Eckert, 2023
ISBN 978-3-11-099689-0, e-ISBN 978-3-11-098511-5

Roland Hellmann

IT-Sicherheit

Methoden und Schutzmaßnahmen für Sichere
Cybersysteme

2., aktualisierte und erweiterte Auflage

Autor
Prof. Dipl. Ing. Roland Hellmann
Hochschule Aalen - Technik und Wirtschaft
Fakultät Elektronik und Informatik
Anton-Huber-Str. 25
73430 Aalen
roland.hellmann@hs-aalen.de

ISBN 978-3-11-076708-7
e-ISBN (PDF) 978-3-11-076718-6
e-ISBN (EPUB) 978-3-11-076720-9

Library of Congress Control Number: 2022944829

Bibliografische Information der Deutschen Nationalbibliothek
Die Deutsche Nationalbibliothek verzeichnet diese Publikation in der Deutschen
Nationalbibliografie; detaillierte bibliografische Daten sind im Internet über
http://dnb.dnb.de abrufbar.

© 2023 Walter de Gruyter GmbH, Berlin/Boston
Einbandabbildung: Gettyimages / wildpixel
Druck und Bindung: CPI books GmbH, Leck

www.degruyter.com

Inhalt

1 Grundlagen und Motivation

1.1 Einleitung

Noch vor wenigen Jahren war die IT-Sicherheit eher ein Randgebiet, doch inzwischen ist sie in der Informatik, in Unternehmen und auch im Alltagsleben allgegenwärtig. Immer mehr Menschen wird bewusst, dass sie nicht nur gläsern geworden sind, sondern dass sie selbst oder ihr Unternehmen, in dem sie arbeiten, von Bedrohungen ganz konkret gefährdet sind. Schadsoftware verschlüsselt unerwartet alle erreichbaren Daten und erpresst Lösegeld. Firmen werden massiv geschädigt oder gar insolvent, weil ihre Geschäftsgeheimnisse von der Konkurrenz gestohlen werden. Sogar Menschenleben stehen auf dem Spiel, wenn Energieversorger oder Krankenhäuser wegen eines Hackerangriffs funktionsunfähig werden.

Ob es sich um die Entwicklung von Software handelt, um die Konfiguration von Netzwerken, Servern und Clients oder mittlerweile auch um Embedded Systems in Fahrzeugen oder der Unterhaltungselektronik – überall sind Kenntnisse der IT-Sicherheit gefragt.

Gleichzeitig ist die IT-Sicherheit keine einfache Disziplin: Es kommen in großem Umfang kryptographische Verfahren zum Einsatz, die auf fortgeschrittenen mathematischen Grundlagen beruhen. Ferner spielen außer technischen Belangen und ihren komplexen Zusammenhängen auch rechtliche Randbedingungen und Management-Aspekte eine Rolle. Genauso unterschiedlich werden die Vorkenntnisse sein, die Leser mitbringen und die Erwartungen, die sie hegen.

Dieses Werk soll Studierenden der Informatik und verwandter Disziplinen helfen, ein grundlegendes Verständnis für die IT-Sicherheit und deren Bedeutung zu entwickeln. Es werden möglichst wenige mathematisch-technische Vorkenntnisse vorausgesetzt, so dass auch Studierende im Informatik-Grundstudium sowie technisch interessierte Studierende der Wirtschaftsinformatik, des Wirtschaftsingenieurwesens, der Betriebswirtschaft oder Teilnehmende an Umschulungen davon profitieren sollten.

Zu den einzelnen Kapiteln werden Übungsaufgaben gestellt, deren Lösungen im Anhang zu finden sind. Diese machen das Werk besonders geeignet für das Selbststudium.

1.2 Motivation

Eine funktionierende IT-Infrastruktur ist für ein Unternehmen unerlässlich, und doch wird deren Bedeutung oft unterschätzt. Wie verschiedene Untersuchungen zeigen, überlebt ein Unternehmen bei einem anhaltenden Totalausfall der IT sehr wahrscheinlich nur wenige Tage.

https://doi.org/10.1515/9783110767186-001

Auch der Wert ihrer Daten für die Konkurrenz ist vielen Unternehmen nicht bewusst. Es ist ein verbreiteter Irrglaube, dass das eigene Unternehmen für Wirtschaftsspione nicht interessant genug sei. Aber ein Unternehmen kann meist nur im Wettbewerb überleben, wenn es gewisse Besonderheiten aufweist: Spezielle Fertigkeiten und Produkte, einen festen Kundenstamm, passende Konditionen für seine Leistungen, gute Mitarbeiter, usw. All dies kann für andere Unternehmen ebenfalls von Bedeutung sein.

Knowhow wird beispielsweise oft ausspioniert, um Geld für eigene Innovationen einzusparen. Bekannt gewordene Konditionen können knapp unterboten werden, so dass Aufträge an die Konkurrenz gehen. Ferner können Kunden und Mitarbeiter gezielt abgeworben werden. Auch Sabotage der IT und Lösegelderpressung durch Schadsoftware gewinnt an Verbreitung.

Immer mehr Unternehmen besitzen Abteilungen für **Competitive Intelligence (CI)**, um Informationen über Konkurrenzfirmen zu sammeln. Dabei werden zumindest offene und halboffene Quellen nach brauchbaren Informationen durchsucht, insbesondere Websites und soziale Netzwerke. Es kam bereits öfter vor, dass sich versehentlich Informationen über neue Produkte vorzeitig auf der Website finden ließen. Immer wieder tauschen sich Mitarbeiter in sozialen Netzwerken über Unternehmensthemen aus, und darin lassen sich mitunter verwertbare Informationen finden. Vielleicht werden auch Social-Engineering-Methoden eingesetzt, um Mitarbeitern eigentlich Vertrauliches zu entlocken.

Manche Unternehmen oder Staaten schrecken auch nicht vor gezielter Wirtschaftsspionage zurück. Der Schaden, der dadurch entsteht, ist nur schwer zu beziffern, weil nur ein Bruchteil der Vorfälle entdeckt wird. Und nur ein kleiner Teil der entdeckten Fälle wird den Strafverfolgungsbehörden bekannt. Solche Vorkommnisse werden nach außen und selbst innerhalb eines Unternehmens meist nur ungern kommuniziert, weshalb der Eindruck entstehen kann, dass Wirtschaftsspionage ein vernachlässigbares Phänomen sei. Dennoch geht man davon aus, dass Wirtschaftsspionage allein in Deutschland Schäden von vielen Milliarden Euro jährlich verursacht.

Nachlässigkeiten der Mitarbeiter können es Wirtschaftsspionen leicht machen, an die gewünschten Informationen zu gelangen. Manchen Mitarbeitern erscheinen Sicherheitsvorkehrungen als umständlich, so dass sie ignoriert oder umgangen werden. So werden Passwörter häufig zu einfach gestaltet, oder man verwendet die gleichen Passwörter im privaten wie im beruflichen Umfeld.

Privatgeräte wie Smartphones brauchen nicht unbedingt im Unternehmensnetz zu hängen. Trotzdem kann ein durch Schadsoftware aktiviertes Mikrofon vertrauliche Informationen in falsche Hände bringen.

Manchmal lässt die Neugier Sicherheitsbedenken in den Hintergrund treten. Was passiert, wenn ein Mitarbeiter auf dem Weg zum Mittagessen auf dem Firmengelände einen „verlorenen" USB-Stick entdeckt? Möglicherweise probiert er ihn am Firmen-PC aus und kann ihn so infizieren. Fortan werden alle seine Eingaben vielleicht unbemerkt ins Internet weitergeleitet, einschließlich Passwörtern.

Diese Beispiele zeigen, wie wichtig es ist, sich mit Datensicherheit zu befassen und sie im Unternehmen zu praktizieren.

1.3 Grundbegriffe

1.3.1 Datensicherheit, Datensicherung und Datenschutz

Zunächst wollen wir drei Begriffe voneinander unterscheiden, die häufig verwechselt werden. Sie sind in ihrer Bedeutung zwar verwandt, aber bezeichnen trotzdem recht unterschiedliche Dinge.

Datensicherheit

Datensicherheit wird auch mit leichten Bedeutungsschattierungen **Cyber Security, IT-Sicherheit, Informationssicherheit** oder **Computersicherheit** genannt.

Man versteht darunter den Schutz von Informationssystemen gegen Gefahren wie Abhören, Manipulation oder Zerstörung. Das bezieht sich gleichermaßen auf Hardware, Software und die verarbeiteten Daten. Es macht keinen Unterschied, um welche Art von vertraulichen Daten es sich dabei handelt. Sie können als Kundendaten, Personaldaten oder Patientendaten personenbezogen sein. Genauso sind aber Informationen eingeschlossen, die nichts mit Personen zu tun haben, z.B. Unternehmensstrategien, Konstruktionszeichnungen oder Schaltpläne.

Mitunter werden die oben genannten Begriffe nicht identisch verwendet. Z.B. wird die IT-Sicherheit häufig eher mit technischen Aspekten in Verbindung gebracht, während Informationssicherheit auch Papierunterlagen wie Akten einschließt. Cyber Security wird oft auf das Internet bezogen. Man sollte im Sinn behalten, dass die Begriffe nicht genormt sind. Außerdem sind die Unterschiede oft nicht praktisch relevant. Bestimmt wird man bei Sicherheitsmaßnahmen nicht dort aufhören wollen, wo z.B. Informationen ausgedruckt werden oder wo sie ein Netzwerkkabel verlassen. Auch unterliegt die Verwendung der Begriffe gewissen Modeerscheinungen. Wir werden diese Begriffe daher gleichbedeutend verwenden.

Datensicherung

Als **Datensicherung** bezeichnet man das Anlegen von Backups, also von Sicherheitskopien. Damit ist Datensicherung eine Maßnahme, die die Wiederherstellung von Daten bei Datenverlust ermöglicht. Dies ist nötig, um die Datensicherheit zu gewährleisten.

Datenschutz

Der **Datenschutz** ist der Schutz des Rechts auf informationelle Selbstbestimmung von Personen. Das bedeutet, jeder soll weitgehend selber bestimmen können, wer was über ihn weiß und was mit diesen Daten passiert. Weil es sich dabei um ein Persönlichkeitsrecht handelt, tritt Datenschutz ausschließlich in Verbindung mit natürlichen Personen auf.

Datenschutz wird durch technische und organisatorische Maßnahmen unterstützt und durch rechtliche Bestimmungen geregelt. Insbesondere bei den technischen und organisatorischen Maßnahmen gibt es große Überschneidungen mit der Datensicherheit.

Wir wollen hier nicht im Detail auf das Datenschutzrecht eingehen. An dieser Stelle nur so viel, dass es sich um eine recht komplexe Materie handelt, die man nicht unterschätzen sollte. Es gilt, den Überblick zu bewahren u.a. über die EU-Datenschutz-Grundverordnung (DSGVO), das Bundesdatenschutzgesetz (BDSG neu), die Landesdatenschutzgesetze der Bundesländer, das IT-Sicherheitsgesetz 2.0 (Zweites Gesetz zur Erhöhung der Sicherheit informationstechnischer Systeme), sowie buchstäblich Hunderte spezieller Gesetze und Regelungen, die irgendwie mit dem Datenschutz zu tun haben. Hinzu kommen einrichtungsspezifische Betriebs- und Dienstvereinbarungen. Es sei zum Thema Datenschutz auf die einschlägige Fachliteratur verwiesen, z.B. [Hansen-Oest, 2020].

1.3.2 Identifizierung, Authentifizierung, Autorisierung

Weitere Begriffe, die sehr grundlegend sind, aber oft verwechselt werden, sind Identifizierung, Authentifizierung und Autorisierung.

Identifizierung
Identifizierung bedeutet, dass man ermittelt, um welchen Benutzer oder welche Person es sich in einem konkreten Fall handelt. Das kann beispielsweise durch eine einfache Eingabe eines Benutzernamens erfolgen.

Bei der biometrischen Identifizierung ist aber deutlich mehr Aufwand nötig. So wird z.B. eine Kamera auf eine Menschenmenge gerichtet, daraus ein einzelnes Gesicht ausgesucht, und dessen biometrische Merkmale werden ermittelt. Das Gesicht wird sozusagen „vermessen". Dann wird in einer Datenbank nachgesehen, welcher Person das Gesicht am ähnlichsten sieht. Dabei legt man für die Ähnlichkeit eine Schwelle fest, die mindestens erreicht werden muss, damit die Person als erkannt gilt. Der Aufwand kann dabei erheblich sein, perfekte Genauigkeit wird kaum erreichbar sein.

Authentifizierung
Während im englischsprachigen Bereich immer von **Authentication** die Rede ist, unterscheidet man im Deutschen oft Authentisierung von Authentifizierung. Dabei folgt üblicherweise die Authentifizierung auf die Authentisierung.

- **Authentisierung:** Das Präsentieren von **Credentials**, also von Daten oder Dingen, die zu einem bestimmten Benutzer gehören. Das ist vergleichbar mit dem Vorzeigen eines Ausweises. In der Welt der IT wäre das beispielsweise eine Passworteingabe, das Einlesen eines Fingerabdrucks oder das Einstecken einer Smartcard in ein Lesegerät.
- **Authentifizierung:** Das Prüfen der Credentials, ob diese zu dem Benutzer passen, vergleichbar mit dem Prüfen, ob das Foto auf dem Ausweis zu demjenigen passt, der den Ausweis präsentiert. Bei den vorigen Beispielen würden also das Passwort, der Fingerabdruck oder die Smartcard geprüft werden, ob sie diejenigen des vorgeblichen Benutzers sind.

Bei der Authentisierung bzw. Authentifizierung wird die Identität der Person üblicherweise vorgegeben, z.B. als Benutzername. Anders als bei der Identifizierung braucht also nicht eine ganze Datenbank mit allen Benutzern durchsucht zu werden, sondern man kann sich auf einen einzelnen Eintrag der Datenbank beschränken, der zu dem vorgeblichen Benutzer gehört. Nur diesen Eintrag braucht man zu prüfen, ob die dort vermerkten Credentials zu dem Benutzer passen. In Kapitel 4.4 und 4.5.1 werden wir erfahren, wie Sender von Daten bzw. Benutzer eines Betriebssystems authentifiziert werden können.

Bei der Authentisierung unterscheidet man drei verschiedene Ebenen:
- **to know:** Als Credentials werden Informationen verwendet, die man lediglich zu wissen braucht, z.B. ein Passwort oder eine Pin.
- **to have:** Das Credential ist ein Gegenstand, den man besitzen muss, beispielsweise eine Smartcard, ein Authentisierungstoken oder ein Smartphone.
- **to be:** Es werden biometrische Merkmale präsentiert, also ob man wirklich die Person ist, die man angegeben hat.

In zunehmendem Maße wird **Multifaktor-Authentisierung** eingesetzt. Das bedeutet, dass mindestens zwei Credentials zu präsentieren sind, am besten aus verschiedenen der genannten Ebenen.

Autorisierung

Wir hatten oben den Vergleich eines Credentials mit einem Ausweis betrachtet. Nehmen wir an, dass der Ausweis erfolgreich geprüft wurde und sein Inhaber auf das Firmengelände gelassen wurde. Dann darf er trotzdem nicht unbedingt überall hinein. Der Ausweis berechtigt, manche Räumlichkeiten zu betreten, andere dagegen nicht.

Ähnlich darf ein Benutzer nach einer erfolgreichen Authentifizierung auf manche Dateien und Anwendungen auf bestimmte Weise zugreifen, auf andere nicht. Das ist in einem **Berechtigungskonzept** oder **Rollenkonzept** festgelegt.

Im Prinzip kann man jedem einzelnen Benutzer Berechtigungen zuweisen, aber das würde schnell unübersichtlich werden. Daher definiert man besser Rollen, z.B.

Benutzer in Abteilung A, Administrator oder Gast, und weist einem Benutzer eine oder mehrere dieser Rollen zu.

Bei jedem Zugriff wird vom Betriebssystem oder von einer Anwendung mit Benutzerverwaltung geprüft, ob der Benutzer dafür hinreichende Berechtigungen hat. Diesen Vorgang nennt man **Autorisierung**.

1.4 Aufgaben

Aufgabe 1. Was ist der Unterschied zwischen Datenschutz und Datensicherheit?

Aufgabe 2. Welche Rolle spielt die Datensicherung bei der IT-Sicherheit?

Aufgabe 3. Warum ist die IT-Sicherheit für ein Unternehmen von großer Bedeutung?

Aufgabe 4. Nennen Sie 3 Beispiele, wie Wirtschaftsspione an vertrauliche Informationen kommen könnten.

2 Symmetrische Verschlüsselung

2.1 Definitionen und Anwendung

Kryptologie spielt eine ganz wesentliche Rolle, wenn man sich mit IT-Sicherheitsmaß-nahmen beschäftigt. Viele Gefahren lassen sich dadurch abwehren oder zumindest reduzieren.

Bei der Auswahl von IT-Sicherheitsprodukten stößt man immer wieder auf Begriffe aus der Kryptologie. Nur wenn man diese verstehen und geeignet zuordnen kann, lassen sich die richtigen Entscheidungen bei der Produktauswahl treffen. Entspre-chendes gilt für die Konfiguration und Administration von Netzwerken, Systemen und Anwendungen. **Kryptologie** als Oberbegriff umfasst folgende Hauptgebiete:

- **Kryptographie**: Wörtlich: Die Lehre vom geheimen Schreiben. Kryptographie beschäftigt sich damit, Informationen zu verschlüsseln, so dass ein Unbefugter nichts damit anfangen kann. Es geht also um die Erstellung von Chiffren.
- **Kryptoanalyse**: Die Lehre vom Brechen der Chiffren. Hier geht es darum, Infor-mationen aus verschlüsselten Daten zu gewinnen, ohne den Schlüssel zu kennen.
- **Steganographie**: Die Lehre vom Verstecken von Informationen. Ein Beobachter soll nicht bemerken, dass in übertragenen unauffälligen Daten weitere Daten versteckt sind. Daten können zuerst verschlüsselt und dann versteckt werden, so dass sich Kryptographie mit Steganographie kombinieren lässt.

Um zu erkennen, wie wichtig insbesondere die Kryptographie ist, wollen wir zunächst die **Schutzziele** oder die **Grundsäulen der IT-Sicherheit** kennen lernen. Dabei han-delt es sich im Einzelnen um folgende Dinge:

- **Vertraulichkeit**: Die Vertraulichkeit (engl.: Confidentiality) ist gewährleistet, falls nur Befugte an die Informationen herankommen können.
- **Authentizität**: Die Authentizität (engl.: Authenticity) besagt, dass die Daten tat-sächlich von dem angegebenen Urheber erstellt wurden und nicht von jemand anderem.
- **Nicht-Abstreitbarkeit, Verbindlichkeit** (engl.: Non-Repudiation): Darunter ver-steht man, dass man genau feststellen kann, ob jemand Daten gesendet hat, und wie oft. Der Absender kann also einerseits nicht leugnen, z.B. eine Überweisung getätigt zu haben. Andererseits kann auch sichergestellt werden, dass die Überwei-sung genau einmal ausgeführt wird und nicht mehrfach. Ohne die Verbindlichkeit wäre es möglich, dass beispielsweise jemand eine Überweisung mitschneidet und danach wiederholt an die Bank sendet, so dass mehrfach Geld abgebucht würde **(Replay Attack)**.
- **Integrität**: Falls die Integrität (engl.: Integrity) gewahrt ist, können Daten nicht unbemerkt verfälscht werden. Prinzipiell ist es immer möglich, Daten zu verfäl-schen. So kann z.B. ein Blitzschlag in der Nähe die Bits auf einer Datenleitung

https://doi.org/10.1515/9783110767186-002

zum Kippen bringen. Jedoch kann man dies erkennen, wenn Maßnahmen zum Integritätsschutz getroffen wurden.

– **Verfügbarkeit:** Verfügbarkeit (engl.: Availability) besagt, dass Daten immer dann zur Verfügung stehen, wenn man sie benötigt. Sie können also nicht verloren gehen, und die nötige Hardware und Software ist permanent funktionsfähig.

In diverser Fachliteratur findet man häufig nur die drei wichtigsten der oben genannten Schutzziele, nämlich Integrität, Vertraulichkeit und Verfügbarkeit. Andere Werke ergänzen außer den fünf oben genannten noch weitere Schutzziele, wie z.B. die Anonymität oder Autorisierung. Somit ist die Anzahl der Schutzziele nicht einheitlich definiert.

Betrachten wir nun, wie man die Schutzziele erreichen kann. Dabei spielen kryptographische Methoden eine ganz entscheidende Rolle:

– Vertraulichkeit erreicht man dadurch, dass die Nutzinformationen verschlüsselt werden.
– Authentizität basiert z.B. auf digitalen Signaturen.
– Nicht-Abstreitbarkeit kann man beispielsweise durch zertifizierte Zeitstempel (Time Stamps) gewährleisten.
– Integrität erzielt man, indem verschlüsselte Message Digests, eine Art von Hash-Funktionen, eingesetzt werden.

Wie wir sehen, können vier der fünf Schutzziele durch kryptographische Methoden erreicht werden. Nur die Verfügbarkeit nimmt eine Sonderrolle ein. Wenn beispielsweise eine Festplatte defekt wird, bringt es nichts, wenn die Daten verschlüsselt waren: Die Daten sind trotzdem verloren. Zur Gewährleistung der Verfügbarkeit benötigen wir also andere Mechanismen als die Kryptographie. Darauf wird in Kapitel 8 eingegangen.

Wegen der großen Bedeutung der Kryptographie für die IT-Sicherheit ist es unerlässlich, deren wesentliche Grundlagen zu verstehen. Dem widmen sich die folgenden Unterkapitel.

2.2 Substitutions-Chiffren

2.2.1 Cäsar-Chiffre

Zunächst wollen wir einige Begriffe der Kryptographie kennenlernen, die wir immer wieder benötigen werden. Wir betrachten dazu die **Cäsar-Chiffre** oder **Verschiebe-Chiffre (Shift Cipher)**, ein Verschlüsselungsverfahren, das man heute zwar nicht mehr einsetzen würde, aber das alle wichtigen Grundelemente von Verschlüsselungsverfahren enthält, die wir benötigen. Es ist außerdem einfach aufgebaut und gut nachvollziehbar.

Verschlüsselung hat eine lange Geschichte: Bereits Julius Cäsar wendete ein einfaches Verschlüsselungsverfahren an, um mit seinen Legionen zu kommunizieren, nämlich die nach ihm benannte Cäsar-Chiffre. Dabei handelt es sich um zwei Alphabete, die gegeneinander verschoben werden, z.B. so wie in Tabelle 2.1.

Tab. 2.1: Cäsar-Chiffre

a	b	c	d	e	f	g	h	i	j	k	l	...	v	w	x	y	z
e	f	g	h	i	j	k	l	m	n	o	p	...	z	a	b	c	d

Das obere Alphabet nennt man das **Klartextalphabet**, das untere das **Chiffretextalphabet**. Will man nun eine Botschaft, den **Klartext** (engl. **Plaintext**) T verschlüsseln, dann sieht man im Klartextalphabet nach, welcher Buchstabe darunter steht und verwendet diesen statt dessen. So erhält man das **Chiffrat** C. Das Chiffrat wird auch **Chiffretext**, **Chiffre**, **Geheimtext** oder engl. **Cyphertext** genannt.

Ein Beispiel: Wir wollen das Wort „kabel" verschlüsseln. Das ist unser Klartext. Wir gehen Buchstabe für Buchstabe vor. In der Tabelle steht unter dem „k" ein „o". Das ist unser erster Buchstabe des Chiffrats. Unter dem „a" steht ein „e". Das „e" wird zum zweiten Buchstaben des Chiffrats, usw. Wenn wir jeden Buchstaben des Klartextes auf diese Weise verschlüsselt haben, liegt als Chiffrat schließlich „oefip" vor.

Zum Entschlüsseln gehen wir umgekehrt vor: Wieder betrachten wir Buchstabe für Buchstabe. Wir nehmen zunächst das Chiffretext-„o". Darüber steht im Klartext-Alphabet das „k". Es wird unser erster Klartext-Buchstabe. Über dem „e" finden wir das „a" als Klartext, usw. Reihen wir alle Klartext-Buchstaben aneinander, bekommen wir wieder das ursprünglich verschlüsselte Wort „kabel" zurück.

Wie kann man diesen Vorgang in eine mathematische Formel bringen? Ein erster Schritt ist es, die Buchstaben durchzunummerieren. Aus der obigen Tabelle 2.1 wird somit die Tabelle 2.2.

Tab. 2.2: Cäsar-Chiffre mit Nummerierung der Buchstaben

0	1	2	3	4	5	6	7	8	9	10	...	21	22	23	24	25
4	5	6	7	8	9	10	11	12	13	14	...	25	0	1	2	3

In unserem Beispiel wird der Klartext T, also „kabel", dargestellt als „9-0-1-4-10". Das Chiffrat C, also „oefip", wird zur Zahlenfolge „13-4-5-8-14". Wie hängen Chiffrat und Klartext zusammen?

Wir stellen fest, dass die Zahlenwerte für Klartext und Chiffrat bei jedem Buchstaben um genau 4 auseinanderliegen: 9+4=13, 0+4=4, 1+4=5, usw. Wir bekommen also das Chiffrat, indem wir zum Klartext-Buchstaben 4 addieren. Das ist die **Verschlüs-**

selung. Wenn wir die 4 abziehen, erhalten wir aus dem Chiffrat den Klartext zurück, wir **entschlüsseln**. Die Konstante 4, die wir beide Male benötigen, nennen wir den **Schlüssel** S.

Etwas mathematischer: Die Verschlüsselung können wir darstellen durch

$$C_i := c(T_i),$$

wobei c die **Verschlüsselungsfunktion** oder **Chiffrierfunktion** ist. Entsprechend wird die Entschlüsselung vorgenommen durch:

$$T_i := d(C_i)$$

Dabei ist d die **Entschlüsselungsfunktion** oder **Dechiffrierfunktion**. Die T_i sind die einzelnen Buchstaben des Klartextes, die C_i diejenigen des Chiffrats. Das gilt ganz allgemein. Bei unserer Cäsar-Chiffre sind die Funktionen c und d sehr einfach aufgebaut:

$$c(T_i) = T_i + S$$

bzw.

$$C_i = T_i + S$$

und

$$d(C_i) = C_i - S$$

bzw.

$$T_i = C_i - S$$

Wir haben dabei noch nicht berücksichtigt, dass wir die Buchstaben, die auf der einen Seite aus dem Alphabet „hinausgeschobenen" werden, auf der anderen Seite wieder „hineinschieben". Das können wir durch eine Modulo-Operation erreichen:

$$C_i = (T_i + S) \quad \mathrm{mod}\ n$$

bzw.

$$T_i = (C_i - S) \quad \mathrm{mod}\ n$$

Dabei ist n die Anzahl der Buchstaben im Alphabet, also in unserem Falle $n = 26$. Zur Modulo-Operation hier ein kleiner Exkurs. Es gibt zwei verschiedene Arten, eine Ganzzahldivision zu beschreiben:

$$14 : 3 = 4\ Rest\ 2$$

oder dazu gleichwertig:

$$14 \quad \mathrm{mod}\ 3 = 2$$

Durch die Modulo-Operation $\mathrm{mod}\ n$, also „Modulo n", erhält man somit den Rest einer Division durch n. Dieser Wert liegt immer zwischen 0 und $n - 1$.

In unserem Alphabet mit 26 Buchstaben werden die Buchstaben von 0 bis 25 durchnummeriert. Egal, welche Berechnungen man durchführt, die Ergebnisse der Verschlüsselungsfunktion c und der Entschlüsselungsfunktion d liegen wegen der Modulo-Operation jedesmal wieder in dem ursprünglichen Bereich von 0 bis 25.

2.2.2 Symmetrische und asymmetrische Verfahren

Wir hatten bereits festgestellt, dass wir zum Verschlüsseln und zum Entschlüsseln jedes Mal denselben Schlüssel verwenden, in unserem Fall $S = 4$. So etwas nennt man ein **symmetrisches Verschlüsselungsverfahren (symmetrisches Kryptosystem)**.

Sind die Schlüssel dagegen verschieden, dann nennt man das ein **asymmetrisches Verschlüsselungsverfahren, asymmetrisches Kryptosystem** oder ein **Public Key Verfahren**. Dabei sind die Begriffe asymmetrisches Kryptosystem und Public Key Verfahren die allgemeineren, denn sie umfassen außer der Verschlüsselung auch noch digitale Signaturen (siehe Kapitel 5) und Authentifizierung.

Bisher hatten wir uns auf das Verschlüsseln von Text beschränkt, und dabei haben wir weder Groß- und Kleinbuchstaben unterschieden noch Ziffern oder Sonderzeichen verwendet. Im allgemeinen Fall wollen wir beliebige Binärdaten verschlüsseln. Dazu kann man die Alphabete beliebig erweitern, z.B. auf 256 verschiedene Zeichen, die jeweils ein Binärbyte darstellen. Die Verschlüsselung wandelt dann ein Klartext-Binärbyte in ein Chiffrat-Binärbyte um. Die Entschlüsselung geht den umgekehrten Weg. Die Formeln von oben bleiben dieselben, nur dass man $n = 256$ wählt. Mit der Cäsar-Chiffre lassen sich also beliebige Daten verarbeiten. Das trifft grundsätzlich auch auf andere Verschlüsselungsverfahren zu.

2.2.3 Kryptoanalyse

Ein großer Nachteil der Cäsar-Chiffre ist deren geringe Zahl möglicher Schlüssel. Bei $n = 26$ haben wir nur 26 unterschiedliche Schlüssel. Diese Menge unterschiedlicher Schlüssel nennt man den **Schlüsselraum**. Darunter ist übrigens ein so genannter **trivialer** oder **schwacher Schlüssel**, nämlich S=0. Falls wir ihn verwenden würden, wären Chiffrat und Klartext identisch. Solche schwachen Schlüssel gibt es auch in anderen Verschlüsselungsverfahren.

Wenn wir wissen oder vermuten, dass es sich um eine Cäsar-Chiffre handelt, also wenn wir den Algorithmus kennen, dann können wir die nichttrivialen Schlüssel einfach durchprobieren. Bei nur 25 Möglichkeiten geht das sehr schnell. Das nennt man eine **Brute Force Attack**. Der richtige Schlüssel ist dann in jedem Fall dabei.

Auch wenn wir nicht wissen, dass die Daten mit einer Cäsar-Chiffre verschlüsselt, wurden, kann man die Chiffre dennoch brechen. Die Cäsar-Chiffre gehört zu den **monoalphabetischen Substitutions-Chiffren**. Das bedeutet, dass ein Zeichen des Klartext-Alphabets immer durch dasselbe Zeichen des Chiffretext-Alphabets ersetzt wird. Haben wir beispielsweise im Text mehrere e's, dann wird bei $S = 4$ jedes davon zu einem „i" im Chiffretext.

Nun unterscheiden sich aber die Buchstaben in ihrer Häufigkeit. In der deutschen Sprache ist das „e" der häufigste Buchstabe. Wenn jedes Klartext-„e" zu einem Chiffretext-„i" wird, dann ist im Chiffrat nun das „i" der häufigste Buchstabe. Oder anders ausgedrückt, wenn wir feststellen, dass im Chiffrat „i" am häufigsten vorkommt, können wir schlussfolgern, dass es im Klartext wahrscheinlich ein „e" gewesen ist.

Um eine monoalphabetische Substitutions-Chiffre zu brechen, würde man also über die Zeichen des Chiffrats eine Häufigkeitsverteilung bilden und diese mit der Häufigkeitsverteilung der Klartext-Sprache, z.B. deutsch, vergleichen. Eine solche Häufigkeitsverteilung für die deutsche Sprache ist die aus Tabelle 2.3.

Tab. 2.3: Häufigkeitsverteilung für die deutsche Sprache

a	6.51%
b	1.89%
c	3.06%
d	5.08%
e	17.40%
f	1.66%
g	3.01%
h	4.76%
i	7.55%
j	0.27%
k	1.21%
l	3.44%
m	2.53%
n	9.78%
o	2.51%
p	0.79%
q	0.02%
r	7.00%
s	7.27%
t	6.15%
u	4.35%
v	0.67%
w	1.89%
x	0.03%
y	0.04%
z	1.13%

Wie bei statistischen Größen üblich, sind diese nur dann wirklich aussagekräftig, wenn hinreichend große und repräsentative Datenmengen zugrunde liegen. Texte in einer Fachsprachen werden eine etwas andere Häufigkeitsverteilung besitzen als ein Roman. Und aus einem Chiffrat mit wenigen Zeichen Länge wird man keine aussagekräftige Häufigkeitsverteilung bilden können. Statistische Ansätze sind also hauptsächlich bei längeren Chiffraten vielversprechend.

Dieses Verfahren kann durch die Verwendung von Bigrammhäufigkeiten ergänzt werden, also wie oft eine bestimmte Folge zweier Buchstaben auftritt. In Tabelle 2.4 sind einige Beispiele für häufige Bigramme in der deutschen Sprache zu finden.

Tab. 2.4: Ausgewählte Bigrammhäufigkeiten in der deutschen Sprache

en	3.88%
er	3.75%
ch	2.75%
te	2.26%
de	2.00%
nd	1.99%
ei	1.88%
ie	1.79%
in	1.67%
es	1.52%

2.3 Affine Chiffrierverfahren

Weil die Cäsar-Chiffre sehr unsicher ist, könnte man sich vorstellen, die Ver- und Entschlüsselungsfunktionen d und c komplizierter zu machen, um das Brechen der Chiffre zu erschweren. Eine Möglichkeit dazu sind die **affinen Chiffrierverfahren**. Das bedeutet, wir nehmen eine Verschlüsselungsfunktion der Form

$$c(T_i) := (T_i S_1 + S_2) \mod n$$

Hier wird der Schlüssel durch zwei Größen S_1 und S_2 gebildet. Das sieht auf den ersten Blick viel sicherer aus. Leider wird auch hier ein Klartextzeichen immer auf dasselbe Chiffretextzeichen abgebildet. Daher sind auch die affinen Chiffrierverfahren anfällig für die Kryptoanalyse mittels Häufigkeitsverteilung. Das gilt auch, wenn man die Funktionen noch komplizierter macht. Eine mögliche Abhilfe wäre der Einsatz mehrerer Alphabete. Diesen Ansatz wollen wir nun betrachten.

2.4 Polyalphabetische Substitutions-Chiffren

Bereits ab dem sechzehnten Jahrhundert verwendete man Chiffrierverfahren, die mehrere Alphabete einsetzten. Solche Verfahren nennt man **polyalphabetische Substitutions-Chiffren**. Ein bekanntes Beispiel ist die **Enigma**, die noch im zweiten Weltkrieg verwendet wurde. Bei der Enigma verwendet man z.B. vier oder sechs Chiffretextalphabete. Das erste Zeichen wird mit dem ersten Alphabet verschlüsselt, das zweite mit dem zweiten, usw. Wenn alle Alphabete verwendet wurden, beginnt man wieder von vorn.

Bildet man über das Chiffrat eine Häufigkeitsverteilung, dann überlagern sich die Häufigkeiten der einzelnen Alphabete und man kommt mit dem oben beschriebenen statistischen Verfahren nicht weiter.

Es gibt jedoch auch hier Ansätze, die Chiffre zu brechen. Wenn man z.B. weiß, dass vier Alphabete eingesetzt wurden, dann bildet man vier Häufigkeitsverteilungen: Die erste über das erste, fünfte, neunte, usw. Zeichen. Die zweite Häufigkeitsverteilung über das zweite, sechste, zehnte, usw. Zeichen, und so fort. Bei jeder der vier Häufigkeitsverteilungen vergleicht man mit der Häufigkeitsverteilung der verwendeten Sprache. Der Aufwand vervielfacht sich zwar, aber das Brechen der Chiffre ist prinzipiell möglich.

2.5 Perfekte Vertraulichkeit

Nachdem bisher jedes der betrachteten Verfahren mit überschaubarem Aufwand gebrochen werden konnte, stellt sich die Frage, ob man perfekte Vertraulichkeit überhaupt erreichen kann bzw. was dazu nötig wäre. Dazu müssten folgende Bedingungen erfüllt sein:
- Der Chiffretext liefert keinerlei Hinweise auf den Klartext oder auf den Schlüssel, egal wie lang er ist.
- Jeder mögliche Klartext ist gleich wahrscheinlich.

Die zweite Bedingung erscheint nur erfüllbar, wenn die Klartexte zufällig aussehende Binärdaten sind. Menschliche Sprache dagegen weist immer große Regelmäßigkeiten auf, die zu stark unterschiedlichen Buchstabenhäufigkeiten bei den Klartexten führen.

Die erste Bedingung erscheint eher noch umsetzbar als die zweite. Man könnte z.B. bei einem Klartext bzw. Chiffrat mit m Zeichen Länge eine polyalphabetische Substitutions-Chiffre mit m verschiedenen Alphabeten einsetzen. Dann wird jedes Klartextzeichen mit einem anderen Alphabet bzw. Schlüssel verschlüsselt, und man kann keine sinnvollen Häufigkeitsverteilungen mehr bilden.

Wenn man jeden Schlüssel nur einmal verwendet, nennt man das ein **One-Time-Pad (OTP)**. OTPs müssen rein zufällig und gleichverteilt sein und mindestens die Länge des Klartextes besitzen. Dass der Schlüssel geheim gehalten werden muss, braucht vermutlich nicht extra erwähnt zu werden.

Für One-Time-Pads benötigt man also eine Möglichkeit, viele zufällige Schlüssel zu erzeugen. Wie könnte man das praktisch umsetzen? In Agentenfilmen sieht man manchmal, wie der Text eines Romans ab einer bestimmten Textstelle als Basis für die Schlüsselerzeugung verwendet wird. Sender und Empfänger müssten sich im Vorfeld darauf einigen, z.B. auf Seite 123 Absatz 3 mit dem Schlüssel zu beginnen. Dann verschlüsselt der Sender mit den Buchstaben des Buches ab der genannten Stelle, der Empfänger entschlüsselt mit denselben Buchstaben.

Das hätte aber einige Nachteile. Es wäre nötig, dass Sender und Empfänger Informationen austauschen, wo der Schlüssel zu finden ist. In dieser Phase könnte ein Unbefugter die Kommunikation belauschen und den Schlüssel erfahren. Dieses Problem, das sogenannte **Schlüsseltauschproblem**, ist allerdings allen symmetrischen Verfahren gemeinsam.

Ein weiterer Nachteil ist die Verwendung natürlicher Sprache als Schlüssel. Der Romantext enthält, wie wir wissen, die Buchstabenhäufigkeiten der entsprechenden Sprache, was sich im Chiffrat widerspiegeln würde. Eine Kryptoanalyse über statistische Methoden erscheint denkbar. Ferner lässt sich das beschriebene Verfahren nicht gut automatisieren. Daher überlegt man sich eine bessere Vorgehensweise.

OTPs sollen ja rein zufällig sein. Daher könnte man einen **Zufallsgenerator** einsetzen, um sie zu erzeugen. Ein Zufallsgenerator misst z.B. das thermische Rauschen eines Transistors in Form eines Spannungswertes. Wenn dieser in einem Moment über einer bestimmten Schwelle liegt, liefert er eine 1, darunter eine 0. So entsteht eine zufällige Folge von Nullen und Einsen, die als Schlüssel verwendet wird.

Weil es sich bei den OTPs um reine Zufallsgrößen handelt, hat der Empfänger kaum eine Chance, genau dieselbe Bitfolge und somit den Schlüssel gezielt zu erzeugen. Also kann er die Daten nicht entschlüsseln, sie blieben für immer geheim. Aber das ist nicht die Art von Vertraulichkeit, die wir uns vorstellen.

Alternativ müsste man die gesamte Bitfolge des Schlüssels speichern und vom Sender zum Empfänger übertragen. Dass der Schlüssel genauso lang sein muss wie der Klartext, ist dabei ein Nachteil, denn der benötigte Speicherplatz verdoppelt sich somit. Aus diesem Grunde versucht man, eine „Abkürzung" des Schlüssels zu erzeugen. Das bringt uns zum nächsten Thema: Pseudo-Zufallsgeneratoren, die nur *scheinbar* zufällige Schlüssel erzeugen.

2.6 Pseudo-Zufallsgeneratoren

Ein **Pseudo-Zufallsgenerator (PZG)** oder **Pseudo Random Number Generator (PRNG)** erzeugt eine Bitfolge, die zwar zufällig aussieht, aber es nicht wirklich ist. Damit eine Bitfolge zufällig aussieht, sind folgende Bedingungen zu erfüllen:
- Nullen und Einsen sind im statistischen Mittel gleich häufig, treten also jeweils mit 50% Wahrscheinlichkeit auf.
- Es dürfen keine Regelmäßigkeiten sichtbar sein.

Die erste Bedingung ist für sich genommen einfach zu erfüllen: Die Bitfolge 010101010... beispielsweise hat genau 50% Nullen und 50% Einsen. Aber sie ist leider völlig regelmäßig. Das bedeutet, außer der ersten auch noch die zweite Bedingung zu erfüllen, ist die eigentliche Herausforderung.

Abb. 2.1: Pseudo-Zufallsgenerator

Das Wort „Pseudo" bei dem Pseudo-Zufallsgenerator deutet schon an, dass er keine echten Zufallszahlen erzeugt, sondern dass diese nur so aussehen. Die Ausgabe entsteht aber auf rein deterministische Art und Weise, also ohne Zufallskomponente.

Man nimmt einen Startwert, eine so genannte **Seed** S (deutsch: „Saat"), und führt mit dieser z.B. diverse Bit- und Vertauschungsoperationen durch. Heraus kommt eine zufällig aussehende Bitfolge K_i, die man als Schlüssel verwenden kann, siehe Abb. 2.1.

Dieselbe Seed erzeugt immer dieselbe Bitfolge. Das ist eine erwünschte Eigenschaft, denn sie ermöglicht es, dass Sender und Empfänger denselben Schlüssel erzeugen. Es ist einfach nur die Seed zu vereinbaren und dieselbe Art von PRNG zu verwenden. Eine unerwünschte Eigenschaft dagegen ist, dass sich die erzeugte Bitfolge nach einer gewissen Anzahl von Bits wiederholt. Das erleichtert das Brechen einer Chiffre.

Der Grund für die Wiederholung ist folgender: Ein PRNG arbeitet intern mit einer gewissen Zahl von Zuständen, die der Reihe nach durchlaufen werden. Mit n Bits kann man höchstens 2^n verschiedene Zustände erhalten. Verwendet der PRNG z.B. 8 Bits, dann wiederholt sich die erzeugte Bitfolge nach spätestens 2^8 = 256 Bits. Wie man diese Schwäche ausnützen könnte, erfahren wir in Kapitel 2.7.1.2.

Pseudo-Zufallsgeneratoren können in Hardware oder Software realisiert werden. Man findet sie z.B. als random- oder rnd-Bibliotheksfunktion in vielen Programmiersprachen. Solche PRNGs sind aber meist ungeeignet für kryptographische Zwecke! Dafür sind besondere Vorkehrungen nötig.

Ein beweisbar sicherer Pseudo-Zufallszahlengenerator ist der **Blum-Blum-Shub-Generator.** Wie jede Hard- und Software muss er aber fehlerfrei implementiert sein. Außerdem sollte die Faktorisierung großer Zahlen so komplex wie bisher bleiben, damit er hinreichend sicher bleibt.

2.7 Stromchiffren

2.7.1 XOR-Stromchiffre

2.7.1.1 Prinzip
Bei Stromchiffren werden Klartext und Schlüssel als Bitströme aufgefasst, die miteinander verknüpft werden und so das Chiffrat, ebenfalls einen Bitstrom, ergeben. Als Schlüssel nimmt man dabei vorteilhafterweise die Bitfolge K_i, die von einem PRNG erzeugt wird. Die einfachste sinnvolle Verknüpfung für Ver- und Entschlüsselung ist die **XOR-Verknüpfung**, dargestellt durch das Verknüpfungssymbol $\oplus$.

Dazu ein kleiner Exkurs. Wir verknüpfen zwei binäre Größen a und b durch XOR miteinander und erhalten das Ergebnis $y = a \oplus b$. Es gilt $y = 0$, wenn a und b denselben Wert haben. Eine 1 bekommt man, wenn a und b unterschiedliche Werte besitzen. Die XOR-Verknüpfung ist also eine Art Ungleichheits-Verknüpfung. In Tabelle 2.5 ist hierzu die Wahrheitstabelle zu sehen.

Tab. 2.5: Wahrheitstabelle der XOR-Verknüpfung

a	b	y
0	0	0
0	1	1
1	0	1
1	1	0

Nehmen wir in dieser Wahrheitstabelle die obere Hälfte, in der $a = 0$ gilt, dann können wir daraus folgende Gesetzmäßigkeit ablesen:

$$0 \oplus b = b \tag{2.1}$$

Das gilt, weil y denselben Wert annimmt wie b.

Eine weitere Gesetzmäßigkeit bekommen wir, wenn wir die oberste und die unterste Zeile betrachten. Dort haben a und b denselben Wert. Beide Male wird $y = 0$. Anders formuliert:

$$a \oplus a = 0 \tag{2.2}$$

Unter Verwendung der XOR-Verknüpfung kann man nun eine Ver- und Entschlüsselung durchführen, wie dies in Abb. 2.2 zu sehen ist.

Wir nehmen also sowohl bei der Verschlüsselung als auch bei der Entschlüsselung die gleiche Seed S als Startwert eines PRNG. Dieser erzeugt beide Male dieselbe Bitfolge K_i. Bei der Verschlüsselung wird K_i mit dem Klartext T_i bitweise XOR-verknüpft und ergibt das Chiffrat C_i:

$$C_i = T_i \oplus K_i \tag{2.3}$$

Zur Entschlüsselung wird das Chiffrat C_i mit dem Bitstrom K_i aus dem PRNG bitweise XOR-verknüpft:

$$C_i \oplus K_i \tag{2.4}$$

Warum kommt hier wieder der Klartext heraus? Einige Umformungen zeigen uns dies. Wir setzen zunächst als Chiffrat C_i die Formel 2.3 ein:

$$C_i \oplus K_i = (T_i \oplus K_i) \oplus K_i \tag{2.5}$$

Wir setzen die Klammern etwas anders:

$$(T_i \oplus K_i) \oplus K_i = T_i \oplus (K_i \oplus K_i) \tag{2.6}$$

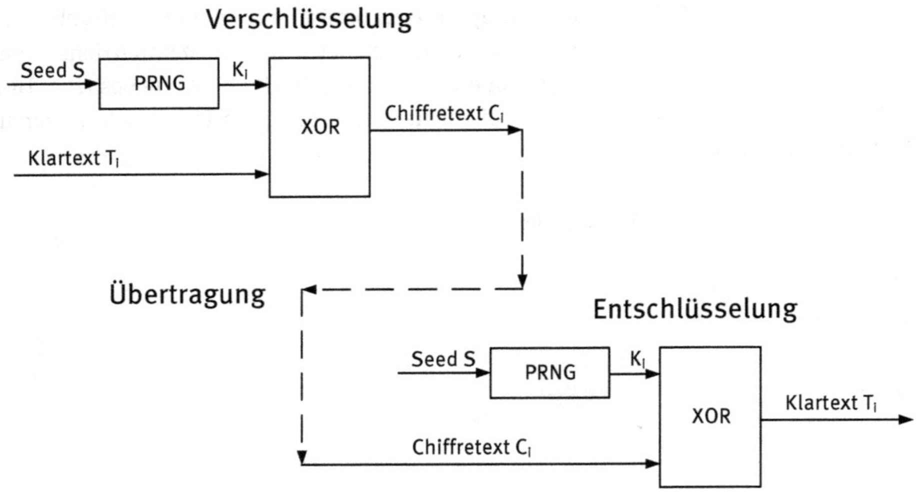

Verschlüsselung

Abb. 2.2: XOR-Chiffre

Und nun können wir die Formel 2.2 anwenden:

$$T_i \oplus (K_i \oplus K_i) = T_i \oplus 0 \qquad (2.7)$$

Nehmen wir nun die Formel 2.1 zur Hilfe, sehen wir, dass am Ende tatsächlich wieder der Klartext herauskommt:

$$T_i \oplus 0 = T_i \qquad (2.8)$$

Unser Verschlüsselungsverfahren funktioniert also im Prinzip. Man nennt es eine **XOR-Stromchiffre**. Wegen seiner Einfachheit und Schnelligkeit wird es nach wie vor ziemlich häufig eingesetzt.

2.7.1.2 Schwächen

Die XOR-Stromchiffre besitzt also gewichtige Vorteile. Nun stellt sich aber die Frage, ob sie tatsächlich sicher ist.

Die Antwort ist, dass man die XOR-Stromchiffre zwar einsetzen kann, aber dass einige Dinge zu berücksichtigen sind. Probleme können insbesondere in folgenden Fällen auftreten:

- Dieselbe Seed S bzw. derselbe Schlüssel K_i wird auf mehrere unterschiedliche Klartexte T_i angewendet
- Dieselbe Seed S bzw. derselbe Schlüssel K_i wird für unterschiedliche Verschlüsselungen wiederverwendet
- Die Periodenlänge von K_i ist kleiner als die Länge des Klartextes T

In allen diesen Fällen werden verschiedene Klartexte T_1, T_2 mit demselben Schlüssel $K := K_1 = K_2$ verschlüsselt. Dazu ein Beispiel. Es seien

$$C_1 := T_1 \oplus K \tag{2.9}$$

sowie

$$C_2 := T_2 \oplus K \tag{2.10}$$

Ein Unbefugter will die Daten entschlüsseln. Prinzipiell geht man davon aus, dass er an C_1, C_2 gelangen könnte, sonst müsste man die Daten nicht vor ihm durch Verschlüsselung schützen.

Nehmen wir also an, dass der Unbefugte C_1, C_2 besitzt. Er vermutet, dass eine XOR-Stromchiffre eingesetzt wurde. Was kann er tun?

Weil XOR eine Rolle spielt, verknüpft er die einzigen Daten, die er hat, nämlich C_1 und C_2, durch XOR miteinander. Er bekommt zunächst Folgendes, wenn er die Formeln 2.9 und 2.10 einsetzt:

$$C_1 \oplus C_2 = (T_1 \oplus K) \oplus (T_2 \oplus K) \tag{2.11}$$

Dann stellt er die Klammern um:

$$(T_1 \oplus K) \oplus (T_2 \oplus K) = (T_1 \oplus T_2) \oplus (K \oplus K) \tag{2.12}$$

Der Schlüssel K fällt wegen Formel 2.2 weg:

$$(T_1 \oplus T_2) \oplus (K \oplus K) = (T_1 \oplus T_2) \oplus 0 \tag{2.13}$$

Und wegen Formel 2.1 bleibt eine XOR-Verknüpfung der Klartexte übrig:

$$(T_1 \oplus T_2) \oplus 0 = T_1 \oplus T_2 \tag{2.14}$$

Known Plaintext Attack

Der Schlüssel ist zwar weggefallen, aber was kann ein Unbefugter mit der XOR-Verknüpfung zweier Klartexte anfangen? Nun, vielleicht könnte er einen der Klartexte erraten und dadurch den anderen ermitteln.

Betrachten wir als konkretes Beispiel die Verschlüsselung einer Datei, z.B. einer .doc-Datei. Ähnliches gilt für viele Dateitypen. Dateien besitzen an ihrem Beginn oft einen **Datei-Header** mit immer denselben Daten. Manchmal kommt am Datei-Ende auch nochmal ein solcher Block.

Wenn man also weiß, dass es sich um eine .doc-Datei handelt, dann kennt man auch den Inhalt gewisser Bereiche in der Datei. Diese bekannten Klartexte kann man verwenden, um die unbekannten Klartexte herauszufinden. Dabei spricht man von einer **Known Plaintext Attack**.

Abb. 2.3 zeigt, wie dieser Angriff vor sich geht. Kennt man den Datei-Header sowohl als Klartext T_1 als auch als Chiffrat C_1, dann kann man beide miteinander XOR-verknüpfen:

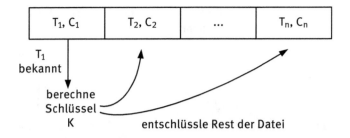

Abb. 2.3: Known Plaintext Attack

$$T_1 \oplus C_1 = T_1 \oplus (T_1 \oplus K) \tag{2.15}$$

Wir stellen wieder die Klammern um, und wegen Formel 2.2 fällt der Klartext heraus:

$$T_1 \oplus (T_1 \oplus K) = (T_1 \oplus T_1) \oplus K = 0 \oplus K \tag{2.16}$$

Mit Formel 2.1 erhält man den Schlüssel K:

$$0 \oplus K = K \tag{2.17}$$

Wenn dieser Schlüssel bzw. die Bitfolge aus dem PRNG sich wiederholt, dann kann man K verwenden, um andere Bereiche des Dokuments zu entschlüsseln. Eine Abhilfe wäre, die Periodenlänge des PRNG so zu wählen, dass sie länger als das Dokument ist.

Leere Datenbereiche

Ein weiteres Problem stellen leere Datenbereiche dar, die verschlüsselt werden. Betrachten wir das Beispiel einer verschlüsselten Festplatte. Sehr wahrscheinlich enthält nur ein Teil der Festplatte Nutzdaten, während ein großer Teil der Festplatte ungenutzt ist.

Nehmen wir an, der ungenutzte Teil der Festplatte enthält von Haus aus Nullen. Es gilt also z.B. $T_2 = 0$. Was passiert damit bei der XOR-Verschlüsselung? Unsere Formel 2.1 ergibt:

$$C_2 = T_2 \oplus K = 0 \oplus K = K \tag{2.18}$$

Mit anderen Worten: In den leeren Bereichen der Festplatte finden wir den Schlüssel!

Wenn dieser sich wiederholt, also auch an anderen Stellen der Festplatte für einen Klartext T_1 verwendet wurde, dann können wir diese Bereiche mit Hilfe von K entschlüsseln, wie das in Abb. 2.4 zu sehen ist.

Wieder ist eine mögliche Abhilfe, die Periodenlänge des PRNG zu erhöhen. Während es bei der Verschlüsselung einzelner Dokumente ausreicht, die Periodenlänge größer als die Länge eines einzelnen Dokuments zu machen, müsste man bei der Festplattenverschlüsselung aber gewährleisten, dass Periodenlänge größer als die gesamte Datenmenge der Festplatte ist.

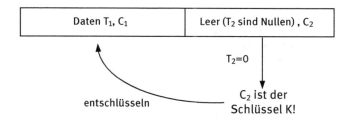

Abb. 2.4: Brechen einer Festplattenverschlüsselung

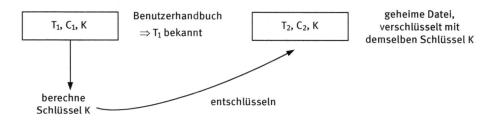

Abb. 2.5: Wiederverwendung von Schlüsseln

Wiederverwendung von Schlüsseln

Eine weitere Gefahr ist die Wiederverwendung von Schlüsseln (engl. **Key Reuse**). Nehmen wir an, wir verschlüsseln gleichermaßen vertrauliche und weniger vertrauliche Daten mit demselben Schlüssel K. Das vertrauliche Dokument sei T_2, das weniger vertrauliche T_1. Entsprechend gilt wieder:

$$C_1 := T_1 \oplus K \qquad (2.19)$$

bzw.

$$C_2 := T_2 \oplus K \qquad (2.20)$$

Zu den weniger vertraulichen Daten können Dokumente gehören, die man auch irgendwo unverschlüsselt finden könnte, z.B. ein Benutzerhandbuch. Ein Unbefugter könnte das Benutzerhandbuch aus dem Internet bekommen. Weil Dateinamen häufig nicht mitverschlüsselt werden, könnte der Unbefugte dazu in einer Suchmaschine einfach nach dem Dateinamen suchen. Dann hat er für das Benutzerhandbuch sowohl das Chiffrat C_1 als auch den Klartext T_1. Wieder liegt eine Known Plaintext Attack vor, so dass er K ermitteln kann. Mit diesem K kann er das vertrauliche Dokument entschlüsseln, wie dies in Abb. 2.5 zu sehen ist.

Eine Abhilfe wäre, niemals zwei Dokumente mit demselben Schlüssel zu verschlüsseln. Entsprechendes gilt für Kommunikationsverbindungen: Jedesmal, wenn eine verschlüsselte Verbindung aufgebaut wird, sollte man einen neuen **Sitzungsschlüssel**, engl. **Session Key** verwenden.

Es kommt immer wieder vor, dass selbst Entwickler bekannter Software- und Hardware-Produkte die hier beschriebenen Bedrohungen nicht beachten. Es wurden Fälle von Datenbankprodukten bekannt, die Passwörter „verschlüsseln", indem sie sie mit einem konstanten Schlüssel XOR-verknüpfen.

Der Anbieter einer verschlüsselnden Festplatte warb mit einer hochsicheren AES-Verschlüsselung. Die Festplatte hatte einen RFID-Reader eingebaut. Wenn man ein RFID-Token auf den Reader legte, gab die Festplatte ihre Daten frei und man konnte darauf zugreifen. Ohne das RFID-Token blieben die Daten verschlüsselt. Eigentlich eine gute Idee - nur stellte sich heraus, dass der Schlüssel auf dem RFID-Token das Einzige war, das AES-verschlüsselt wurde. Die Daten auf der Festplatte wurden XOR-verschlüsselt, und den Schlüssel fand man, wie oben beschrieben, in den leeren Bereichen der Festplatte. Somit konnte man die Daten auch ohne das RFID-Token entschlüsseln.

Nicht alles, was als sicher beworben ist, ist auch wirklich sicher. Im Zweifelsfall sollte man die korrekte Umsetzung der Maßnahmen prüfen.

2.7.2 Kerckhoffs' Prinzip

In diesem Zusammenhang sei auf Kerckhoffs' Prinzip und sein Gegenteil, Security by Obscurity hingewiesen.

Security by Obscurity bedeutet, dass man das Verschlüsselungsverfahren, also den Algorithmus, geheim hält. So sollen Unbefugten möglichst wenig Hinweise zum Brechen der Chiffre gegeben werden.

Die Erfahrung zeigt jedoch, dass dieser Ansatz mit großen Risiken verbunden ist. Wenn nur wenige Entwickler, oder gar nur einer, sich den Algorithmus ausdenken und umsetzen, befinden sich mit großer Wahrscheinlichkeit erhebliche Schwachstellen darin. Das gilt insbesondere, wenn die Entwickler keine Experten auf dem Gebiet der Kryptographie sind.

Durch Methoden wie **Reverse Engineering** kann man herausfinden, wie die Software arbeitet, und die Schwachstellen können entdeckt werden. Damit ist die Sicherheit meist dahin, selbst wenn die verwendeten Schlüssel geheimgehalten werden.

Auguste Kerckhoffs war ein Offizier, der sich mit Kryptographie beschäftigte. Er erkannte bereits im 19. Jahrhundert, lange vor der Erfindung des Computers, dass der Security-by-Obscurity-Ansatz in Verbindung mit Verschlüsselung verkehrt ist.

Kerckhoffs' Prinzip besagt, dass der Schlüssel das Einzige sein sollte, das man geheimhalten muss. Oder mit anderen Worten: Bei wirklich guten Verschlüsselungsverfahren weiß man, wie sie funktionieren, und man kann sie trotzdem nicht brechen.

Dieser Ansatz wird heute weitgehend verfolgt. Wenn sich Experten ein neues Verschlüsselungsverfahren ausdenken, dann wird dieses in aller Regel offengelegt und in der Fachwelt ausgiebig diskutiert, oft jahrelang. Erst wenn viele Experten trotz intensiver Suche keine gravierenden Schwachstellen finden konnten, wird der Verschlüsselungsalgorithmus akzeptiert und gewinnt allgemeine Verbreitung.

Es gibt genügend Kryptosysteme, die auf diese Weise untersucht und als sicher befunden wurde. Daher besteht keine Notwendigkeit, schwächere oder selbst entwickelte einzusetzen.

Security by Obscurity kann durchaus auch sinnvoll sein, wenn es z.B. darum geht, Unbefugten möglichst wenig Informationen über die eigene Netzwerkinfrastruktur zu geben und somit wenig Anhaltspunkte für ein Eindringen zu bieten. Aber in Verbindung mit Verschlüsselungsverfahren wäre das ein falscher Ansatz.

2.7.3 Synchrone Stromchiffren

Die bereits betrachtete XOR-Stromchiffre war eine **synchrone Stromchiffre.**[1] Wir hatten gesehen, dass man die XOR-Stromchiffre zur Verschlüsselung von Dateien und Speichermedien einsetzen kann. Aber besonders gut eignet sie sich für die Übertragung verschlüsselter Nachrichten von einem Sender zum Empfänger. Dabei werden die Daten Bit für Bit zunächst beim Sender verschlüsselt, dann zum Empfänger übertragen und dort schließlich wieder entschlüsselt, ebenfalls Bit für Bit.

Dabei ist der Bitstrom des Schlüssels K_i, der aus einem PRNG kommt, unabhängig von dem Bitstrom des Klartextes T_i. Entsprechend kann der Schlüssel auf Vorrat erzeugt werden. Das ist ein Vorteil, weil der PRNG nicht unbedingt mit der Geschwindigkeit der Verschlüsselung Schritt halten muss.

Meistens wird bei einer Kommunikation nicht ununterbrochen übertragen, sondern etappenweise. Der PRNG kann in Zeiten des Leerlaufs Schlüsselbits generieren, und sobald wieder Klartext anfällt, der zu verschlüsseln ist, kann dies sehr schnell per XOR-Verknüpfung erfolgen. Entsprechend wird der Vorrat an Schlüsselbits dadurch wieder abgebaut.

Die synchrone Vorgehensweise hat aber auch einen wesentlichen Nachteil: Wenn Sender und Empfänger aus dem Tritt geraten, beispielsweise wegen eines verloren gegangenen Chiffratbits C_i, dann ist im weiteren keine Entschlüsselung mehr möglich: Der Empfänger versucht, das nachfolgende Chiffratbit C_{i+1} mit dem Schlüsselbit K_i zu entschlüsseln, was nicht gelingen kann. Bei nachfolgenden Bits setzt sich das Problem fort. Die Abhilfe besteht darin, die Verbindung neu aufzusetzen.

---

1 Bitte nicht verwechseln mit *symmetrisch*! Alle bisher betrachteten Verschlüsselungsverfahren sind symmetrisch, verwenden also denselben Schlüssel für Ver- und Entschlüsselung.

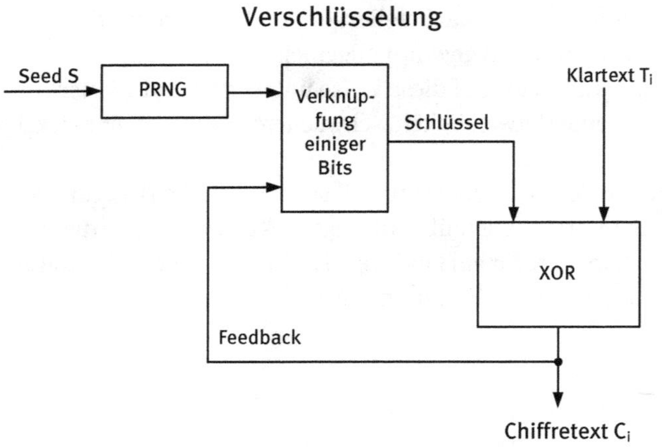

Verschlüsselung

Abb. 2.6: Selbstsynchronisierende XOR-Stromchiffre

2.7.4 Selbstsynchronisierende Stromchiffren

Bei **selbstsynchronisierenden Stromchiffren** fließen vergangene Chiffratbits in die Schlüsselgenerierung mit ein, wie dies in Abb. 2.6 zu sehen ist. Die Bitfolge aus dem PRNG ist also noch nicht der Schlüssel, mit dem XOR-verknüpft wird.

Dadurch erreicht man, dass sich Sender und Empfänger bei Fehlern wieder synchronisieren können. Zwar ist eine gewisse Anzahl von Bits zu verwerfen, aber danach funktioniert die Übertragung wieder, ohne dass man die Verbindung neu aufsetzen muss.

Andererseits kommt ein gravierender Nachteil hinzu, nämlich die erhöhte Gefahr von **Replay Attacks**. Ein Unbefugter könnte einen Teil der Kommunikation mitschneiden und später erneut an den Empfänger senden. Das könnte beispielsweise eine Bestellung oder auch ein Steuerbefehl für eine Maschine sein. Wegen der Verschlüsselung kann der Unbefugte zwar vielleicht nicht erkennen, wo genau ein Datenblock beginnt und wo er endet, aber wegen der selbstsynchronisierenden Eigenschaft ist das auch nicht erforderlich: Der Empfänger könnte sich aufsynchronisieren und den Befehl erneut ausführen.

Ein weiterer Nachteil ist, dass man die Schlüsselbits erst dann berechnen kann, wenn Klartext zum Verschlüsseln vorhanden ist. Das kann eine schlechtere Performance bedeuten.

2.7.5 Weitere Stromchiffren

Außer der XOR-Stromchiffre gibt es noch einige weitere. Ein bekanntes Beispiel ist der RC4-Algorithmus. Er wurde 1987 von Ronald Rivest entwickelt und unterstützt unterschiedliche Schlüssellängen.

Über viele Jahre hinweg wurde er bei zahlreichen Produkten eingesetzt, z.B. bei WEP, WPA, bei VPNs mit Microsoft® PPP and PPTP, ferner bei RDP und verschlüsselten PDFs. Optional war RC4 bei SSL/TLS, SSH und Kerberos zu finden, und in etwas abgewandelter Form auch bei Skype. Wegen zahlreicher Schwächen sollte RC4 aber nicht mehr verwendet werden.

Außerdem lassen sich Blockchiffren, auf die wir als nächstes eingehen wollen, in geeigneten Betriebsarten als Stromchiffren nutzen.

2.8 Blockchiffren

2.8.1 Allgemeines

Wie der Name schon andeutet, werden bei **Blockchiffren** Datenblöcke konstanter Länge verschlüsselt. Es wird z.B. ein 64-Bit-Klartextblock in einen 64-Bit-Chiffratblock transformiert. Im Prinzip funktioniert das sowohl bei symmetrischen als auch bei asymmetrischen Kryptosystemen, aber wir wollen uns hier auf die symmetrischen beschränken.

Die Nutzdaten können beliebige Länge haben und passen nicht notwendigerweise genau in die Blöcke. Es bleibt also evtl. ein Teil eines Blocks „leer". Solche nicht benötigten Bits eines Blocks werden mit Nullen oder Zufallszahlen aufgefüllt (**Padding**).

Dadurch wird das Chiffrat teils etwas länger als der Klartext. Das ist nicht unbedingt ein Nachteil, sondern ein Unbefugter kann aus der Länge der verschlüsselten Daten weniger Rückschlüsse ziehen. Angenommen, es werden öfter die Botschaften „ja" und „nein" versendet, dann könnte der Unbefugte schon aus der Länge vermuten, um welche der beiden Möglichkeiten es sich handelt. Aus beiden Botschaften würde aber durch das Chiffrieren ein Block gleicher Länge werden, so dass kein Unterschied mehr sichtbar wäre.

2.8.2 Betriebsmodi

Bei Stromchiffren verschlüsselt man einen Bitstrom, der beliebig lang sein darf. Im Gegensatz dazu verwenden Blockchiffren Blöcke bestimmter Länge. Wie geht man nun vor, wenn mehr Daten zu verschlüsseln sind als in einen Block passen? Dafür gibt es verschiedene Möglichkeiten, die man als **Betriebsmodi** der Blockchiffren bezeichnet.

Wenn man ferner einen Block Bit für Bit ausliest und von einem Sender zu einem Empfänger überträgt, dann kann man aus einer Blockchiffre eine Stromchiffre machen. Das funktioniert auch in der umgekehrten Richtung. Auch so etwas wird durch die Betriebsmodi einer Blockchiffre abgedeckt. Man unterscheidet im wesentlichen folgende Betriebsmodi:

- **Electronic Code Book Mode (ECB):** Die „klassische" Blockchiffre. Jeder Block wird für sich genommen verschlüsselt und kann unabhängig von den anderen entschlüsselt werden. Ein gleicher Klartextblock führt bei gleichem Schlüssel zu gleichem Chiffrat.
- **Cipher Block Chaining Mode (CBC):** In die Verschlüsselung wird der vorige Chiffratsblock einbezogen, wobei als erster Block ein **Initialisierungsvektor (IV)** dient. Gleicher Klartext führt somit bei gleichem Schlüssel zu anderem Chiffrat, wenn zumindest die vorigen Blöcke unterschiedlich waren. Auch die Reihenfolge der Blöcke ist nun festgelegt. CBC ist somit sicherer als ECB.
- **Output Feedback Mode (OFB):** Man wandelt eine Blockchiffre in eine synchrone Stromchiffre um. Dazu wird die Ausgabe der Verschlüsselungsfunktion in die Chiffrierung einbezogen.
- **Cipher Feedback Mode (CFB):** Die Blockchiffre wird als selbstsynchronisierende Stromchiffre betrieben.
- **Counter Mode (CTM):** Dabei handelt es um eine Variante des Output Feedback Mode, wobei aber nicht die Ausgabe der Verschlüsselungsfunktion, sondern eine Zahlenfolge in die Verschlüsselung einfließt. Eine besondere Bedeutung besitzt dabei der **Galois Counter Mode (GCM)**, der z.B. bei TLS eingesetzt wird.

2.8.3 DES

Der Klassiker unter den Blockchiffren ist **DES** (Data Encryption Standard). DES wurde 1975 von IBM entwickelt, wobei der amerikanische NSA (National Security Agency) mitwirkte. Aus diesem Grunde vermutete man Hintertüren für den NSA in dem Algorithmus, was aber nicht bestätigt werden konnte.

Wegen seiner für heutige Verhältnisse sehr kurzen Schlüssel mit 56 Bit Länge sollte er nicht mehr eingesetzt werden. Weil seine Arbeitsweise leichter nachvollziehbar ist als die anderer Verfahren, wollen wir uns trotzdem ansehen, wie der DES-Algorithmus funktioniert.

Arbeitsweise

Abb. 2.7 zeigt die Arbeitsweise des DES-Algorithmus. Er arbeitet mit 64-Bit-Blöcken. und durchläuft 16 **„Runden"**. In jeder Runde wird Folgendes gemacht:

1. Der 64-Bit-Block wird in zwei Teile à 32 Bit geteilt („linker" und „rechter" Block).

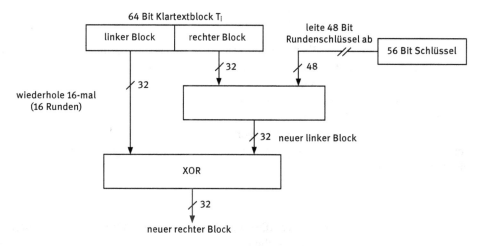

Abb. 2.7: DES-Algorithmus

2. Aus dem 56-Bit-Schlüssel wird ein so genannter **Rundenschlüssel** von 48 Bit Länge abgeleitet.
3. Der rechte Block wird mit dem Rundenschlüssel verknüpft und bildet den neuen rechten Block.
4. Das Ergebnis wird mit dem linken Block XOR-verknüpft und ergibt den neuen linken Block.
5. Der rechte und der linke Block werden vertauscht. In der Abbildung ist das bereits durch die Bezeichnungen berücksichtigt.

In der letzten Runde wird auf das Vertauschen verzichtet. Die Entschlüsselung funktioniert genauso, nur dass die Rundenschlüssel in der umgekehrten Reihenfolge angewendet werden.

Wir sind aus Gründen der Einfachheit nicht darauf eingegangen, was genau in Schritt 3 passiert. Für genauere Informationen sei auf weiterführende Werke zur Kryptographie verwiesen, z.B. [Schmeh, 2016] oder [Ertel, 2012].

Der DES-Algorithmus ist leicht in Hardware implementierbar und eignet sich daher gut für Smartcards. Allerdings ist seine Schlüssellänge weit von den heute empfohlenen 128 Bits und mehr entfernt.

Bei **TripleDES (3DES, TDES)** wird der Klartext dreimal nacheinander mit DES zunächst verschlüsselt, dann entschlüsselt und schließlich wieder verschlüsselt. Dabei wird jedes Mal ein anderer Schlüssel eingesetzt. Obwohl man drei unterschiedliche Schlüssel verwendet, ist die effektive Schlüssellänge trotzdem nicht dreimal, sondern nur doppelt so groß wie bei DES, also 112 Bits. Es gibt auch eine Variante mit nur zwei unterschiedlichen Schlüsseln, die als noch weniger sicher gilt. TripleDES gilt als veraltet und sollte nicht mehr eingesetzt werden.

2.8.4 AES

Als sich abzeichnete, dass DES nicht mehr sicher genug war, begann die Suche nach einem Nachfolger. Es wurde ein Wettbewerb ausgeschrieben, um den **AES** (Advanced Encryption Standard) festzulegen. Schließlich wurde aus den eingereichten Algorithmen der **Rijndael-Algorithmus** ausgewählt und zum AES gekürt.

Der Rijndael-Algorithmus bietet zahlreiche Block- und Schlüssellängen, die beliebig miteinander kombinierbar sind. Davon verwendet der AES allerdings nur einen Teil. Bei AES ist die Blocklänge immer 128 Bit. Als Schlüssellängen können 128, 192 und 256 Bit gewählt werden.

Arbeitsweise

In Abb. 2.8 ist die Arbeitsweise des AES-Algorithmus in vereinfachter Form zu sehen. Ein Datenblock besteht aus 128 Bits, die in einer Tabelle mit 4 Zeilen zu je 32 Bits bzw. 4 Bytes angeordnet werden.

AES benötigt je nach Schlüssellänge zwischen 10 und 14 Runden. In jeder Runde wird Folgendes gemacht:

1. Es wird ein **Rundenschlüssel** mit 128 Bit Länge erzeugt.
2. **XOR-Verknüpfung:** Der 128-Bit-Datenblock wird mit dem Rundenschlüssel XOR-verknüpft, was wiederum einen 128-Bit-Block, also 16 Bytes, ergibt.
3. **Bytes substituieren:** Das Verknüpfungsergebnis wird Byte für Byte einer monoalphabetischen Substitutionschiffre unterzogen. Dabei bildet eine so genannte **S-Box** (Substitutionsbox) jeden Wert eines Bytes auf einen bestimmten anderen Bytewert ab. Die S-Box kann man sich als Lookup Table vorstellen, wo man zu jedem Klartextzeichen das zugehörige Chiffretextzeichen findet. In diesem Fall handelt es sich um eine Tabelle mit 256 Zeilen, entsprechend den 256 möglichen Bitkombinationen eines Bytes bzw. den 256 Möglichkeiten, die der Klartext haben kann. In jeder Zeile findet man ein Byte, das das Chiffretextzeichen darstellt. Insgesamt kommt wieder ein Block mit 128 Bits bzw. 16 Bytes heraus.
4. **Zeilen rotieren:** Der Block aus dem vorigen Schritt ist wiederum in 4 Zeilen zu je 4 Bytes angeordnet. Die Zeilen werden nun linksherum rotiert. Zeile 0 gar nicht, Zeile 1 um 1 Byte, Zeile 2 um 2 Bytes und Zeile 3 um 3 Bytes.
5. **Spalten verwürfeln:** Anschließend werden die 4 Spalten durcheinandergewürfelt. Dieser Schritt wird in der letzten Runde ausgelassen.

Die Entschlüsselung funktioniert umgekehrt. Wie auch bei anderen Blockchiffren sind verschiedene Betriebsmodi möglich. Als die sicherste Variante gilt dabei der **Galois Counter Mode (GCM)**, eine Form von Counter Mode.

Für Datenträgerverschlüsselung wird gerne AES-XTS eingesetzt. XTS ist ein weiterer Betriebsmodus, bei dem der Schlüssel in zwei Teile aufgespalten wird. Für effektive 256

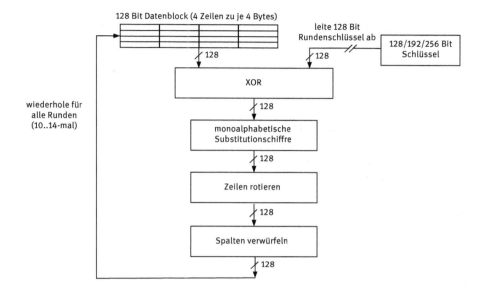

Abb. 2.8: AES-Algorithmus

Bit-Verschlüsselung wird daher ein 512 Bit-Schlüssel benötigt, oder je nach Sichtweise zwei Schlüssel mit je 256 Bit.

AES wird universell eingesetzt, beispielsweise in WPA2, SSH oder IPSec. Eine Reihe von Prozessoren verfügt über Hardware-Beschleuniger für AES, die dessen Performance vervielfachen.

2.8.5 Weitere Blockchiffren

Als weitere Blockchiffren kann man beispielhaft die folgenden nennen.
- **CAST** bzw. dessen Nachfolger **CAST-256** stammt aus Kanada und ist nach den Initialen seiner Entwickler benannt. Er ist dem DES recht ähnlich und verwendet wie dieser 64-Bit-Blöcke, ermöglicht aber unterschiedliche Schlüssellängen bis 256 Bit.
- **Camellia:** Eine als sicher geltende Blockchiffre, die 2000 von Mitsubishi und NTT entwickelt wurde. Sie kommt z.B. in Veracrypt zum Einsatz. Blockgröße und Schlüssellängen entsprechen denen von AES, jedoch werden 18 bzw. 24 Runden benötigt.
- **Twofish** ist in der Linux Crypto-API verfügbar und war ein aussichtsreicher Kandidat für AES, der aber letztlich nicht zum Zuge kam. Zusammen mit MARS und Serpent wurde er in dem Wettbewerb als „hoch sicher" eingestuft, im Gegensatz

zu Rijndael und RC6, die etwas darunter als „hinreichend sicher" bewertet wurden. Die Einstufung bezieht sich nicht auf tatsächlich aufgedeckte Schwächen, sondern auf Einschätzungen, wie leicht oder schwer solche aufgrund des Aufbaus des Algorithmus in Zukunft gefunden werden könnten.

2.9 Hinreichende Sicherheit

Beim Einsatz von Verschlüsselung frägt man sich zwangsläufig, wann die Verschlüsselung hinreichend sicher ist. Im Prinzip lässt sich jede Verschlüsselung brechen, und zwar indem man alle Schlüssel durchprobiert (Brute Force Attack). Irgendwann stößt man zwangsläufig auf den richtigen Schlüssel.

Eine Abwehr ist dadurch möglich, dass man die Brute Force Attack immens zeitaufwändig und somit unattraktiv macht. Der Zeitaufwand hängt stark davon ab, wie viele Schlüssel durchzuprobieren sind. Doch wann ist ein Kryptosystem sicher genug?

Im Wesentlichen gibt es zwei Bedingungen:

1. Die Entschlüsselung dauert länger als die geheimen Daten gültig sind. Z.B. möchte ein Wirtschaftsspion die Unternehmensstrategie für die nächsten 5 Jahre herausfinden, aber die Entschlüsselung würde 10 Jahre dauern.

2. Das Brechen der Chiffre ist teurer als der Wert der Daten. Z.B. erhofft sich ein Cyberkrimineller, für geheime Daten 100.000.- Euro zu bekommen. Um deren Verschlüsselung brauchbar schnell zu brechen, würde er Equipment für 250.000.- Euro benötigen. Das würde sich - zumindest für einmaligen Einsatz - nicht für ihn lohnen bzw. hätte eine deutlich abschreckende Wirkung.

Der Aufwand für eine Brute Force Attack steigt mit der Schlüssellänge exponentiell an: Idealerweise benötigt man bei einem zusätzlichen Schlüsselbit die doppelte Zeit zum Brechen der Chiffre.

Andererseits wächst auch die Rechenleistung moderner Computer mit ähnlichem Tempo. Daher sollten für die Verschlüsselung Schlüssellängen gewählt werden, die auch bei anhaltendem Fortschritt bei der Rechenleistung auf Jahre hinaus hinreichend sicher erscheinen. Die nötige Schlüssellänge hängt dabei vom Verschlüsselungsverfahren ab. Für symmetrische Verschlüsselung werden derzeit Schlüssel mit mindestens 128 Bit empfohlen.

Asymmetrische Verfahren sollten wegen ihres ganz anderen Funktionsprinzips ein Vielfaches davon haben. Bei RSA und DH geht man von 2048 oder besser 4096 Bit aus, bei Verfahren mit elliptischen Kurven von 256 oder 512 Bit-Schlüsseln.

2.10 Aufgaben

Aufgabe 5. Was ist der Unterschied zwischen Kryptographie und Kryptologie?

Aufgabe 6. Was versteht man unter Steganographie?

Aufgabe 7. Auf welche fünf Hauptprinzipien (Fachausdrücke) stützt sich die IT-Sicherheit? Welche davon lassen sich mittels kryptographischer Methoden gewährleisten? Welches sind die 3 wichtigsten Schutzziele?

Aufgabe 8. Erläutern Sie die Arbeitsweise einer Cäsar-Chiffre!

Aufgabe 9. Verschlüsseln Sie den Text „das ist geheim" mittels Cäsar-Chiffre, wobei für den Schlüssel $S = 11$ gelte!

Aufgabe 10. Wie unterscheiden sich symmetrische und asymmetrische Verfahren?

Aufgabe 11. Wie kann man eine Häufigkeitsverteilung verwenden, um eine monoalphabetische Substitutionschiffre zu brechen?

Aufgabe 12. Was versteht man unter affinen Chiffrierverfahren? Was ist zu deren Sicherheit zu sagen?

Aufgabe 13. Nennen Sie ein Beispiel für eine polyalphabetische Substitutions-Chiffre! Wie könnte man eine solche brechen?

Aufgabe 14. Wie könnte man perfekte Vertraulichkeit erzielen? Ist dies erreichbar? Begründung!

Aufgabe 15. Was versteht man unter einem One-Time-Pad (OTP)? Welche praktischen Möglichkeiten gibt es, ein solches ansatzweise zu erreichen?

Aufgabe 16. Was versteht man unter einem Pseudo-Zufallsgenerator?

Aufgabe 17. Welche Hauptanforderungen stellt man an Pseudo-Zufallsgeneratoren (PZG, PRNG), damit sie für kryptographische Zwecke eingesetzt werden können? (Vorsicht: Hier sind *keine* Eigenschaften gemeint, die *jeder* PZG aufweist!)

Aufgabe 18. Warum wiederholt sich die von einem Pseudo-Zufallsgenerator erzeugte Bitfolge nach einer gewissen Anzahl von Bits? Welche Auswirkungen hat dies auf die Sicherheit?

Aufgabe 19. Beschreiben Sie anhand eines Schaubildes die Arbeitsweise einer synchronen XOR-Stromchiffre! Nennen Sie je einen Vor- und Nachteil!

Aufgabe 20. Was ist bezüglich des Schlüssels speziell bei Verwendung einer XOR-Stromchiffre immer zu beachten, außer dass der Schlüssel hinreichend lang und geheim sein muss? Begründung anhand eines Beispiels.

Aufgabe 21. Wie kann eine Known Plaintext Attack in Verbindung mit einer XOR-Stromchiffre eingesetzt werden? Wie kann man sie verhindern?

Aufgabe 22. Wie wirken sich „leere" Datenbereiche (d.h. solche, die ausschließlich Nullen enthalten) auf die Sicherheit einer XOR-Stromchiffre aus?

Aufgabe 23. Welche Auswirkungen kann die Wiederverwendung von Schlüsseln auf die Sicherheit einer XOR-Stromchiffre haben?

Aufgabe 24. Was versteht man unter Kerckhoffs' Prinzip?

Aufgabe 25. Ist Security by Obscurity zu empfehlen? Beispiele!

Aufgabe 26. Wie unterscheiden sich synchrone und selbstsynchronisierende Stromchiffren? Zeichnen Sie entsprechende Schaubilder! Nennen Sie typische Vor- und Nachteile!

Aufgabe 27. Welche Unterschiede gibt es zwischen Block- und Stromchiffren?

Aufgabe 28. Nennen Sie je 2 Algorithmen für Block- und Stromchiffren!

Aufgabe 29. Welche Betriebsmodi für Blockchiffren werden üblicherweise unterschieden?

Aufgabe 30. Beschreiben Sie anhand eines Schaubildes die Arbeitsweise des DES-Algorithmus.

Aufgabe 31. Wie kann man mit Hard- oder Software zur DES-Verschlüsselung eine Triple-DES-Verschlüsselung durchführen?

Aufgabe 32. Warum gilt DES als nicht mehr hinreichend sicher?

Aufgabe 33. Beschreiben Sie anhand eines Schaubildes die Arbeitsweise des AES-Algorithmus.

Aufgabe 34. Wann gilt eine Verschlüsselung als hinreichend sicher? 2 Kriterien!

Aufgabe 35. Nennen Sie drei Alternativen zum DES-Algorithmus, die für denselben Einsatzzweck tauglich sind und eine höhere Sicherheit als DES ermöglichen!

3 Public Key-Verschlüsselungsverfahren

3.1 Der Diffie-Hellman-Exponential-Schlüsseltausch

Wir haben uns bisher ausschließlich mit symmetrischen Verschlüsselungsverfahren beschäftigt, d.h. für die Verschlüsselung und Entschlüsselung kommt derselbe Schlüssel zum Einsatz. Dabei sind wir mehrmals auf das **Schlüsseltauschproblem** gestoßen, also das Problem, dass alle befugten Beteiligten den Schlüssel kennen müssen.

Es handelt sich um eine etwas paradoxe Situation, denn man kann den Schlüssel nicht einfach über eine unsichere Verbindung schicken, denn sonst könnte er von Unbefugten abgefangen werden.

Wenn man aber eine sichere Verbindung hat, warum verwendet man sie dann nicht, um gleich alle Daten zu übertragen? Dann bräuchte man gar keine Verschlüsselung, und der Schlüsseltausch wäre unnötig.

Als Abhilfe könnte man für den Schlüsseltausch und für die eigentliche Datenkommunikation zwei verschiedene Kanäle verwenden. Beispielsweise schickt man den Schlüssel per Post oder per Boten. Oder man tauscht ihn über das Telefon aus. Eine solche Vorgehensweise wäre aber zum einen umständlich, und zum anderen wären die genannten Möglichkeiten nicht allzu sicher.

Aus diesen Gründen suchte man über viele Jahre hinweg nach einer sicheren Art und Weise, das Schlüsseltauschproblem zu lösen. Wir erinnern uns: Schon die alten Römer kannten symmetrische Verschlüsselung. Aber für den Schlüsseltausch und somit für asymmetrische Verfahren musste man bis in die 1970er Jahre warten.

1976 erschien der bahnbrechende Artikel „New Directions in Cryptography" von Diffie und Hellman. Dabei wurde auch die Grundlage gelegt, um asymmetrische Verfahren zu entwerfen. Deren wohl bekanntester Vertreter, der RSA-Algorithmus, wurde bald darauf 1977 veröffentlicht. Er ist benannt nach seinen Erfindern Rivest, Shamir und Adleman und wird in Kapitel 3.5 näher beleuchtet. Doch wenden wir uns nun dem **Diffie-Hellman-Exponential-Schlüsseltausch** oder **DH-Verfahren** zu. Es läuft wie folgt ab:

1. Wir betrachten wieder zwei Kommunikationspartner Alice und Bob. Sie einigen sich auf zwei Zahlen a und n. Diese brauchen nicht geheim zu sein und können daher über eine unsichere Verbindung ausgetauscht werden.

2. Alice wählt eine geheime Zahl x_1, Bob wählt eine geheime Zahl x_2.

3. Alice errechnet aus den ihr bekannten Zahlen a, n und x_1 eine weitere Zahl y_1:

$$y_1 := a^{x_1} \mod n$$

4. Bob errechnet y_2 aus a, n und x_2

$$y_2 := a^{x_2} \mod n$$

5. y_1 und y_2 werden zwischen Alice und Bob ausgetauscht.

https://doi.org/10.1515/9783110767186-003

6. Aus x_1 und y_2 ermittelt Alice eine Zahl k_1:

$$k_1 := y_2^{x_1} \mod n$$

7. Bob berechnet k_2, aber aus x_2 und y_1:

$$k_2 := y_1^{x_2} \mod n$$

8. Nun gilt, dass $k_1 = k_2 = k$ ist. k wird zur Verschlüsselung verwendet, und zwar als symmetrischer Schlüssel.

Es muss also zur Berechnung von k eine der beiden geheimen Zahlen x_1, x_2 bekannt sein. Die eventuell abgehörten Zahlen a, n, y_1, y_2 reichen dafür nicht aus. Zahlen mit eben diesen Eigenschaften zu finden, ist die eigentliche Herausforderung bei dem Verfahren. Es gibt das Diffie-Hellman-Verfahren übrigens auch noch als **ECDH** in einer Variante mit so genannten elliptischen Kurven (siehe Kapitel 3.7.2).

Das Diffie-Hellman-Verfahren dient also nur zum Austausch eines Schlüssels zur symmetrischen Verschlüsselung, aber wir haben noch kein asymmetrisches Verfahren im eigentlichen Sinne, wo zur Ver- und Entschlüsselung unterschiedliche Schlüssel verwendet werden. Mit einigen Modifikationen kann es jedoch zu einem asymmetrischen Kryptosystem erweitert werden.

Asymmetrische Kryptosysteme gibt es zum Zwecke der Verschlüsselung, der Authentifizierung und für digitale Signaturen. Wir wollen nun betrachten, wie ein solches Kryptosystem prinzipiell funktioniert, und zwar zunächst für die Verschlüsselung.

3.2 Rein asymmetrische Verschlüsselung

Wird ein asymmetrisches Verschlüsselungsverfahren nicht mit symmetrischer Verschlüsselung kombiniert, sprechen wir von **rein asymmetrischer Verschlüsselung**. Die grundsätzliche Vorgehensweise ist eigentlich recht einfach: Mit einem Schlüssel wird verschlüsselt, mit einem anderen, dazu passenden, entschlüsselt.

Nehmen wir an, Alice (A) möchte einen Klartext T verschlüsselt an Bob (B) übertragen (Abb. 3.1). Dazu ist Voraussetzung, dass Bob ein Schlüsselpaar erzeugt. Das ist nur einmal erforderlich, nicht bei jeder Kommunikation. Bob kann das Schlüsselpaar auch für andere Kommunikationspartner verwenden, nicht nur für Alice.

Das Schlüsselpaar besteht aus einem öffentlichen Schlüssel $k_{pub}(B)$ und einem privaten Schlüssel $k_{pr}(B)$. Wie der Name bereits andeutet, darf jeder den öffentlichen Schlüssel kennen. Dagegen darf der private Schlüssel nur Bob bekannt sein.

Im nächsten Schritt verschafft sich Alice den öffentlichen Schlüssel $k_{pub}(B)$ von Bob, siehe Abb. 3.2. Am einfachsten sendet Bob ihn direkt an Alice. Dazu muss Bob allerdings wissen, dass Alice mit ihm kommunizieren möchte. Wir werden später in Kapitel 3.3 eine Variante kennenlernen, wo dies nicht mehr erforderlich ist.

Abb. 3.1: Rein asymmetrische Verschlüsselung, Schritt 1

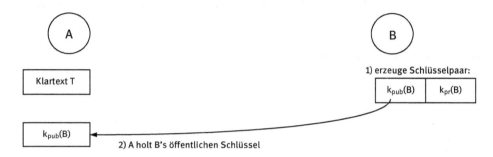

Abb. 3.2: Rein asymmetrische Verschlüsselung, Schritt 2

Anschließend verwendet Alice den öffentlichen Schlüssel $k_{pub}(B)$ von Bob, um den Klartext T mit einem asymmetrischen Verfahren für Bob zu verschlüsseln. Das dabei entstehende Chiffrat C_B sendet Alice an Bob. Das ist in Abb. 3.3 zu sehen.

Schließlich wendet Bob seinen privaten Schlüssel $k_{pr}(B)$ an, um das Chiffrat zu entschlüsseln. So erhält er den Klartext T zurück, wie dies in Abb. 3.4 abgebildet ist.

Im Prinzip ist bei asymmetrischen Verfahren der Einsatz von mehr als zwei Schlüsseln möglich, so dass Daten von mehreren Empfängern entschlüsselt werden können.

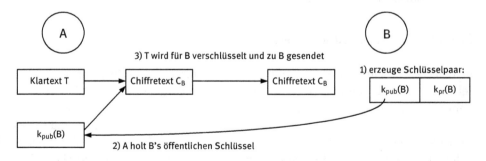

Abb. 3.3: Rein asymmetrische Verschlüsselung, Schritt 3

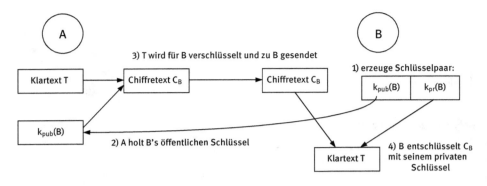

Abb. 3.4: Rein asymmetrische Verschlüsselung, Schritt 4

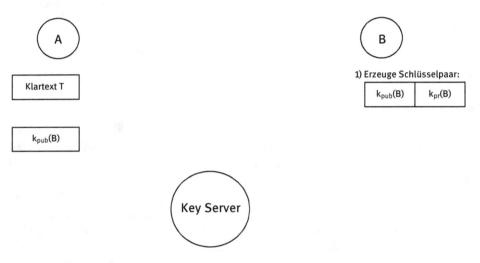

Abb. 3.5: Rein asymmetrische Verschlüsselung mit Keyserver, Schritt 1

3.3 Einsatz eines Keyservers

In dem eben beschriebenen Verfahren sendet Bob direkt seinen öffentlichen Schlüssel an Alice. Dazu muss Bob wissen, dass Alice ihn kontaktieren will. Das ist nicht unbedingt immer der Fall. Vielleicht kennt Bob Alice noch gar nicht. Oder Bob ist nicht online, wenn Alice ihm eine Nachricht schicken will. Aus diesem Grunde ist es vorteilhaft, wenn es einen **Keyserver** gibt, auf dem die Schlüssel verschiedener potentieller Kommunikationspartner gesammelt vorliegen. Ein solches Szenario ist in Abb. 3.5 zu sehen. Wie bisher erzeugt Bob als erstes ein Schlüsselpaar für die asymmetrische Verschlüsselung.

Als nächstes legt Bob seinen öffentlichen Schlüssel auf den Keyserver (Abb. 3.6). Von dort kann ihn sich Alice jederzeit holen (Abb. 3.7).

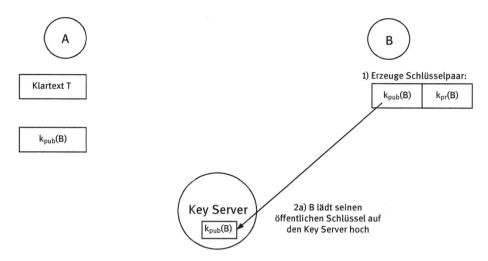

Abb. 3.6: Rein asymmetrische Verschlüsselung mit Keyserver, Schritt 2a

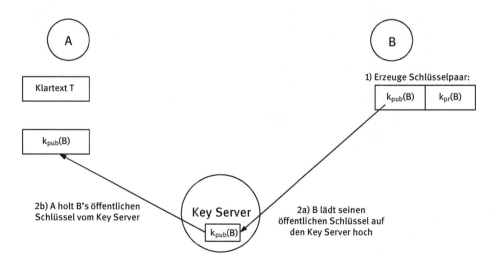

Abb. 3.7: Rein asymmetrische Verschlüsselung mit Keyserver, Schritt 2b

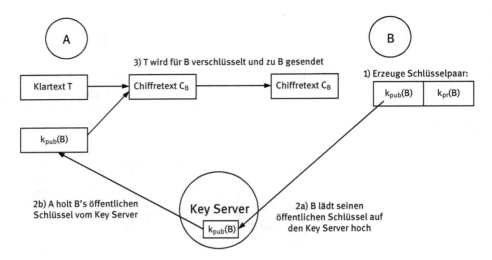

Abb. 3.8: Rein asymmetrische Verschlüsselung mit Keyserver, Schritt 3

Dann geht es so weiter wie bereits beschrieben: Alice verschlüsselt den Klartext T für Bob und sendet das Chiffrat an ihn (Abb. 3.8).

Anschließend dechiffriert Bob unter Verwendung seines privaten Schlüssels und erhält den Klartext (Abb. 3.9).

Prinzipiell kann sich jeder am Keyserver bedienen und die öffentlichen Schlüssel von dort holen. Man sollte aber deswegen nicht denken, dass Sicherheitsmaßnahmen beim Keyserver unwichtig wären. Insbesondere kommt es auf folgende Dinge an:

1. Zwar darf jeder die öffentlichen Schlüssel lesen, aber das Schreiben bzw. Ablegen neuer Schlüssel erfordert besondere Sorgfalt: Es ist sicherzustellen, dass der Schlüssel für Bob wirklich zu Bob gehört. Ansonsten könnte jemand anderer vertrauliche Daten lesen, die eigentlich für Bob bestimmt waren. Bobs Identität ist also zu prüfen, z.B. anhand von Ausweisdokumenten. Ebenso, ob der richtige Schlüssel hochgeladen wird.

2. Schlüssel dürfen nicht manipuliert werden können. Ansonsten könnte nachträglich ein falscher Schlüssel untergeschoben werden, z.B. von einem Eindringling, der den Keyserver unter seine Kontrolle bringt.

3. Der Keyserver sollte rund um die Uhr zur Verfügung stehen, also hochverfügbar sein. Andernfalls könnte man dringende Nachrichten eventuell nur unverschlüsselt senden, wenn der Keyserver gerade offline ist und man den Schlüssel des Empfängers noch nicht heruntergeladen hat.

Trotz allem ist die Verwendung öffentlicher Keyserver nicht unumstritten:
– Manche Betreiber von Keyservern prüfen nicht, ob hochgeladene Schlüssel wirklich authentisch sind.

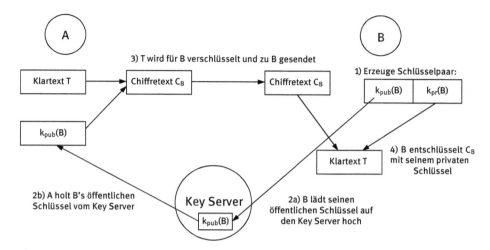

Abb. 3.9: Rein asymmetrische Verschlüsselung mit Keyserver, Schritt 4

- Weil in den Schlüsseln die E-Mail-Adressen der Besitzer enthalten sind, sind Keyserver eine beliebte Datenquelle für Spammer.
- Die öffentlichen Schlüssel werden von verschiedenen Leuten signiert, um deren Echtheit zu bestätigen, z.B. im Rahmen einer Kryptoparty (siehe Kapitel 5.5.1). Eine Analyse der Signaturen kann Aufschluss darüber geben, wer wen kennt. Wenn man den Schlüssel eines Unbekannten signiert, der in eine Straftat verwickelt ist, könnte man ebenfalls in Verdacht geraten.

Weitere Gefahren ergeben sich außerhalb des Keyservers, auf dem Weg zu Alice. Diese wollen wir nun näher beleuchten.

3.4 MITM-Attack

Ein wichtiger Angriff auf verschlüsselte Datenübertragung ist die **Man-in-the-Middle-Attack**, kurz **MITM-Attack**. Hierbei sitzt ein Unbefugter zwischen Alice und dem Rest der Welt. Das bedeutet, Alice kann nicht mit der Außenwelt kommunizieren, ohne dass der Unbefugte alle Daten von und zu Alice mitlesen oder sogar beliebig manipulieren kann. Wir sehen uns nun an, wie sich eine MITM-Attack auf die Übertragung asymmetrisch verschlüsselter Daten auswirken könnte.

In unserem Szenario aus Abb. 3.10 sehen wir wie schon bekannt Alice (A), Bob (B) und den Keyserver. Bob hat wieder ein Schlüsselpaar, wobei er seinen öffentlichen Schlüssel auf den Keyserver hochgeladen hat.

Außerdem sehen wir auch noch einen Angreifer X. Er wird in der Fachliteratur häufig Oscar oder Mallory genannt (Oscar von Opponent, Mallory von Malicious). Er

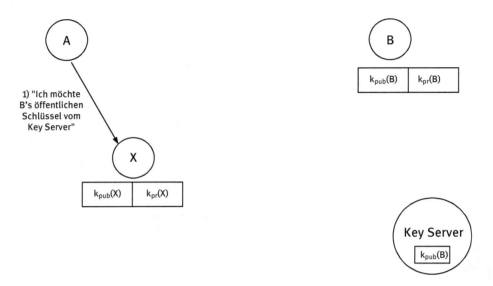

Abb. 3.10: MITM-Attack, Schritt 1

befinde sich in der MITM-Position für Alice und besitzt ein eigenes Schlüsselpaar, bestehend aus $k_{pub}(X)$ und $k_{pr}(X)$.

In einem ersten Schritt möchte Alice Bobs Schlüssel $k_{pub}(B)$ vom Keyserver holen und stellt eine entsprechende Anfrage an den Keyserver (Abb. 3.10). Das Problem ist nur, dass diese Anfrage zunächst an Oscar geht. Wie aus Abb. 3.11 ersichtlich, leitet Oscar diese Anfrage nicht an den Keyserver weiter, sondern gibt Alice statt dessen seinen eigenen öffentlichen Schlüssel $k_{pub}(X)$. Dabei behauptet Oscar, dass dies Bobs Schlüssel sei.

Alice hat zunächst keine Chance, den Betrug zu erkennen und verschlüsselt die vertraulichen Daten D, die für Bob bestimmt sind, mit Oscars Schlüssel (Abb. 3.12).

Problemlos entschlüsselt Oscar das Chiffrat mit seinem privaten Schlüssel $k_{pr}(X)$ und gelangt so in den Besitz der vertraulichen Daten D! (Abb. 3.13)

Damit der Bruch der Vertraulichkeit nicht auffällt, muss Oscar aber noch weitere Aktivitäten entfalten (Abb. 3.14): Er holt seinerseits Bobs Schlüssel $k_{pub}(B)$ vom Keyserver und verschlüsselt die vertraulichen Daten D damit.

Das daraus resultierende Chiffrat C_B sendet Oscar an Bob (Abb. 3.15), der die Daten mit seinem privaten Schlüssel $k_{pr}(B)$ entschlüsselt. Weder Bob noch Alice bemerken irgend etwas von dem Angriff.

Es stellt sich nun die Frage, was man gegen den beschriebenen MITM-Angriff unternehmen kann. Das Hauptproblem ist, dass Alice nicht erkennen kann, ob der zurückgelieferte öffentliche Schlüssel wirklich Bob gehört. Das bedeutet, man muss Bobs Identität unverfälschbar mit seinem öffentlichen Schlüssel $k_{pub}(B)$ koppeln.

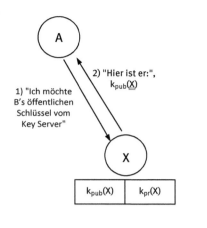

Abb. 3.11: MITM-Attack, Schritt 2

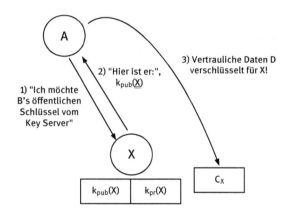

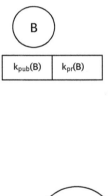

Abb. 3.12: MITM-Attack, Schritt 3

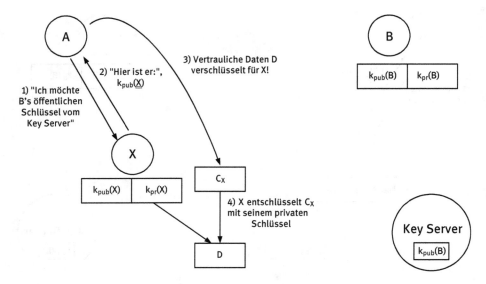

Abb. 3.13: MITM-Attack, Schritt 4

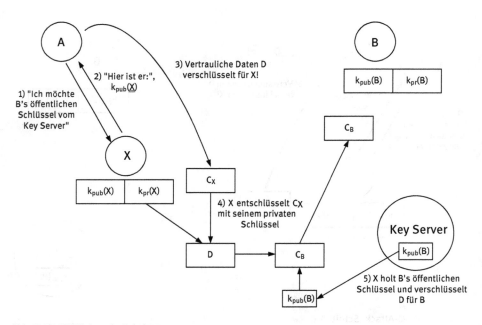

Abb. 3.14: MITM-Attack, Schritt 5

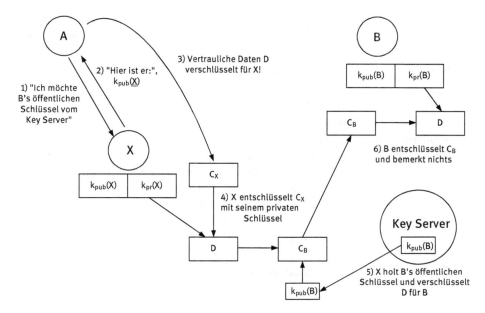

Abb. 3.15: MITM-Attack, Schritt 6

Das macht man üblicherweise über eine digitale Signatur, die wir in Kapitel 5.2 noch im Detail kennenlernen werden. Im Moment nur so viel dazu, dass der Signierende mit seiner digitalen Unterschrift die Korrektheit von Daten bestätigt.

In unserem Falle benötigen wir also eine vertrauenswürdige Drittinstanz, die den öffentlichen Schlüssel $k_{pub}(B)$ zusammen mit Bobs Identität digital signiert und somit garantiert, dass der Schlüssel Bob und nicht Oscar gehört. Und Alice muss in der Lage sein, die Signatur zu prüfen. Dazu mehr in den Kapiteln 5.5.1 und 5.5.2.

3.5 Der RSA-Algorithmus

3.5.1 Schlüsselgenerierung

Der RSA-Algorithmus ist der älteste und wohl auch am weitesten verbreitete asymmetrische Verschlüsselungs- und Signaturalgorithmus. Ihm liegt die Lösung eines zahlentheoretischen Problems zugrunde. Dieses beruht auf dem Euler-Theorem, das eine Aussage über Primzahlen trifft. Ohne in die Materie zu tief eindringen zu wollen, soll verdeutlicht werden, welch großer Aufwand hinter dem Verfahren steckt.

Dazu betrachten wir nun die Erzeugung des Schlüsselpaares:
1. Wähle zwei etwa gleich große Primzahlen p und q.
2. Errechne den **Modul** $n := p \cdot q$.

3. Wähle eine Zahl e mit $\gcd\big(e, (p-1)(q-1)\big) = 1$. gcd ist dabei der größte gemeinsame Teiler oder Greatest Common Divisor. Mit anderen Worten, die beiden Werte e und $(p - 1)(q - 1)$ sollen teilerfremd sein.
4. Wähle eine Zahl d mit $(e \cdot d) \mod [(p - 1)(q - 1)] = 1$.

Die Zahlen e und n bilden zusammen den öffentlichen Schlüssel. Die Zahl d wird der private Schlüssel. Die Primzahlen p und q sind geheim. Sie werden üblicherweise nach der Schlüsselerzeugung gelöscht.

Wir wollen die Schlüsselerzeugung nun anhand recht trivialer Zahlenwerte beispielhaft nachvollziehen. Dabei sollte man im Sinn behalten, dass in Wirklichkeit Zahlen mit Hunderten oder gar Tausenden Bits Länge eingesetzt werden.

1. Wir wählen zwei etwa gleich große Primzahlen $p := 17$ und $q := 23$. Primzahlen mit den eigentlich nötigen Hunderten oder gar Tausenden Bits Länge zu ermitteln, wäre bereits sehr zeitraubend.
2. Wir berechnen den **Modul** $n := p \cdot q = 17 := 23 = 391$. Durch die Multiplikation wird der Modul üblicherweise die doppelte Stellenzahl wie die einzelnen Primzahlen haben, also eine noch riesigere Zahl sein.
3. Wähle eine Zahl e mit $\gcd\big(e, (p - 1)(q - 1)\big) = 1$, also in unserem Falle $\gcd\big(e, 16 \cdot 22)\big) = 1$ bzw. e muss zu 352 teilerfremd sein. Um dies festzustellen, benötigt man eine Primfaktorzerlegung: $352 = 2 \cdot 2 \cdot 2 \cdot 2 \cdot 2 \cdot 11$. In e darf also weder die 2 noch die 11 als Teiler vorkommen. Wir wählen $e := 29$.
4. Wähle eine Zahl d mit $(e \cdot d) \mod [(p - 1)(q - 1)] = 1$, also $(29 \cdot d) \mod 352 = 1$. Mit anderen Worten: Wenn wir $(29 \cdot d)$ durch 352 teilen, muss als Rest 1 übrig bleiben. Wir wählen $d := 85$, denn $29 \cdot 85 = 2465$ und $2465/352 = 7$ Rest 1.

Damit wäre nun $k_{pub} = (e, n) = (29, 391)$ und $k_{pr} = d = 85$.

Bei jedem der Schritte haben wir zahlreiche Möglichkeiten, unter denen wir auswählen können. Das ist nötig, damit wir einen hinreichend großen Schlüsselraum bekommen.

Während wir bei den ersten drei Schritten noch mit einem gewöhnlichen Taschenrechner auskommen, müsste man beim vierten Schritt bereits ein kleines Programm schreiben oder Excel zur Hilfe nehmen. Man kann sich gut vorstellen, wie zeitintensiv die Berechnungen werden, wenn man sie mit sehr großen Zahlen durchführen möchte.

Üblicherweise passt keine der benötigten Zahlen in ein Prozessorregister hinein, weil alle weitaus länger sind als die Register der häufig verwendeten 64-Bit-Prozessoren. Bei Microcontrollern verstärkt sich das Problem noch. Es kommen daher jeweils spezielle Softwarebibliotheken für Zahlen mit sehr hoher Wortbreite zum Einsatz.

3.5.2 Ver- und Entschlüsselung

RSA verwendet sowohl zur Verschlüsselung als auch zur Entschlüsselung eine Exponentierung Modulo n. Ein Zeichen C_i des Chiffrats erhält man aus einem Klartext-Zeichen T_i durch folgende Formel:

$$C_i := T_i^e \mod n$$

Für die Entschlüsselung gilt:

$$T_i := C_i^d \mod n$$

Man sieht hier schön, dass die beiden Formeln symmetrisch sind und dass einmal der öffentliche Schlüssel e (Encryption Key) zum Einsatz kommt, das andere Mal der private Schlüssel d (Decryption Key).

Auch kann man sich leicht vorstellen, dass eine Exponentierung deutlich rechenintensiver ist als beispielsweise eine XOR-Verknüpfung, die wir von den symmetrischen Verfahren kennen.

Beim RSA-Algorithmus ist es im Grunde egal, ob man zuerst e anwendet und dann d oder umgekehrt. In beiden Fällen bekommt man danach wieder die ursprünglichen Daten. Das ist aber nicht bei allen asymmetrischen Verschlüsselungsalgorithmen so. Diese Eigenschaft benötigt man, um RSA auch für digitale Signaturen (siehe Kapitel 5.2) einsetzen zu können.

3.5.3 Algorithmus

Hier eine Beispiel-Implementation des RSA-Algorithmus für kleine Zahlen:

```
int RSA(int ci, int d, int n)
{
  long ti;
  int i;
  t=1;
  for(i=1; i<=d; i++)
      ti = (ti*ci) % n;
  return (int) ti;
}
```

Es wird ein Chiffretext-Zeichen ci übergeben, ferner der private Schlüssel d und der Modulus n. Unter Zurhilfenahme des Modulo-Operators % wird d-mal exponentiert. Heraus kommt das Klartext-Zeichen ti. Dieser Algorithmus ist recht rudimentär und soll nur die prinzipielle Vorgehensweise veranschaulichen. Er würde aber schon für relativ kleine Zahlenwerte nicht mehr richtig funktionieren, weil der long-Datentyp viel zu wenige Bits umfasst.

Bezüglich der Geschwindigkeit kann man sagen, dass asymmetrische Verfahren wie RSA etwa 1000-mal langsamer sind als vergleichbare symmetrische Verfahren. Das liegt in erster Linie an den vergleichsweise aufwändigen Rechenoperationen, die außerdem mit großer Stellenzahl durchzuführen sind.

Manche asymmetrischen Verfahren erlauben es, dass man beliebig festlegt, welchen Zahlenwert man als öffentlichen und welchen man als privaten Schlüssel verwendet. Das ist auch bei RSA der Fall. Nur abwechseln darf man nicht, sonst würden beide Schlüssel öffentlich werden.

3.5.4 Sicherheit

Damit asymmetrische Verschlüsselung sinnvoll einsetzbar ist, müssen folgende Eigenschaften erfüllt werden:
- Die Erzeugung eines Schlüsselpaares ist in akzeptabler Zeit durchführbar.
- Entsprechendes gilt für die Verschlüsselung und Entschlüsselung mit den passenden Schlüsseln.
- Das Brechen der Chiffre, insbesondere das Errechnen des privaten Schlüssels aus dem öffentlichen Schlüssel, ist zwar möglich, aber äußerst rechenintensiv und somit nicht durchführbar.

Ein Angriff, der prinzipiell jede Verschlüsselung bedroht, sowohl symmetrisch als auch asymmetrisch, ist die Brute Force Attack. Typische Schlüssellängen für symmetrische Verschlüsselung liegen bei 128 Bit aufwärts. Bei asymmetrischen Verfahren wie RSA werden derzeit Schlüssel mit mindestens 2000 Bit empfohlen, z.B. von [BSI, 2017]. Allerdings sind üblicherweise nur Zweierpotenzen als Schlüssellängen möglich, so dass man auf 2048 Bit aufrunden würde.

Bei solchen Schlüssellängen wird schnell klar, dass eine Brute Force Attack aussichtslos ist, denn man geht davon aus, dass 2^{128} Operationen bereits undurchführbar sind. Erst recht also 2^{2048} Operationen.

Allerdings hat es seinen Grund, dass man die Schlüssellängen bei asymmetrischen Verfahren so lang macht. Bei RSA wäre es beispielsweise denkbar, aus dem öffentlichen Schlüssel e den privaten Schlüssel d zu errechnen. Dazu müsste man eine Faktorisierung sehr großer Zahlen vornehmen, sie also in ihre Primfaktoren zerlegen. Das würde sehr lange dauern, außer man kennt die Primzahlen p und q, die uns bei der Schlüsselgenerierung begegnet sind. Eine Angriffsmöglichkeit besteht also darin, diese beiden Primzahlen zu ermitteln, beispielsweise mit einem **Zahlenkörpersieb (Number Field Sieve, NFS)**. Dabei hat man eine Komplexität zwischen polynomial und exponentiell.

Würde man eine schnelle Faktorisierungsmöglichkeit finden, dann wäre die Sicherheit von RSA dahin. Das könnten z.B. Quantencomputer leisten, die aber trotz großer Fortschritte derzeit noch nicht wirklich gut einsetzbar sind.

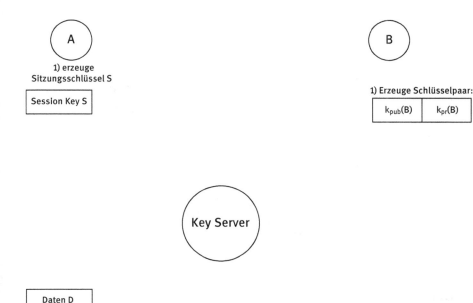

Abb. 3.16: Hybride Verschlüsselung, Schritt 1

3.6 Hybride Verschlüsselungsverfahren

Wir haben kennengelernt, dass symmetrische Verfahren etwa 1000-mal schneller sind als vergleichbare asymmetrische Verschlüsselungsverfahren. Asymmetrische Verschlüsselungsverfahren wiederum haben den Vorteil, dass sie das Schlüsseltauschproblem lösen können. Daher erscheint es sinnvoll, symmetrische und asymmetrische Verschlüsselungsverfahren miteinander zu kombinieren, so dass sich ihre Vorteile ergänzen. Das nennt man ein **hybrides Verschlüsselungsverfahren.**

Die Ausgangsbasis sehen wir in Abb. 3.16. Wir haben wieder Alice (A) und Bob (B), ferner einen Keyserver. Bob verfügt über ein Schlüsselpaar für asymmetrische Verschlüsselung. Sie möchte Daten D unter Wahrung der Vertraulichkeit an Bob schicken. Dazu erzeugt sie als Erstes einen **Sitzungsschlüssel** oder **Session Key** S für symmetrische Verschlüsselung.

Als nächstes möchte Alice den Sitzungsschlüssel S asymmetrisch verschlüsselt an Bob senden. Für die asymmetrische Verschlüsselung benötigt Alice Bobs öffentlichen Schlüssel $k_{pub}(B)$. Wir gehen davon aus, dass Bob ihn auf den Keyserver gelegt hat, von wo aus Alice ihn sich holen kann (Abb. 3.17).

Alice verwendet nun Bobs öffentlichen Schlüssel $k_{pub}(B)$, um den Sitzungsschlüssel asymmetrisch für ihn zu verschlüsseln. Das Chiffrat sei C_B, wie in Abb. 3.18 zu sehen. Alice sendet C_B an Bob.

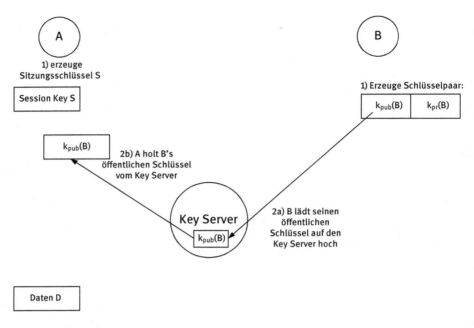

Abb. 3.17: Hybride Verschlüsselung, Schritt 2

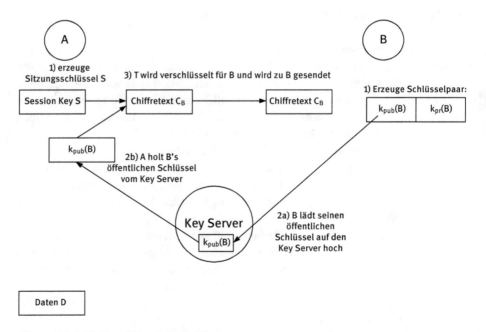

Abb. 3.18: Hybride Verschlüsselung, Schritt 3

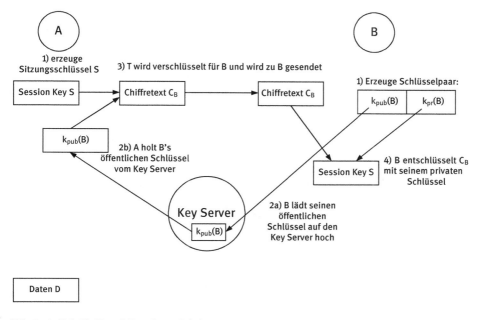

Abb. 3.19: Hybride Verschlüsselung, Schritt 4

Nun kann Bob seinen privaten Schlüssel $k_{pr}(B)$ dazu verwenden, das Chiffrat zu entschlüsseln: Er erhält als Ergebnis den Sitzungsschlüssel S. Das war die Phase des Schlüsseltauschs: Das asymmetrische Verfahren wird also eingesetzt, um den Sitzungsschlüssel S zwischen Alice und Bob auszutauschen.

Nun kommt die symmetrische Verschlüsselung zum Einsatz (Abb. 3.20). Alice verwendet den Sitzungsschlüssel S, um die Daten D symmetrisch zu verschlüsseln. Das Ergebnis D_S sendet Alice an Bob.

Bob kann ebenfalls den Sitzungsschlüssel S einsetzen, um D_S zu entschlüsseln, wobei er die Daten D erhält. Die gesamte weitere Kommunikation wird auf diese Weise symmetrisch verschlüsselt abgewickelt.

Auf den ersten Blick erscheint dieses Verfahren umständlich: Es sind viel mehr Schritte erforderlich als bei einem rein symmetrischen oder asymmetrischen Verfahren. Warum ist es trotzdem schneller?

Die Antwort liegt darin, dass nur der Sitzungsschlüssel S, also wenige Bytes, der langsamen asymmetrischen Verschlüsselung unterzogen werden muss. Die eigentlichen Nutzdaten, die oft Megabytes betragen können, werden dagegen sehr schnell symmetrisch verschlüsselt. Insgesamt fällt also der asymmetrische Teil meist nicht so sehr ins Gewicht, aber er löst das Schlüsseltauschproblem.

Anstelle eines Public Key Verfahrens mit öffentlichem und privatem Schlüssel könnte man auch z.B. den Diffie-Hellman-Key Exchange einsetzen, aber das macht

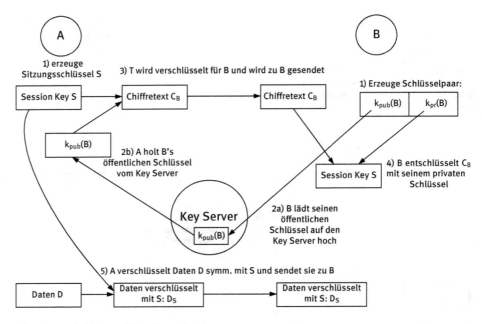

Abb. 3.20: Hybride Verschlüsselung, Schritt 5

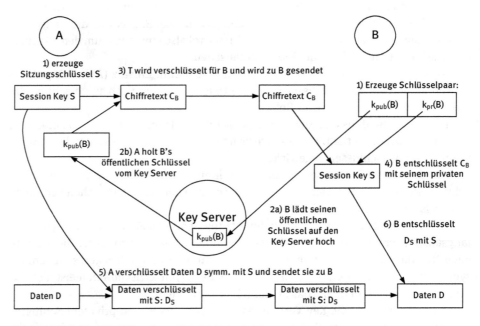

Abb. 3.21: Hybride Verschlüsselung, Schritt 6

bei der Performance keinen allzu großen Unterschied. Jedoch käme man dann ohne Keyserver aus.

3.7 Weitere Public Key Verfahren

RSA ist zwar ein bekannter Vertreter der Public Key Verfahren, aber bei weitem nicht der einzige. Im Folgenden betrachten wir einige weitere Beispiele.

3.7.1 Diskrete Logarithmen

Es ist relativ schwierig, einen diskreten Logarithmus über eine endliche Gruppe auszurechnen, z.B. über die Menge der ganzen Zahlen Modulo einer Primzahl. Auf dieser Tatsachen beruhen kryptographische Verfahren mit diskreten Logarithmen.

Man erreicht nicht ganz die exponentielle Komplexität, so dass das Brechen etwas leichter ist als bei RSA. Entsprechend benötigt man zum Ausgleich etwas längere Schlüssel. Das kann ein Nachteil sein, wenn man beispielsweise bei Chipkarten oder im Embedded-Bereich nur begrenzten Speicherplatz zur Verfügung hat.

Außerdem kann es sein, dass das Faktorisierungsproblem mit dem diskreten Logarithmus zusammenhängt, so dass die Risiken analog zu denen von RSA sein könnten. Ein Beispiel für einen Algorithmus aus dieser Kategorie ist der **El-Gamal-Algorithmus**.

3.7.2 Elliptische Kurven

Kryptographie mit elliptischen Kurven (**ECC, Elliptic Curve Cryptography**) ist derjenigen mit diskreten Logarithmen sehr ähnlich, nur dass eine andere Gruppe als Grundlage dient, nämlich einzelne Punkte auf einer elliptischen Kurve. Wegen der Ähnlichkeit kann man für beide Arten dieselben Algorithmen einsetzen. Das ist ein großer Vorteil, weil man Entwicklungsaufwand spart und die Software nicht erneut umfassend testen muss.

So gibt es beispielsweise eine Variante des El-Gamal-Algorithmus, der mit elliptischen Kurven arbeitet, einen **Elliptic Curve Diffie-Hellman-Algorithmus (ECDH)**, aber auch einen **Elliptic Curve Digital Signature Algorithm (ECDSA)**.

Ein großer Vorteil ist die vergleichsweise kurze Schlüssellänge dieser Algorithmen. So ist ein 256 Bit ECDH vergleichbar mit einem 3072 Bit RSA, was ECC besonders geeignet für Embedded Systems und IoT-Geräte macht. Ein ähnlich sicheres symmetrisches Verfahren käme aber mit nur 128 Bit aus.

3.7.3 Post-Quanten-Kryptographie

Verschlüsselungsverfahren, die auf der Schwierigkeit der Primfaktorzerlegung beruhen, wie RSA, oder solche, die mit diskreten Logarithmen arbeiten, lassen sich durch künftige Quantencomputer und **Shor's Algorithmus** brechen.

Daher beschäftigen sich eine Reihe von Experten mit der **Post-Quanten-Kryptographie (Post-Quantum Cryptography, PQC)**, also Methoden, wie man trotz Quantencomputern sichere Verschlüsselung betreiben kann. Ein solcher Algorithmus ist **NTRUEncrypt**, der mittlerweile in OpenSSH Einzug gefunden hat.

Auch symmetrische Verfahren lassen sich durch Quantencomputer und den Algorithmus von Grover schwächen, allerdings geht man davon aus, dass sich dieses Problem durch eine Verdopplung der Schlüssellänge beheben lässt.

3.8 Aufgaben

Aufgabe 36. Welches grundlegende Problem weisen alle symmetrischen Verschlüsselungsverfahren auf? Wie löst man es?

Aufgabe 37. Wozu dient das Diffie-Hellman-Verfahren?

Aufgabe 38. Beschreiben Sie den Ablauf einer rein asymmetrischen Verschlüsselung. Skizze!

Aufgabe 39. Wozu wird ein Keyserver eingesetzt und welche Vorteile bringt dies?

Aufgabe 40. Sind Sicherheitsmaßnahmen bei einem öffentlichen Keyserver zweitrangig, weil ohnehin jeder auf ihn zugreifen darf?

Aufgabe 41. Wozu könnten die Informationen auf öffentlichen Keyservern missbraucht werden?

Aufgabe 42. Wie könnte eine MITM-Attack in Verbindung mit einer rein asymmetrischen Verschlüsselung ablaufen? Skizze! Wie könnte man sie verhindern?

Aufgabe 43. Wie läuft die Schlüsselerzeugung bei RSA ab? Zahlenbeispiel!

Aufgabe 44. Wie funktioniert die Ver- bzw. Entschlüsselung bei RSA?

Aufgabe 45. Ermitteln Sie die Anzahl der RSA-Verschlüsselungen, die ein Computer Ihrer Wahl pro Sekunde durchführen kann. Verwenden Sie bei einem Linux-Rechner den Befehl: openssl speed rsa

Aufgabe 46. Warum werden Public Key Verfahren zur Verschlüsselung nur selten in ihrer Reinform eingesetzt?

Aufgabe 47. Welche Länge sollten Schlüssel bei symmetrischen und bei asymmetrischen Verfahren mindestens haben, um als sicher zu gelten?

Aufgabe 48. Welcher Ansatz zur Kryptoanalyse ist bei RSA derzeit bzw. in der Zukunft am erfolgversprechendsten?

Aufgabe 49. Wie können symmetrische und asymmetrische Verschlüsselung sinnvoll kombiniert werden, um die Vertraulichkeit von Daten zu gewährleisten? Skizze, Fachausdrücke! Was sind typische Vor- und Nachteile dieses Verfahrens?

Aufgabe 50. Warum und inwiefern sind hybride Verschlüsselungsverfahren trotz der größeren Zahl nötiger Schritte üblicherweise besser als rein asymmetrische Verschlüsselung?

Aufgabe 51. Nennen Sie drei Klassen von Algorithmen für Public Key Verfahren!

Aufgabe 52. Nennen Sie drei Algorithmen für Public Key Verfahren!

4 Kryptographische Hash-Funktionen

4.1 Arbeitsweise

Kryptographische Hash-Funktionen begegnen jedem, der sich mit Kryptographie beschäftigt, an allen Ecken und Enden. Wie die Verschlüsselung bilden sie einen ganz wesentlichen Grundstock an Werkzeugen, um die Sicherheit zu verbessern. Mit Kryptographischen Hash-Funktionen lassen sich z.B. Daten vor unbemerkten Manipulationen schützen, Änderungen an Software erkennen oder auch die Performance mancher Operationen verbessern.

Eine **Hash-Funktion** H bildet eine unendliche Menge von Daten oder Nachrichten D auf eine begrenzte Zahl von Werten ab, nämlich auf einen **Hashwert** $h := H(D)$. Der Hashwert h wird auch kurz **Hash** genannt und hat eine feste Länge von m Bits.

Das hört sich zunächst schwierig an, aber begegnet uns in ähnlicher Form auch im täglichen Leben, z.B. wenn Hühnereier in Gewichtsklassen eingeteilt werden (Abb. 4.1).

Jedes Hühnerei hat ein bestimmtes Gewicht, das sich von den anderen mehr oder weniger unterscheidet (der Physiker würde präziser von einer Masse in Gramm sprechen). Aufgrund dessen kann man jedes Ei in eine von z.B. vier Gewichtsklassen einordnen. Wenn man weiß, aus welcher Gewichtsklasse ein Ei stammt, kann man aber umgekehrt nicht mehr die exakte Masse bestimmen, sondern nur in gewissen Grenzen Rückschlüsse darauf ziehen.

Ein weiteres Beispiel sind die Büros einer Stadtverwaltung oder eines Amtes, wo Bürger je nach Anfangsbuchstaben ihres Nachnamens einem Sachbearbeiter zugeordnet werden. So würde beispielsweise ein Alfons Huber in das Amtszimmer gehen, das für die Buchstaben G bis L zuständig ist. Wenn man ihn von dort herauskommen sieht, weiß man aber nicht seinen genauen Namen, sondern nur in etwa, was die Anfangsbuchstaben seines Nachnamens sein könnten.

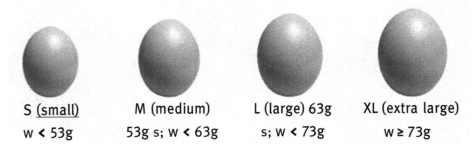

S (small)	M (medium)	L (large) 63g	XL (extra large)
w < 53g	53g s; w < 63g	s; w < 73g	w ≥ 73g

Abb. 4.1: Beispiel: Gewichtsklassen bei Hühnereiern

https://doi.org/10.1515/9783110767186-004

Ganz ähnlich verhält es sich mit den kryptographischen Hash-Funktionen: Sie funktionieren nur in einer Richtung, aber lassen sich nicht umkehren. Daher spricht man auch von **Einwegfunktionen**.

4.2 Anforderungen an Hash-Funktionen

Damit wir eine Hashfunktion für kryptographische Zwecke einsetzen können, muss diese aber noch weiteren Anforderungen genügen, die im Folgenden zusammengefasst sind:

1. Wie erwähnt, darf die Hash-Funktion nicht umkehrbar sein. Man soll also aus einem gegebenen Hashwert keine Nachricht errechnen können, die zu dem Hashwert passt, zumindest nicht in akzeptabler Zeit.
2. Man sollte keine zwei Nachrichten finden können, die denselben Hashwert aufweisen, oder wie man mit anderen Worten sagt, es sollten keine **Hash-Kollisionen** zu ermitteln sein.
3. Wenn man die Nachricht nur ein klein wenig verändert, z.B. „J" statt „N" schreibt oder „Euro 30.000.-" statt „Euro 20.000.-", dann muss das bereits zu unterschiedlichen Hash-Werten führen.
4. Der Hash darf nicht veränderbar sein.

Eigentlich gibt es immer Hash-Kollisionen, denn eine gute Hash-Funktion bildet unendlich viele Nachrichten auf eine endliche Zahl von Hashwerten ab. Also muss es für einen Hashwert unendlich viele Nachrichten geben, aus denen der Hashwert entstanden sein könnte. Mit anderen Worten, es gibt zu einem Hashwert möglicherweise unendlich viele Kollisionen. Das liegt am Prinzip der Hash-Funktion. Aber es sollte mit vertretbarem Aufwand nicht möglich sein, solche Kollisionen zu finden.

Gute Hash-Funktionen reagieren - wie es das dritte Kriterium verlangt - sehr empfindlich auf Veränderungen in einer Nachricht. Bei Algorithmen wie dem SHA-2 bewirkt die Veränderung eines einzigen Bits in der Nachricht, dass im Mittel die Hälfte der Hash-Bits verändert wird.

Während die ersten drei Anforderungen durch einen geeigneten Entwurf des Hash-Algorithmus berücksichtigt werden können, ist die vierte Anforderung, die Nichtveränderbarkeit des Hashwerts, durch zusätzliche Schutzmaßnahmen zu gewährleisten, beispielsweise durch Verschlüsselung. Wir werden dafür in den nächsten Unterkapiteln praktische Beispiele kennenlernen.

4.3 Hash-Funktion und Integrität

Ein klassischer Einsatzzweck für Hashfunktionen ist die Wahrung der **Integrität** von Daten. Nehmen wir an, Alice möchte Daten D an Bob schicken. Bob soll bemerken

Abb. 4.2: Wahrung der Integrität von Daten mittels Hashwert - Schritt 1

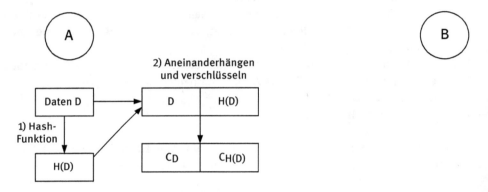

Abb. 4.3: Wahrung der Integrität von Daten mittels Hashwert - Schritt 2

können, ob jemand die Daten auf dem Übertragungsweg manipuliert hat. Dazu bildet Alice zunächst einen Hashwert $H(D)$ über die Daten D (Abb. 4.2).

Als nächstes hängt Alice den Hashwert $H(D)$ an die Daten D an und verschlüsselt das Ganze für Bob (Abb. 4.3). C_D seien die verschlüsselten Daten, der verschlüsselte Hashwert sei $C_{H(D)}$. Im Prinzip kann sowohl symmetrische als auch asymmetrische Verschlüsselung dazu verwendet werden.

Nun sendet Alice das Ganze an Bob (Abb. 4.4). Unterwegs könnten die Daten, der Hash oder beides verändert werden, sei es durch zufällige Störungen oder durch absichtliche Manipulation. Entsprechend kommt bei Bob anstelle von C_D ein C_D' an, und anstelle von $C_{H(D)}$ ein $C_{H(D)}'$.

Wie kann nun Bob feststellen, ob er die Originaldaten von Alice empfangen hat oder ob eine Veränderung aufgetreten ist? Also mit anderen Worten, ob noch $C_D' = C_D$ und $C_{H(D)}' = C_{H(D)}$ gilt oder ob sich diese Werte unterscheiden? Das zeigt uns zunächst Abb. 4.5.

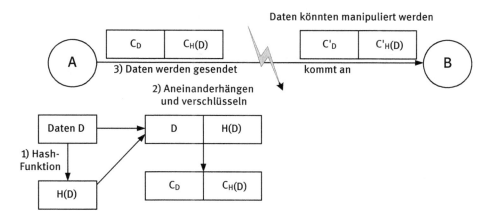

Abb. 4.4: Wahrung der Integrität von Daten mittels Hashwert - Schritt 3

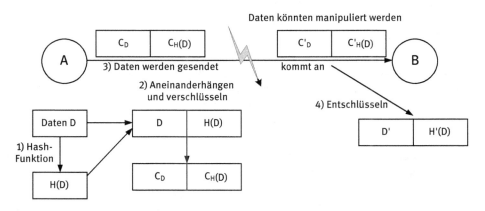

Abb. 4.5: Wahrung der Integrität von Daten mittels Hashwert - Schritt 4

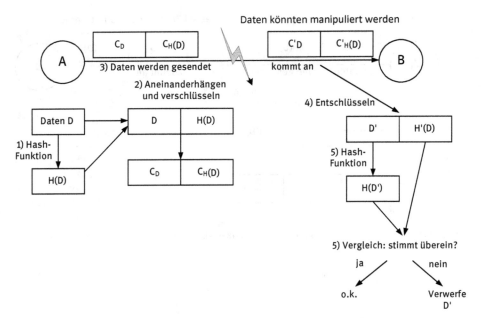

Abb. 4.6: Wahrung der Integrität von Daten mittels Hashwert - Schritt 5

Zunächst entschlüsselt Bob die verschlüsselten Daten und den Hashwert. Er muss also zuvor den passenden symmetrischen Schlüssel von Alice erhalten haben, oder sein privater Schlüssel muss sich zum Entschlüsseln eignen.

Nach der Entschlüsselung hat Bob Daten D' und einen Hashwert $H'(D)$ vorliegen. Er weiß aber immer noch nicht, ob diese mit den Originalwerten D und $H(D)$ übereinstimmen.

Deswegen prüft Bob die Übereinstimmung unter Zuhilfenahme der Hashfunktion H. Bob muss also wissen, welche Art von Hashfunktion Alice eingesetzt hat. Er errechnet $H(D')$ und vergleicht das Ergebnis mit dem mitgelieferten Hashwert $H'(D)$ (Abb. 4.6).

Wenn beides übereinstimmt, dann geht Bob davon aus, dass keine Veränderung stattgefunden hat. Wir erinnern uns: Eigenschaft 3 der kryptographischen Hashfunktionen besagte, dass selbst kleinste Veränderungen zu einem abweichenden Hashwert führen. Im Falle eines solchen abweichenden Hashwerts werden die empfangenen Daten D als manipuliert verworfen und beispielsweise erneut von Alice angefordert.

Es stimmt natürlich, ein Unbefugter könnte die wiederholt gesendeten Daten jedes Mal aufs Neue manipulieren, so dass die Kommunikation mit Alice zum Erliegen käme. Aber wenn er die Möglichkeit zur Manipulation besitzt, könnte er die Daten vermutlich auch ganz unterdrücken oder einfach das Kabel kappen. Solche Gefahren kann man alleine mit kryptographischen Methoden nicht ausschließen.

Ferner kann nicht verhindert werden, dass überhaupt eine Veränderung erfolgt. Hinreichend starke Störungen von außen sind denkbar, die eine beliebige Datenkommunikation beeinflussen können. Aber man kann diese mit dem beschriebenen Verfahren entdecken, so dass sich zumindest eine **unbemerkbare** Manipulation weitgehend ausschließen lässt.

Aber wozu verschlüsseln wir bei diesem Verfahren? Nun, ohne Verschlüsselung könnte ein Unbefugter zuerst die Daten D manipulieren und dann den Hashwert $H(D)$ so berechnen, dass er zu den Daten D passt. Dann könnte Bob die Veränderungen nicht bemerken.

Der Unbefugte kennt zwar den Hash-Algorithmus nicht unbedingt, aber das ist kein unüberwindbares Hindernis: Es gibt nur wenige in Frage kommende Algorithmen, und den richtigen kann der Unbefugte durch Ausprobieren finden. Er errechnet den Hashwert der Daten D mit jedem der bekannten Verfahren und sieht recht schnell, welches Ergebnis mit dem mitgelieferten Hashwert $H(D)$ übereinstimmt. Für den manipulierten Hashwert nimmt er einfach denselben Algorithmus.

Wenn dagegen Daten und Hashwert beide verschlüsselt sind, weiß der Unbefugte nicht, wie er beides manipulieren müsste, damit es nach der Entschlüsselung noch zusammenpasst.

Die Verschlüsselung schützt also vor absichtlicher Manipulation. Wenn man sich nur vor zufälligen Störungen schützen möchte, bräuchte man nicht unbedingt zu verschlüsseln, denn eine zufällige Störung könnte kaum Daten und Hashwert so beeinflussen, dass sie noch zusammenpassen.

4.4 Authentifizierung des Senders von Daten mittels Hash-Funktionen

Nachdem wir mit den bisherigen Methoden die Vertraulichkeit und die Integrität wahren können, wollen wir uns nun der dritten Hauptsäule der IT-Sicherheit zuwenden: der Authentizität. Auch dazu können wir Hash-Funktionen einsetzen.

Abb. 4.7: Authentifizierung des Senders von Daten mittels Hashwert - Schritt 1

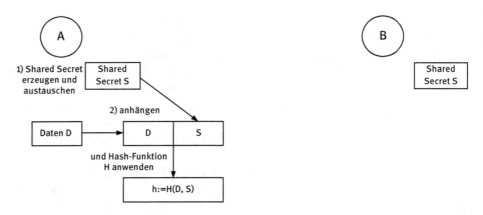

Abb. 4.8: Authentifizierung des Senders von Daten mittels Hashwert - Schritt 2

Bob möchte sich vergewissern, dass empfangene Daten D wirklich von Alice stammen und nicht von jemand anderem, der Bob in die Irre führen möchte. Zunächst benötigen Alice und Bob ein **gemeinsames Geheimnis (Shared Secret)** S. Das gemeinsame Geheimnis wird von einem der Beiden erzeugt und dann ausgetauscht (Abb. 4.7). Dazu könnte man z.B. den Diffie-Hellman-Schlüsseltausch verwenden (Kapitel 3.1).

Das Prinzip dahinter ist dasselbe, das wir bereits vom Schlüsseltausch für symmetrische Verfahren kennen, wobei S dem Schlüssel entspricht. Man kann dazu also beispielsweise das Diffie-Hellman-Verfahren oder RSA einsetzen. Diese Verfahren gewährleisten lediglich die Vertraulichkeit, aber nicht die Authentizität. Außerdem handelt es sich bei S nicht um einen Schlüssel zur symmetrischen Verschlüsselung.

Alice nimmt nun das gemeinsame Geheimnis S und hängt es an die Daten D an, deren Authentizität gewährleistet werden soll (Abb. 4.8). Dann bildet Alice einen Hashwert $h := H(D, S)$. Dieser Hashwert wird auch **MAC** (Message Authentication Code) genannt. Weil dabei eine Hashfunktion zum Einsatz kommt, spricht man genauer von einem **HMAC**.

Im nächsten Schritt schickt Alice die Daten D zusammen mit dem Hashwert h an Bob (Abb. 4.9). Man beachte: In den gesendeten Daten ist das gemeinsame Geheimnis S selbst nicht enthalten, sondern es steckt nur indirekt in dem Hashwert über die Daten zusammen mit dem Geheimnis.

Auf dem Weg zu Bob könnten diese Daten manipuliert werden. Bei Bob kommen daher Daten D' und ein Hashwert h' an, die nicht notwendigerweise dem Original entsprechen.

Wie kann sich Bob davon überzeugen, dass die Daten D' wirklich von Alice stammen und dem Original D entsprechen?

Bob nimmt die empfangenen Daten D' und hängt das gemeinsame Geheimnis S an, das er ja ebenso wie Alice kennt. Dann bildet er auf dieselbe Weise wie zuvor Alice darüber einen Hashwert $h'' = H(D', S)$ (Abb. 4.10).

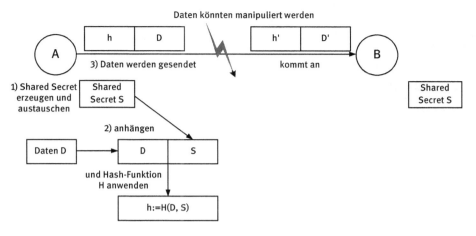

Abb. 4.9: Authentifizierung des Senders von Daten mittels Hashwert - Schritt 3

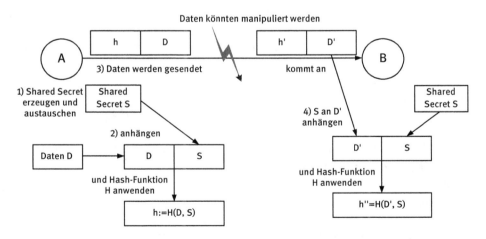

Abb. 4.10: Authentifizierung des Senders von Daten mittels Hashwert - Schritt 4

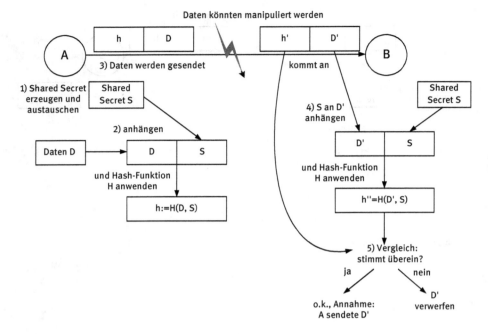

Abb. 4.11: Authentifizierung des Senders von Daten mittels Hashwert - Schritt 5

Nun vergleicht Bob den eben berechneten Hashwert h'' mit dem Hashwert h' aus den empfangenen Daten (Abb. 4.11). Stimmen beide überein, dann geht Bob davon aus, dass die Daten wirklich von Alice stammen, denn nur sie und er selbst kennen das gemeinsame Geheimnis S, das für die korrekte Berechnung des Hashes nötig ist. Tritt dagegen eine Abweichung auf, werden die Daten D als falsch verworfen.

Die Authentifizierung mittels HMAC ist recht verbreitet und wird z.B. bei SSL/TLS und bei IPSec in Verbindung mit IPv6 eingesetzt.

4.5 Authentifizierung von Benutzern durch das Betriebssystem mit Hash-Funktionen

4.5.1 Arbeitsweise

Bei Betriebssystemen benötigt man zwar ebenfalls Authentifizierung, aber auf eine etwas andere Weise: Ein Benutzer gibt seinen Benutzernamen und sein Passwort ein und meldet sich damit an. Daraus ergibt sich, was der Betreffende im System machen darf und wem die Aktivitäten zugerechnet werden.

Zwar könnte man Benutzername samt Passwort unverändert in einer Passwortdatei oder -datenbank speichern, aber das wäre ziemlich unsicher: Ein krimineller Adminis-

Abb. 4.12: Vergabe eines Passworts für das Betriebssystem

trator könnte aus der Datenbank die Passwörter im Klartext erfahren und probieren, ob der Benutzer z.B. bei seiner Bank dasselbe Passwort verwendet. Vielleicht kann er es zu diesem Zweck auch etwas abändern und verschiedene Varianten ausprobieren.

Ein noch größeres Risiko besteht darin, dass über Programmierfehler im Extremfall die ganze Passwort-Datenbank an Unbefugte im Internet gelangen könnte.

Daher ist es guter Programmierstil, Passwörter niemals im Klartext zu speichern, sondern immer verschlüsselt oder gehasht. Dabei ist wiederum dem Hashing der Vorzug zu geben, weil eine symmetrische Verschlüsselung auch eine einfache Entschlüsselung ermöglichen würde. Dadurch könnten zumindest Administratoren mit wenig Aufwand die Passwörter aller Benutzer erfahren.

Betrachten wir zunächst, wie das Passwort eines Benutzers vom Betriebssystem gespeichert wird (Abb. 4.12).

Das Betriebssystem legt für jeden Benutzer U einen Datensatz in der Passwortdatei an. Die Passwortdatei ist z.B. /etc/shadow bei Linux oder SAM (Security Account Manager) bei Windows®. In diesem Datensatz werden der Benutzername und das Passwort gespeichert, vielleicht auch der vollständige Name des Benutzers und seine Kontaktdaten. Das Passwort wird allerdings vor der Speicherung einer symmetrischen Verschlüsselung oder einem Hash-Algorithmus unterzogen. Daher gelangt z.B. nur der Hashwert $H(P)$ in die Passwortdatei, nicht das Passwort P selbst.

Will sich der Benutzer später anmelden, dann gibt er seinen Benutzernamen U' und sein Passwort P' ein. Das Betriebssystem sieht nach, ob ein Eintrag für den angegebenen Benutzer U' existiert (Abb. 4.13). Falls nicht, ist der Vorgang an dieser Stelle bereits erfolglos beendet.

Wird ein Benutzer mit Namen $U' = U$ gefunden, dann wird dessen Passwort-Hash $H(P)$ geholt. Über das soeben eingegebene Passwort P' wird mit demselben Hash-Algorithmus wie bei der Vergabe des Passworts ein Hashwert $H(P')$ errechnet. Stimmt dieser mit dem Passwort-Hash aus der Passwortdatei überein, dann ist der Benutzer erfolgreich angemeldet. Tritt dagegen eine Abweichung auf, dann schlägt die Anmeldung fehl.

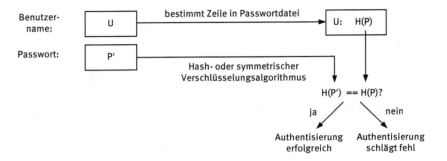

Abb. 4.13: Anmeldung am Betriebssystem

4.5.2 Hash-Funktion und Verschlüsselung

Anstelle einer Hash-Funktion, z.B. SHA-2, kann man auch ein symmetrisches Verschlüsselungsverfahren, z.B. AES, einsetzen. Wie man an den obigen Abbildungen erkennen kann, wird das Schema immer nur in einer Richtung durchlaufen: Aus dem Passwort wird der Passwort-Hash gebildet, aber nicht umgekehrt. Beim Einsatz von Verschlüsselungs- statt Hash-Algorithmen gilt das Gleiche: Es wird lediglich *ver*schlüsselt, aber nicht *ent*schlüsselt. Aus diesem Grunde eignet sich eine Einweg-Hash-Funktion mindestens ebenso gut wie eine symmetrische Verschlüsselung. Dabei hat sie ferner den Vorteil, dass die Passwörter nicht ohne weiteres entschlüsselt werden können.

4.5.3 Anmeldung an Anwendungsprogrammen

Eventuell muss man sich als Benutzer zweimal anmelden: Zunächst am Betriebssystem, das seine Benutzer in einer Passwortdatei verwaltet, und dann nochmal an einer Anwendung, die ihre separate Benutzerverwaltung samt Passwortdatenbank mitbringen kann.

Zum einen kann dies die Benutzerverwaltung aufwendiger und die Arbeit am Computer umständlicher machen: Die Benutzer sind doppelt zu pflegen, die Passwörter sind an mehreren Stellen zu ändern und die Benutzer müssen sich mehrmals anmelden. Ferner können Inkonsistenzen auftreten.

Aber es kann auch manchmal ein Vorteil sein. Datenbanken stehen häufig mit Webanwendungen in Verbindung, die eigene Sicherheitsrisiken mit sich bringen, z.B. SQL-Injection. Dadurch könnte zwar die Passwortdatenbank einer Webanwendung Tätern aus dem Internet zugänglich werden, aber die Benutzer des Betriebssystems können andere Benutzernamen und Passwörter haben, so dass nicht gleich das ganze System offen steht.

4.5.4 Umgehung des Passwortschutzes

Wenn man sein Passwort vergessen hat, dann kann man trotzdem noch an die Daten herankommen. Dazu fährt man den Rechner mit einem Bootmedium hoch, z.B. mit einer DVD oder per USB-Stick. Weil nun ein anderes Betriebssystem die Kontrolle über den Rechner hat, können die Schutzmaßnahmen des ursprünglichen Betriebssystems nicht mehr greifen. Beispielsweise kann man jetzt auf die vorher nicht lesbare Passwortdatei zugreifen und darin ein Passwort ändern.

Bei Linux-Systemen editiert man z.B. die Datei /etc/shadow und trägt für einen Benutzer den Hash eines bekannten Passworts ein. Nach einem Neustart kann man sich am Rechner lokal anmelden.

Das zeigt auch, dass eine lokale Anmeldung am System kaum Schutz bietet, wenn man Zutritt zu dem Rechner hat. Es sollte zumindest das Booten von externen Speichermedien im BIOS deaktiviert werden, um Schutz vor Unbefugten zu haben.

Vertrauliche Daten sollte man ohnehin besser nicht lokal ablegen, sondern nur auf einem besonders geschützten Server. Das erleichtert außerdem die automatische Erstellung von Sicherheitskopien. Sollte eine lokale Speicherung vertraulicher Daten erforderlich sein, dann wäre die Festplatte zu verschlüsseln.

4.5.5 Knacken von Passwörtern und Gegenmaßnahmen

Gelangen Passwort-Hashes trotz aller Vorsichtsmaßnahmen in falsche Hände, dann könnten Unbefugte versuchen, die Passwörter zu knacken. Dazu gibt es beispielsweise folgende Methoden:
- **Brute Force Attack:** Es werden alle Passwörter durchprobiert, zunächst mit 1 Zeichen Länge, dann mit 2, mit 3, usw. Wirksame Abhilfe ist die Wahl eines hinreichend langen Passworts.
- **Dictionary Attack:** Viele Benutzer verwenden Passwörter, die man in Wörterbüchern verschiedener Sprachen finden könnte, z.B. Vornamen, Kosenamen, etc. Diese werden oft nur leicht abgewandelt, z.B. eine Ziffer oder ein Sonderzeichen angehängt. Solche Passwörter lassen sich sehr schnell automatisiert herausfinden.
- **Rainbow Tables:** Weil es nur recht wenige Hash-Verfahren gibt, die zur Speicherung von Passwörtern zum Einsatz kommen, kann man deren Hashwerte im Rahmen einer Brute Force Attack einmalig berechnen und in einer riesigen Datenbank von oft mehreren Terabytes Größe ablegen. Darin sind dann z.B. alle Passwort-Hashes für Passwörter von bis zu 8 Zeichen Länge. Gehört ein gestohlener Passwort-Hash z.B. zu einem Passwort mit 7 Zeichen Länge, dann ist das zugehörige Passwort mit Sicherheit in der Rainbow Table enthalten und kann in Sekundenbruchteilen nachgesehen werden.

Lange Zeit setzte man auf möglichst komplexe Passwörter mit Ziffern, Groß- und Kleinbuchstaben sowie Sonderzeichen. Der große Nachteil ist, dass man sich solche Passwörter kaum noch merken kann. Außerdem beherrschen Knackprogramme auch Regeln, die Buchstaben durch ähnlich aussehende Ziffern oder Sonderzeichen ersetzen. Z.B. wird bei einem Wörterbucheintrag „geheim" auch „g3he!m" oder dergleichen ausprobiert, so dass solche Varianten nicht allzu viel bringen.

Anstatt viel Aufwand in den Einbau zahlreicher Ziffern und Sonderzeichen zu stecken, kann man die Passwörter auch einfach 2 oder 3 Zeichen länger machen. Das führt zu einem ähnlichen Zeitaufwand beim Knacken. Damit sie keinem Wörterbucheintrag ähneln, könnte man beispielsweise die ersten paar Buchstaben von jedem Wort eines Lied-, Buch- oder Filmtitels nehmen und aneinanderreihen.

Tools wie **Cracklib** für Linux prüfen bei einer Passwortänderung, ob das Passwort sich in einem Wörterbuch befindet oder sonstwie zu schwach ist. Somit können Benutzer solche Passwörter nicht mehr wählen.

Um das Knacken von Passwörtern und insbesondere die Verwendung von Rainbow-Tables zu erschweren, kann man manche Betriebssysteme so konfigurieren, dass sie nicht einfach den Hashwert des Passworts in der Passwortdatei speichern, sondern den Hashwert über das Passwort mit angehängter Zufallszahl. Diese Zufallszahl nennt man den **Salt**-Wert, und man spricht dann von **gesalzenen** Passwörtern.

Zwar speichert man den Salt-Wert mit in der Passwort-Datei, so dass ein Eindringling nicht nur die Hashes, sondern auch den Salt-Wert kennt. Er kann somit trotzdem die Passwörter knacken. Aber zumindest kann er dazu keine Rainbow-Tables mehr verwenden, weil deren Hashes ohne Salt-Wert berechnet wurden.

Eine weitere Variante ist, dass man anstelle des einfachen Hashwertes $H(PW)$ einen mehrfach angewendeten Hashwert $H(...H(H(H(PW)))...)$ speichert, also z.B. 1000-mal nacheinander den Hash über den Hashwert des Hashwerts usw. errechnet und somit eine Verkettung der Hashfunktion vornimmt.

Das bremst zwar den Anmeldevorgang für einen Benutzer und macht die Berechnung des Passwort-Hashes 1000-mal langsamer. Aber bei einem einzelnen Anmeldevorgang ist das zu verschmerzen. Für einen Unbefugten, der die Passwörter im Rahmen einer Brute Force Attack knacken will, wird aber die ohnehin schon langsame Brute Force Attack nochmal um den Faktor 1000 langsamer und womöglich undurchführbar.

Generell setzt man in zunehmendem Maße auf Zwei- oder Mehrfaktorauthentifizierung, so dass die Kenntnis eines Passworts alleine noch nicht ausreicht, um an vertrauliche Daten zu kommen. Sondern es ist auch noch der Besitz eines Geräts, z.B. eines Smartphones, nötig, vielleicht auch ein Token oder ein biometrisches Merkmal. Dadurch lassen sich Passwortschwächen zumindest in gewissem Maße ausgleichen. Dennoch ist es denkbar, dass ein Unbefugter sowohl das Passwort erlangt als auch z.B. das zugehörige Smartphone unter seine Kontrolle bringt.

4.6 Probleme bei Hash-Funktionen

4.6.1 Geburtstagsangriff

Wie wir kennengelernt hatten, gelten symmetrische Verschlüsselungsalgorithmen mit 128 Bit-Schlüsseln als hinreichend sicher. Bei den Hashwerten findet man aber in der Regel Empfehlungen, mindestens 256 Bit-Werte zu verwenden. Woher kommt dieser Unterschied?

Der Hauptgrund liegt in der Möglichkeit, bei Hash-Funktionen einen so genannten **„Geburtstagsangriff"** durchzuführen. Dieser etwas kuriose Name kommt von einer statistischen Beobachtung in Verbindung mit Geburtstagen, dem so genannten **Geburtstagsparadoxon:**

- Es seien eine gewisse Zahl von Personen im selben Raum. Alice fragt sich, ob wohl jemand anderes zufälligerweise am selben Tag desselben Monats Geburtstag hat wie sie selbst. Mit den Methoden der Statistik kann man errechnen, dass für 50% Wahrscheinlichkeit immerhin 253 Personen anwesend sein müssten. Es ist also relativ unwahrscheinlich.

- Nun wird die Aufgabe leicht verändert: Es reicht aus, wenn zwei beliebige Personen im Raum am selben Tag desselben Monats Geburtstag haben. Es braucht also nicht der Geburtstag von Alice zu sein. Nun reichen für die 50% Wahrscheinlichkeit schon 23 Personen aus, also weniger als ein Zehntel der vorherigen Anzahl.

Diese Gegebenheiten lassen sich auf die Hash-Funktionen und deren Fälschbarkeit übertragen. Betrachten wir folgendes Szenario: Jemand hat einen Vertrag vorbereitet, der elektronisch signiert werden soll. Dazu muss man wissen, dass üblicherweise nicht der eigentliche Wortlaut des Vertrags signiert wird, sondern nur ein Hash darüber. Das spart eine Menge Rechenzeit, und der Vertrag bleibt weiterhin menschenlesbar.

Stellen wir uns vor, ein böswilliger Geschäftspartner will wie in Abb. 4.14 den Vertrag nach seiner Unterschrift manipulieren und z.B. nachträglich einen geringeren Kaufpreis eintragen. Er müsste den Wortlaut des Vertrags so abändern, dass der Hashwert unverändert bleibt. Außerdem sollte der Wortlaut auch noch einen sinnvollen Text mit dem neuen Kaufpreis darin ergeben.

Selbst wenn man nicht sichtbare Sonderzeichen, Leerzeichen, kleine Tippfehler, usw. zulässt, ist es praktisch nicht durchführbar, einen passenden Wortlaut zu finden, der denselben Hashwert ergibt. Das entspricht der ersten Variante des Geburtstags-Beispiels.

Nun verändern wir das Szenario ein wenig. Der böswillige Geschäftspartner erzeugt im Vorfeld zwei Verträge, die zufälligerweise eine Hash-Kollision aufweisen, also denselben Hashwert besitzen (Abb. 4.15).

Den einen Vertrag mit einem Kaufpreis von 100.000.- Euro lässt er von seinem Geschäftspartner unterzeichnen. Dann ersetzt er den Originalvertrag durch die Variante mit demselben Hashwert. Weil sich die digitale Signatur nur auf den Hashwert bezieht

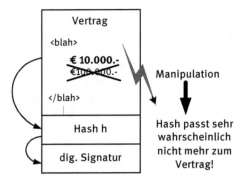

Abb. 4.14: Geburtstagsangriff, Variante 1

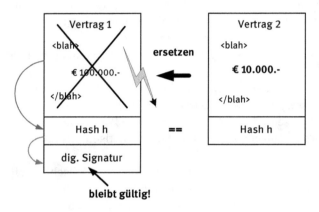

Abb. 4.15: Geburtstagsangriff, Variante 2

und dieser unverändert bleibt, bleibt die digitale Signatur gültig und der gefälschte Vertrag wird womöglich rechtsverbindlich!

Vergleichen wir diese beiden Varianten miteinander:

- Angenommen, wir benötigen bei der ersten Variante 2^{64} Berechnungen, bis wir eine Hash-Kollision finden. Also jedes Mal eine Änderung am Original-Vertrag vornehmen, dann die Hash-Berechnung, schließlich Vergleich mit dem Original-Hash. Können wir diesen Vorgang z.B. eine Million Mal pro Sekunde durchführen, dann würde das etwa 600.000 Jahre dauern. Bei einer Milliarde Berechnungen pro Sekunde wären es immer noch etwa 600 Jahre.
- Bei der zweiten Variante wären statt dessen nur 2^{32} Berechnungen nötig, um eine Hash-Kollision zu ermitteln. Bei gleicher Rechenleistung von einer Million Berechnungen pro Sekunde würde das längstens eine Stunde dauern. Bei einer Milliarde Berechnungen pro Sekunde wäre man bei nur noch 3,6 Sekunden.

Wie sieht die Abhilfe zu diesem Problem aus? Man braucht nur Hashwerte mit doppelter Länge zu nehmen, das ist alles. Wenn also aktuell 2^{128} Rechenoperationen als praktisch undurchführbar gelten bzw. für symmetrische Verschlüsselung Schlüssel mit 128 Bits empfohlen werden, dann nimmt man für Hashwerte die doppelte Länge, also 256 Bits.

Eine weitere Möglichkeit ist es, vor dem Signieren den Vertrag leicht abzuändern, was den Hashwert ebenfalls verändert. Somit kann eine im Vorfeld ermittelte Hash-Kollision nicht mehr verwendet werden.

4.6.2 Gebrochene Hash-Funktionen

In den vergangenen Jahren sind immer wieder Probleme mit gebrochenen Hash-Funktionen aufgetreten, die zuvor als sicher galten. Eine Hash-Funktion gilt als **gebrochen**, wenn sich mit überschaubarem Aufwand Hash-Kollisionen finden lassen.

Als gebrochen gelten u.a. MD4, MD5, RIPE-MD, SHA-0 und SHA-1. Generell sollte man insbesondere wegen des Geburtstagsangriffs keine Hashwerte mit weniger als 256 Bit Länge mehr verwenden, wenn es auf Sicherheit ankommt. Das betrifft z.B. RIPE-MD160.

SHA-2 kann mit Bitlängen zwischen 224 und 512 Bits eingesetzt werden (SHA-224 bis SHA-512). Er stammt wie seine Vorgänger vom NSA und wird z.B. in GnuPG eingesetzt. Sein Nachfolger ist der Keccak-Algorithmus, der zum SHA-3 gewählt wurde. Zu erwähnen ist ferner Whirlpool, der mit 512-Bit-Hashes arbeitet und z.B. bei Veracrypt eingesetzt wird.

4.7 Aufgaben

Aufgabe 53. Welche Anforderungen werden an kryptographische Hash-Funktionen gestellt?

Aufgabe 54. Warum gibt es immer Hash-Kollisionen? Wann stellt dies kein Problem dar?

Aufgabe 55. Wie kann man Hashfunktionen verwenden, um die Integrität von Daten zu gewährleisten? Skizze! Wie entdeckt man dabei zufällige oder absichtliche Veränderungen?

Aufgabe 56. Wie kann man eine kryptographische Hash-Funktion und ein gemeinsames Geheimnis zur Authentifizierung des Senders von Daten verwenden? Skizze!

Aufgabe 57. Beschreiben Sie anhand von zwei Skizzen, wie Passwörter in Betriebssystemen prinzipiell vergeben und lokal gespeichert werden und wie ferner Betriebssysteme anschließend Benutzer anhand von Benutzername und Passwort authentisieren können!

Aufgabe 58. Was ist sicherer: Wenn Passwörter vom Betriebssystem symmetrisch verschlüsselt werden oder wenn sie statt dessen gehasht werden?

Aufgabe 59. Welche Mindestlänge für Hashes wird derzeit empfohlen?

Aufgabe 60. Welches Sicherheitsrisiko besteht in Bezug auf Passwörter, wenn Rechner von einem externen Medium gestartet werden können?

Aufgabe 61. Wie funktioniert eine Dictionary Attack?

Aufgabe 62. Wozu und wie verwendet man Rainbow Tables?

Aufgabe 63. Was versteht man unter gesalzenen Passwörtern?

Aufgabe 64. Wie funktioniert der Geburtstagsangriff und wie lässt er sich verhindern? Skizzen!

Aufgabe 65. Welches Problem besteht in Bezug auf gebrochene Hash-Funktionen?

Aufgabe 66. Warum wird eine Hashfunktion oft mehrfach auf ein Passwort angewendet?

Aufgabe 67. Welche der folgenden Algorithmen sind kryptographische Hash-Algorithmen? Bitte ankreuzen!
☐ DES
☐ RSA
☐ Twofish
☐ Whirlpool
☐ SHA-2
☐ RIPE-MD
☐ AES
☐ ECDSA
☐ El Gamal
☐ MD5
☐ Skipjack
☐ IDEA

Aufgabe 68. Nennen Sie drei Hash-Algorithmen, die nach wie vor als kollisionsresistent gelten!

Aufgabe 69. Klassifizieren Sie die nachstehend genannten Algorithmen auf folgende Weise, indem Sie die passende Ziffer davor setzen:

0: kein Hash-Algorithmus

1: gebrochener Hash-Algorithmus

2: Hash-Algorithmus, der derzeit als hinreichend sicher gilt

- _ SHA-1
- _ RSA
- _ RIPE-MD 160
- _ Whirlpool
- _ SHA-2
- _ MD5
- _ Skipjack
- _ Keccak
- _ IDEA

5 Digitale Signaturen

5.1 Anforderungen

Digitale Signaturen dienen als Bestätigung, dass Daten wirklich von einem bestimmten Urheber stammen. Sie sollen also die Authentizität von Daten gewährleisten. Bei den Daten kann es sich z.B. um Dokumente handeln, die elektronisch unterzeichnet werden. Oder auch um Software, die aus vertrauenswürdiger Quelle stammen soll. Dazu kommen in aller Regel recht ausgeklügelte Algorithmen aus dem Bereich der asymmetrischen Kryptographie zum Einsatz, jedenfalls wenn Sicherheit und Beweiskraft eine wesentliche Rolle spielen.

An digitale Signaturen werden folgende Anforderungen gestellt:

1. **Authentizität:** Der Urheber der digitalen Signatur ist eindeutig identifizierbar.
2. **Fälschungssicherheit:** Nur der Signierende kann die digitale Signatur erstellt haben. Sie kann nicht von einem Unbefugten erzeugt worden sein.
3. **Integrität:** Man kann prüfen, ob die unterzeichneten Daten verfälscht wurden.
4. **Verifizierbarkeit:** Nicht nur der Empfänger, sondern auch eine dritte Instanz, z.B. ein Gutachter vor Gericht, kann die Gültigkeit der digitalen Signatur prüfen.
5. **Eindeutigkeit, Nicht-Wiederverwendbarkeit:** Die Signatur bezieht sich auf genau ein Dokument und kann nicht für andere Dokumente verwendet werden.
6. **Nichtabstreitbarkeit:** Der Unterzeichnende kann nicht nachträglich leugnen, dass er die Signatur erstellt hat.

5.2 Digitale Signaturen mit asymmetrischen Verfahren

Bei einigen asymmetrischen Verfahren, z.B. RSA, spielt es keine Rolle, welchen der beiden Schlüssel man als öffentlichen und welchen man als privaten Schlüssel nimmt. Entschlüsselt wird mit dem jeweils anderen. Auf diese Weise kann man digitale Signaturen realisieren. Dabei ist die Vorgehensweise im einfachsten Fall folgende:

Alice will ein Dokument für Bob oder irgendjemand anderen signieren. Der Empfänger ist dabei nicht so von Bedeutung, denn wegen der Verifizierbarkeit soll im Grunde jeder die digitale Signatur prüfen können.

1. Als erstes setzen wir voraus, dass Alice ein Schlüsselpaar besitzt, das sie für die digitale Signatur einsetzen kann. Sie kann das Schlüsselpaar im Prinzip selbst erzeugen, aber für bessere Sicherheit verwendet man **Zertifikate**, auf die wir später genauer eingehen werden. Zertifikate enthalten außer dem eigentlichen Schlüssel noch weitere Informationen und werden oft nicht von Alice selbst erzeugt, sondern von einer vertrauenswürdigen Instanz für Alice herausgegeben. Das zu signierende Dokument seien die Daten D, siehe Abb. 5.1.

https://doi.org/10.1515/9783110767186-005

Abb. 5.1: Digitale Signatur, Schritt 1

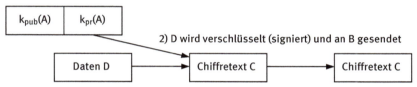

Abb. 5.2: Digitale Signatur, Schritt 2

2. Alice verschlüsselt das Dokument D mit ihrem geheimen Schlüssel $k_{pr}(A)$, was das Chiffrat C ergibt. C sendet sie an Bob, wie aus Abb. 5.2 hervorgeht. Achtung! Es handelt sich um eine digitale Signatur, aber man verschlüsselt. Nur nimmt man nicht wie bei der asymmetrischen Verschlüsselung aus Kapitel 3.2 den öffentlichen Schlüssel des Empfängers, sondern den privaten Schlüssel des Senders.
3. Damit Bob die digitale Signatur prüfen kann, benötigt er den öffentlichen Schlüssel $k_{pub}(A)$ von Alice. Er kann ihn, ähnlich wie bei der asymmetrischen Verschlüsselung direkt bekommen, wie in Abb. 5.3 zu sehen, oder von einem Keyserver, auf dem Alice ihn abgelegt hat.
4. Den öffentlichen Schlüssel $k_{pub}(A)$ von Alice verwendet Bob, um das Dokument zu entschlüsseln, siehe Abb. 5.4. Kommt beim Entschlüsseln etwas Sinnvolles heraus, weiß Bob, dass tatsächlich Alice die Absenderin war. Ansonsten geht er von einer Fälschung aus.

Diese Vorgehensweise wirft einige Fragen auf bzw. bedarf einiger Ergänzungen:
– Woher weiß Bob, ob beim Entschlüsseln etwas Sinnvolles herauskommt? Bei einem menschenlesbaren Dokument kann er das erkennen, aber nicht bei einer

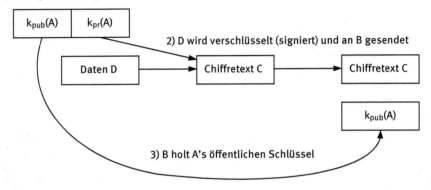

Abb. 5.3: Digitale Signatur, Schritt 3

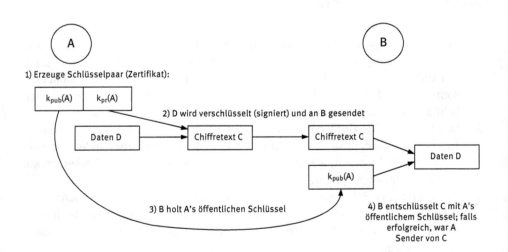

Abb. 5.4: Digitale Signatur, Schritt 4

Abb. 5.5: Digitale Signatur im Detail, Schritt 1

Binärdatei. Außerdem soll ja nicht nur ein Mensch die Gültigkeit einer Signatur erkennen können, sondern man möchte das auch automatisieren können. Die Lösung ist ein Hashwert, der über das Dokument gebildet wird und den Bob prüfen kann.

– Wer kann die Entschlüsselung vornehmen? Im Prinzip jeder, denn alle dürfen den öffentlichen Schlüssel von Alice kennen. Das bedeutet, wir verschlüsseln zwar, haben aber trotzdem keine Vertraulichkeit! Für Vertraulichkeit müssten wir zusätzlich noch mit einem geheimen Schlüssel symmetrisch verschlüsseln oder mit dem öffentlichen Schlüssel von Bob asymmetrisch verschlüsseln.

– Häufig wird nicht das gesamte Dokument digital signiert, sondern nur der Hash darüber. Das ist wesentlich schneller, denn asymmetrische Verschlüsselung ist ja sehr langsam. Außerdem bleibt das Dokument auf diese Weise lesbar, so dass man nicht jedesmal erst eine Entschlüsselung vornehmen muss. Und Vertraulichkeit bietet eine digitale Signatur ohnehin nicht, so dass man diese dadurch nicht einbüßt.

Aus diesen Überlegungen ergibt sich ein detaillierteres Bild der digitalen Signatur, das wir nun betrachten wollen.

1. Der erste Schritt unterscheidet sich nicht von unseren bisherigen Betrachtungen. Alice besitzt ein Schlüsselpaar für die digitale Signatur, bestehend aus privatem Schlüssel $k_{pr}(A)$ und öffentlichem Schlüssel $k_{pub}(A)$, wie in Abb. 5.5 zu sehen.
2. Nun bildet Alice einen Hashwert $H(D)$ über die Daten D, siehe Abb. 5.6.
3. Alice signiert nun ausschließlich den Hash $H(D)$, was $C_{H(D)}$ ergibt (Abb. 5.7).
4. Dieser signierte Hashwert wird an das Dokument angehängt und zu Bob geschickt (Abb. 5.8). Unterwegs könnte das Dokument, die Signatur oder beides verfälscht werden. Was bei Bob ankommt, nennen wir daher D' bzw. $C'_{H(D)}$.
5. Bob möchte die Authentizität des Dokuments prüfen. Zu diesem Zweck benötigt er den öffentlichen Schlüssel $k_{pub}(A)$ von Alice. Er besorgt sich diesen Schlüssel auf direktem Wege, wie in Abb. 5.9 zu sehen, oder über einen Keyserver.

1) Erzeuge Schlüsselpaar (Zertifikat):

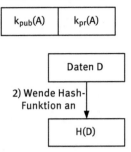

Abb. 5.6: Digitale Signatur im Detail, Schritt 2

1) Erzeuge Schlüsselpaar (Zertifikat):

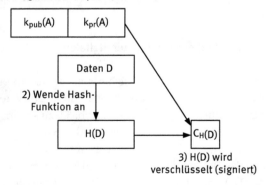

Abb. 5.7: Digitale Signatur im Detail, Schritt 3

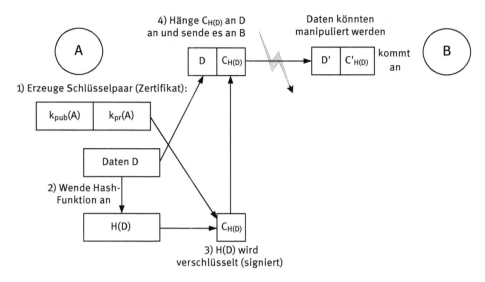

Abb. 5.8: Digitale Signatur im Detail, Schritt 4

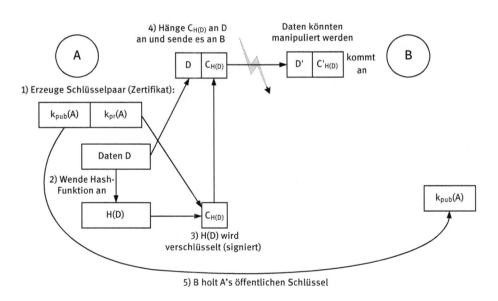

Abb. 5.9: Digitale Signatur im Detail, Schritt 5

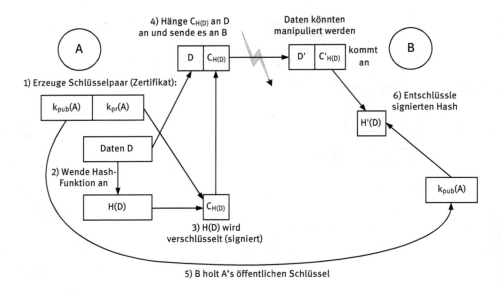

Abb. 5.10: Digitale Signatur im Detail, Schritt 6

6. Den öffentlichen Schlüssel $k_{pub}(A)$ verwendet Bob, um den verschlüsselten Hashwert $C'_{H(D)}$ zu entschlüsseln. Das ergibt $H'(D)$ (Abb. 5.10).
7. Dieser Hashwert muss zu dem gesendeten Dokument passen. Deswegen berechnet Bob seinerseits, wie in Abb. 5.11 zu sehen, einen Hash über die empfangenen Daten D', den wir $H(D')$ nennen wollen.
8. Beide Hashwerte müssen übereinstimmen. Es muss also gelten: $H(D') = H'(D)$, siehe Abb. 5.12. Ist dies der Fall, dann kann Bob davon ausgehen, dass Alice das Dokument so gesendet hatte. Bei Abweichungen vermutet Bob Manipulationen und verwirft die Daten.

5.3 Vergleich asymmetrische Verschlüsselung und digitale Signatur

Fassen wir noch einmal die Gemeinsamkeiten und Unterschiede von asymmetrischer Verschlüsselung und digitaler Signatur zusammen (Abb. 5.13).
1. Bei digitaler Signatur verwendet Alice ihren eigenen privaten Schlüssel. Bei asymmetrischer Verschlüsselung nimmt sie den öffentlichen Schlüssel von Bob.
2. Bei digitaler Signatur haben wir Authentizität, aber keine Vertraulichkeit: Jeder kann im Prinzip die Entschlüsselung vornehmen, also die Signatur prüfen. Bei asymmetrischer Verschlüsselung haben wir Vertraulichkeit, aber keine Authenti-

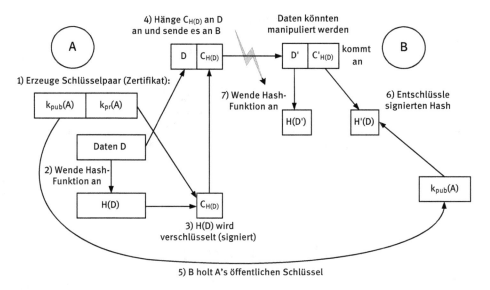

Abb. 5.11: Digitale Signatur im Detail, Schritt 7

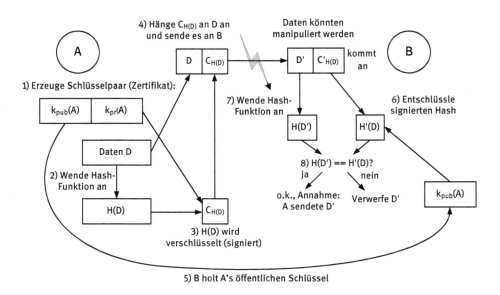

Abb. 5.12: Digitale Signatur im Detail, Schritt 8

Digitale Signatur

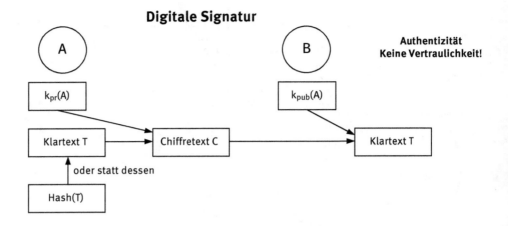

Asymmetrische Verschlüsselung

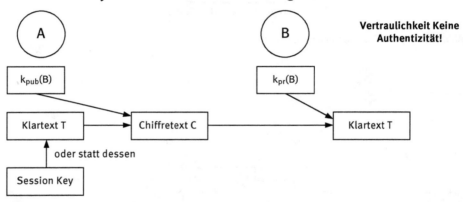

Abb. 5.13: Vergleich von asymmetrischer Verschlüsselung und digitaler Signatur

zität: Nur Bob kann die Entschlüsselung vornehmen, aber jeder könnte ihm mit seinem öffentlichen Schlüssel eine Nachricht schicken.
3. Anstelle des Klartextes nimmt man bei digitaler Signatur oft einen Hash darüber. Das geht schneller, und das Dokument bleibt lesbar. Asymmetrische Verschlüsselung verwendet anstelle des Klartextes oft einen Session Key. Dieser wird als Schlüssel für nachfolgende symmetrische Verschlüsselung eingesetzt, was einen Performancegewinn bietet.

5.4 Algorithmen für digitale Signaturen

Wie bereits erwähnt, kann man RSA sowohl für asymmetrische Verschlüsselung als auch für digitale Signatur einsetzen. Das ist aber nicht bei jedem Algorithmus möglich.

Manche Verfahren eignen sich nur für digitale Signaturen, aber nicht für Verschlüsselung, z.B. der **DSA** (Digital Signature Algorithm) oder der mit ihm verwandte **ECDSA** (Elliptic Curve Digital Signature Algorithm). Solche Verfahren wurden entwickelt, um einerseits den E-Commerce nicht zu behindern, bei dem man digitale Signaturen benötigt, aber um andererseits keine sichere asymmetrische Verschlüsselung anbieten zu müssen, die von staatlichen Einrichtungen mancher Länder oft kritisch gesehen wird.

Der DSA ist nicht unumstritten, weil er verdeckte Kanäle ermöglicht, über die Informationen in den digitalen Signaturen versteckt werden können. Dadurch wäre es denkbar, dass ein Software-Entwickler, der den DSA implementiert, Teile des geheimen Schlüssels mitschickt. Wenn man mehrere digitale Signaturen zur Verfügung hätte, könnte man daraus den geheimen Schlüssel ermitteln.

5.5 Digitale Zertifikate

Ein Problem, sowohl bei asymmetrischer Verschlüsselung als auch bei digitalen Signaturen, ist das Beschaffen des richtigen öffentlichen Schlüssels. Vielleicht wurde der Schlüssel auf dem Übertragungsweg gefälscht, oder ein Unbefugter hat ihn gar durch seinen eigenen Schlüssel ersetzt, wie in Kapitel 3.4 beschrieben. Dann könnte der Unbefugte alle verschlüsselten Informationen lesen bzw. im Falle von digitalen Signaturen die Identität von Alice annehmen.

Aus diesem Grund benötigt man **digitale Zertifikate**. In ihnen ist nicht nur ein Schlüssel enthalten, sondern auch die Identität seines Besitzers und evtl. weitere Informationen, beispielsweise ein Ablaufdatum. Eine vertrauenswürdige Instanz bestätigt ferner durch ihre eigene digitale Signatur die Gültigkeit des Zertifikates. Authentizität und Integrität des Zertifikates lassen sich automatisiert überprüfen, wobei die uns schon bekannten Mechanismen zum Einsatz kommen.

Ein Zertifikat enthält Schlüssel, die meist Tausende von Bits lang sind. Damit man nicht immer mit diesen großen Datenmengen hantieren muss, bildet man als eine Art Abkürzung einen Hashwert darüber, den so genannten **Fingerprint**.

Ganz grob unterscheidet man Zertifikate, die eine hierarchische Public Key Infrastruktur verwenden, von den dezentralen Web-of-Trust-Ansätzen.

5.5.1 Web of Trust (WOT)

Verschlüsselungssoftware wie OpenPGP, GnuPG oder GPG4Win wird meist in Verbindung mit einem **Web of Trust** verwendet. Beim Web of Trust bestätigen sich die Mitglieder gegenseitig, dass deren Schlüssel echt sind. Dazu macht man im privaten oder informellen Umfeld beispielsweise eine so genannte **Kryptoparty** oder **Key Signing Party**, bei der jeder den Fingerprint seines Zertifikates vorliest und seinen Ausweis präsentiert. Dann bestätigen die anderen Teilnehmer durch ihre digitale Signatur, dass das Zertifikat tatsächlich zu dem namentlich genannten Besitzer gehört. Dann werden die öffentlichen Schlüssel oder Zertifikate meist auf einen Keyserver hochgeladen (siehe Kapitel 3.3).

Falls man bei der Kryptoparty anwesend ist, kann man sich selbst von der Echtheit des Zertifikates anderer Anwesender überzeugen. Aber allein dazu bräuchte man den Aufwand nicht. Es geht eher darum, auch anderen, nicht anwesenden Kommunikationspartnern die Sicherheit zu geben, dass das Zertifikat echt ist.

Wenn Dutzende Personen bestätigen, dass es sich um das Zertifikat von Alice handelt, dann kann man davon ausgehen, dass dies stimmt. Das gilt insbesondere, wenn man zumindest manche der Unterzeichner kennt und ihnen so weit vertraut, dass sie nicht leichtfertig ein Zertifikat als echt bestätigen würden. Diese Art von Vertrauen nennt man **Owner Trust**.

Verschlüsselungstools bieten oft die Möglichkeit, ein Zertifikat bzw. dessen Besitzer für sich persönlich mit einem Grad des Vertrauens zu versehen. Dazu bieten sie Vertrauensstufen wie „ultimativ", „voll", „marginal", „keines" oder „unbekannt".

- (Nur) wenn man ein Zertifikat selbst erzeugt hat, schenkt man ihm ultimatives Vertrauen.
- Angenommen, man hat einen guten Bekannten namens Bob und ist überzeugt, dass er sorgfältig bei der Signatur anderer Zertifikate vorgeht, dann könnte man seinem Zertifikat die Vertrauensstufe „voll" zuweisen.
- Bob wiederum signiert das Zertifikat von Alice. Weil man Bob volles Owner Trust bescheinigt, würde man auch dem Zertifikat von Alice vertrauen.
- Aber wenn lediglich Unbekannte bestätigt haben, dass es sich um das Zertifikat von Alice handelt, wird man es in eine niedrige Vertrauensstufe einordnen.

Wenn man darauf vertraut, dass ein Zertifikat zu Alice gehört, heißt das noch nicht, dass man Alice als Person für vertrauenswürdig hält oder dass man allen von ihr signierten Zertifikaten vertraut. Es gibt also verschiedene Arten von Vertrauen, die man auseinanderhalten muss.

Das Web of Trust ist in neuerer Zeit wegen Schwächen der damit verbundenen Keyserver in die Diskussion geraten. Dadurch, dass es keinen zentralen Kontrollmechanismus gibt, können beliebige öffentliche Schlüssel bzw. Zertifikate von beliebigen Benutzern hochgeladen werden. Die Eigentümer der Zertifikate haben keine Kontrolle darüber, ob und von wem dies geschieht. Dadurch werden die darin enthaltenen Daten, insbesondere Name und E-Mail-Adresse, evtl. ungewollt öffentlich.

Die Zertifikate können von beliebigen Personen signiert werden, was eine Analyse der sozialen Vernetzung der Betroffenen ermöglicht oder Verbindungen zwischen Beteiligten vortäuscht. Dabei kann der Urheber eines Zertifikats nicht kontrollieren, wer sein Zertifikat signiert und ob er mit diesem in Verbindung gebracht werden möchte.

Außerdem gibt es keine Möglichkeit, die hochgeladenen Zertifikate wieder zu löschen. Es kann allenfalls ein Widerrufs-Zertifikat mit hochgeladen werden, das aber nur einen Hinweis darstellt, das Zertifikat nicht mehr zu verwenden. Nicht immer wird dieser Hinweis von der Software beachtet.

5.5.2 Public Key Infrastructure (PKI)

Im Gegensatz zum verteilten Web of Trust ist eine **Public Key Infrastructure (PKI)** ein zentraler Ansatz, um die Echtheit von Zertifikaten zu garantieren. Im weiteren Sinne versteht man unter einer PKI alle Hardware, Software, Personen, Policies und Prozesse, um digitale Zertifikate zu erzeugen, zu verwalten, zu verteilen, anzuwenden, zu speichern und zu widerrufen.

Eine wesentliche Rolle spielen dabei die **CAs (Certificate Authority, Zertifizierungsstelle)**. Eine CA erzeugt die Zertifikate und signiert diese mit ihrem eigenen Schlüssel, um die Echtheit des ausgestellten Zertifikates für andere sichtbar zu machen.

Eine CA wird ergänzt um eine oder mehrere **RAs (Registration Authority, Registrierungsstelle)**, bei denen man ein Zertifikat beantragen kann. Eine RA führt also den organisatorischen Prozess durch, der als Vorarbeit für die Erzeugung des Zertifikats erforderlich ist. Insbesondere wird die Identität des Antragstellers geprüft.

Die CAs lassen sich in einer Kette (**Chain of Trust**) anordnen, bei der eine **Root CA** die Zertifikate nachgeordneter CAs signiert, diese wiederum andere untergeordnete CAs, bis man schließlich beim Zertifikat eines Benutzers oder eines Geräts angelangt ist.

Will man ein solches Zertifikat auf Echtheit prüfen, dann muss die komplette Chain of Trust lückenlos bis zur Root CA durchlaufen werden können. Ansonsten muss man von der Unsicherheit des Zertifikates ausgehen.

Es sind auch **selbstsignierte Zertifikate** möglich. Wie der Name schon andeutet, wurden solche Zertifikate nicht von einer CA beglaubigt, sondern lediglich von einem selbst. Das erspart die Gebühren einer CA, jedoch sollte man das Zertifikat nur für eigene Zwecke einsetzen. Andere Beteiligte haben keine Garantie, dass das Zertifikat tatsächlich von der angegebenen Instanz stammt und müssen von einer möglichen Fälschung ausgehen.

Manchmal gelangen geheime Schlüssel in falsche Hände oder man muss bei einem Hackereinbruch zumindest davon ausgehen. Bei anderen Zertifikaten möchte man einfach nicht, dass diese noch verwendet werden, z.B. wenn ein Mitarbeiter ausgeschieden ist. Für solche Zwecke gibt es eine **CRL (Certificate Revocation List, Zertifikatsperrliste)**. Das ist eine Liste von ungültig gewordenen Zertifikaten.

Man sieht bei jedem Prüfen einer digitalen Signatur in der CRL nach, ob das damit verbundene Zertifikat ungültig geworden ist. Solche Listen bringen einige Probleme mit sich:
- Man benötigt eine Online-Verbindung zur CRL oder muss diese regelmäßig herunterladen.
- CRLs müssen regelmäßig an zentraler Stelle aktualisiert und mit anderen CAs synchronisiert werden.
- Man muss sicherstellen, dass nur Berechtigte Zertifikate widerrufen können.
- Die CRLs können sehr umfangreich werden, insbesondere wenn alle Zertifikate aufgrund eines Softwarefehlers unsicher werden und neu erzeugt werden müssen. So geschehen z.B. bei OpenSSL.

Diese Nachteile führen dazu, dass CRLs eher selten eingesetzt werden.

5.6 Gesetzliche Regelungen

Bisweilen liest man von **elektronischen Signaturen**. Dieser Begriff wird teils synonym zu den digitalen Signaturen verwendet. Besonders im juristischen Bereich meint man damit aber speziell die elektronische Unterzeichnung von Dokumenten, und das nicht nur mit kryptographischen Verfahren.

Geregelt werden elektronische Signaturen zusammen mit einigen anderen Dingen in der europäischen **eIDAS-Verordnung** (Electronic Identification, Authentication and Trust Services) (siehe EU [2014]). Ähnlich wie die Datenschutzgrundverordnung (DSGVO) gilt die eIDAS-Verordnung unmittelbar in den Mitgliedsstaaten bzw. im Europäischen Wirtschaftsraum und braucht dazu nicht erst in Recht des betreffenden Staates umgesetzt zu werden. Und ähnlich wie die DSGVO durch länderspezifische Gesetze ergänzt wird, gilt dies auch für die eIDAS-Verordnung. In Deutschland gibt es dazu das **Vertrauensdienstegesetz (VDG)**. Es regelt die Anforderungen an die Anbieter von Vertrauensdiensten. Was man darunter versteht, wird weiter unten erklärt.

Die eIDAS-Verordnung legt gemäß deren Artikel 1 die Bedingungen fest, unter denen die Mitgliedstaaten gegenseitig elektronische Identifizierungsmittel anerkennen. Diesen genügt z.B. der deutsche Personalausweis oder die eID-Karte, jeweils mit

Online-Ausweisfunktion. Diese können beispielsweise verwendet werden, um länderübergreifend Gewerbe oder Fahrzeuge anzumelden, Steuererklärungen abzugeben oder sich an Hochschulen zu immatrikulieren. Außerdem sind in der eIDAS-Verordnung so genannte **Vertrauensdienste** geregelt. Diese sind insbesondere:

1. **Elektronische Signaturen:** Ersetzt die Unterschrift einer natürlichen Person.
2. **Elektronische Siegel:** Eine Art elektronische Signatur, die von Unternehmen und Behörden, also juristischen Personen, vorgenommen wird
3. **Elektronische Zeitstempel:** Bestätigt das Vorliegen eines Dokuments mit bestimmtem Inhalt zu einem bestimmten Zeitpunkt.
4. **Elektronischer Zustelldienst** bzw. **elektronisches Einschreiben:** Sorgt für die sichere Zustellung von Dokumenten, wobei Versand und Empfang nachweisbar sind.
5. **Validierungsdienst:** Erlaubt die Überprüfung von elektronischen Signaturen, Siegeln und Zeitstempeln.
6. **Bewahrungsdienst:** Archiviert Dokumente beweiskräftig über lange Zeiträume.
7. **Website-Authentifizierung:** Sieht qualifizierte TLS-Zertifikate vor. Das bedeutet, die Zertifizierungsstelle, die die Zertifikate ausstellt, wird durch eine Aufsichtsbehörde eines EU-Mitgliedstaats beaufsichtigt.

Bei den elektronischen Signaturen unterscheidet man folgende Arten:

1. **Einfache elektronische Signatur:** Es reicht eine einfache Angabe des Absenders oder Urhebers der Daten, z.B. als Fußtext in einer E-Mail, als eingescannte Unterschrift oder sogar als Klick auf einen OK-Button. Oder anders gesagt: Wenn die Anforderungen an eine fortgeschrittene oder qualifizierte elektronische Signatur nicht erfüllt werden, handelt es sich um eine einfache elektronische Signatur. Wenn die eIDAS-Verordnung lediglich von einer elektronischen Signatur spricht, ist die einfache elektronische Signatur gemeint.
2. **Fortgeschrittene elektronische Signatur:** Sie wird in Artikel 26 der eIDAS-Verordnung spezifiziert. Sie muss eindeutig dem Unterzeichner zugeordnet sein und dessen Identifizierung ermöglichen. Die Signatur muss ferner mit einem Schlüssel erstellt worden sein, den nur der Unterzeichnende kennt, und ein Schutz vor Manipulationen muss vorhanden sein. In diese Rubrik fallen z.B. Bestätigungen, die für Online-Banking-Transaktionen mittels App vorgenommen wurden, digitale Signaturen mit Tools wie GnuPG oder die Bestätigung von elektronischen Steuererklärungen mit **Software-Zertifikaten.**
3. **Qualifizierte elektronische Signatur:** Nach Artikel 3 Nr. 12 der eIDAS-Verordnung ist dies „eine fortgeschrittene elektronische Signatur, die von einer qualifizierten elektronischen Signaturerstellungseinheit erstellt wurde und auf einem qualifizierten Zertifikat für elektronische Signaturen beruht". Ein qualifiziertes Zertifikat muss von einem qualifizierten Vertrauensdiensteanbieter erstellt werden. Dieser verwendet dazu eine speziell abgesicherte Hard- oder Software, die **qualifizierte elektronischen Signaturerstellungseinheit**, kurz **QSEE.** Die Anforderungen an

die QSEE sind im Anhang II der eIDAS-Verordnung zu finden. Die qualifizierte elektronische Signatur ist in rechtlicher Hinsicht einer eigenhändigen Unterschrift gleichgestellt. § 39a Beurkundungsgesetz (BeurkG) erlaubt auch manche Beglaubigungen mittels qualifizierter elektronischer Signatur durch einen Notar.

5.7 Aufgaben

Aufgabe 70. Nennen Sie sechs wesentliche Anforderungen an digitale Signaturen (Fachausdrücke) und erklären Sie sie kurz!

Aufgabe 71. Beschreiben Sie anhand einer Skizze, wie eine digitale Signatur eines Dokuments durchgeführt wird! Wer kann die Signatur prüfen, also die Entschlüsselung vornehmen, und welche Auswirkungen hat dies auf die Vertraulichkeit?

Aufgabe 72. Woher weiß der Empfänger eines signierten Dokuments, ob die Signatur korrekt ist?

Aufgabe 73. Warum wird üblicherweise nur ein Hash über ein Dokument digital signiert, und nicht das Dokument als Ganzes?

Aufgabe 74. Nennen Sie 3 Algorithmen für digitale Signaturen!

Aufgabe 75. Was versteht man unter dem Web of Trust (WOT)?

Aufgabe 76. Was versteht man unter einer PKI?

Aufgabe 77. Wie prüft man bei Verwendung einer PKI die Echtheit von Zertifikaten?

Aufgabe 78. Welche Arten von elektronischen Signaturen unterscheidet die eIDAS-Verordnung und wo liegen deren Unterschiede?

6 Schutz vor Replay Attacks

6.1 Nonce und Zeitstempel

Wir hatten mit den bisherigen Methoden die Vertraulichkeit, die Integrität und die Authentizität von Daten sicherstellen können. Aber bislang verhindert keine der betrachteten Maßnahmen, dass Daten abgefangen und wiederholt gesendet werden (**Replay Attack**).

Warum kann das ein Problem darstellen? Stellen wir uns vor, bei einem Großprozess in der chemischen Industrie wird die Temperatur eines Kessels („chemischer Reaktor") geregelt. Dazu wird u.a. ein Datenpaket versendet, das „Erhöhe Kesseltemperatur um 3 Grad" bedeutet.

Ein Unbefugter schneidet dieses Datenpaket mit und schickt es später erneut los, womöglich viele Male hintereinander. Die Solltemperatur im Kessel wächst über alle Maßen. Der Kessel wird hochgeheizt und könnte im Extremfall explodieren.

Eine solche Replay Attack kann durch einen so genannten **Nonce Value**, kurz **Nonce** (Number Once) verhindert werden. Ein Nonce ist ganz allgemein ein Datenwert, der nur ein einziges Mal verwendet wird. Betrachten wir nun verschiedene Möglichkeiten, einen Nonce einzusetzen.

Eine einfache Lösung wäre, in die gesendeten Pakete jeweils einen hochauflösenden **Zeitstempel (Time Stamp)** einzubauen. Als Alternative könnte man einen Zähler, den **Freshness Counter**, hochzählen, welcher eine **Sequenznummer** oder einen **Freshness Value** liefert. Weil der Zeitstempel nur von der Senderin Alice bestimmt wird, wollen wir ihn hier einen **unidirektionalen Zeitstempel** nennen. Die Vorgehensweise ist wie folgt:

1. Zunächst hängt Alice an die zu schützenden Daten D einen Zeitstempel t an. Beides zusammen wird verschlüsselt, was C_D bzw. C_t ergibt (Abb. 6.1).
2. Dann werden die verschlüsselten Daten C_D zusammen mit dem verschlüsselten Zeitstempel C_t zu Bob gesendet (Abb. 6.2).
3. Unterwegs könnte ein Unbefugter das Datenpaket aus C_D und C_t abfangen und zwischenspeichern, um es später erneut zu Bob zu senden (Abb. 6.3).
4. Bob entschlüsselt die empfangenen Daten und erhält D und t zurück. (Abb. 6.4).
5. Nun prüft Bob den Zeitstempel t. Falls ein Paket mit demselben Zeitstempel bereits empfangen wurde, geht Bob von einer Replay Attack aus und verwirft die Daten D. Ansonsten werden sie wie gewohnt verarbeitet (Abb. 6.5).

Üblicherweise würde man ferner die Integrität zumindest des Zeitstempels mittels Hash-Wert schützen, damit der Unbefugte nicht einfach den verschlüsselten Zeitstempel C_t auf gut Glück verändert. Die Wahrscheinlichkeit wäre sonst groß, dass Bob nach der Entschlüsselung einen Wert für t bekäme, der vorher noch nicht aufgetreten war.

https://doi.org/10.1515/9783110767186-006

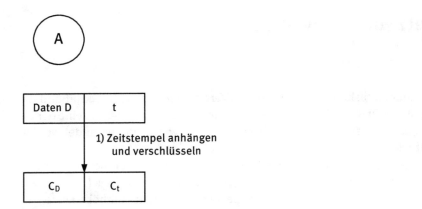

Abb. 6.1: Unidirektionale Verwendung von Zeitstempeln, Schritt 1

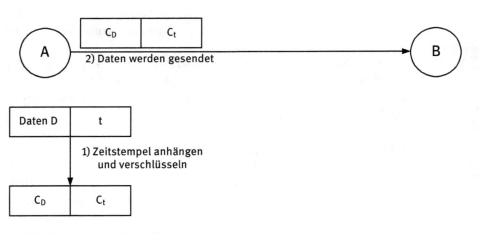

Abb. 6.2: Unidirektionale Verwendung von Zeitstempeln, Schritt 2

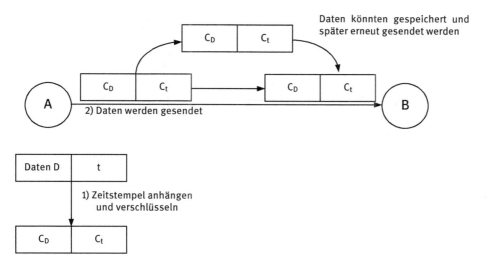

Abb. 6.3: Unidirektionale Verwendung von Zeitstempeln, Schritt 2a: Replay Attack

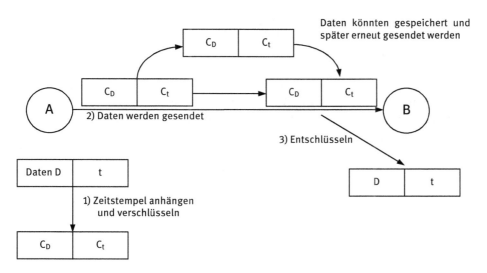

Abb. 6.4: Unidirektionale Verwendung von Zeitstempeln, Schritt 3

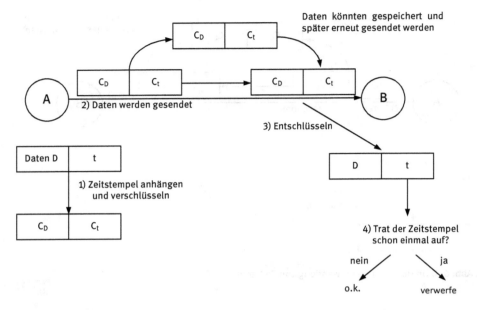

Abb. 6.5: Unidirektionale Verwendung von Zeitstempeln, Schritt 4

Bei diesem einfachen Schema weiß Bob ja nicht, welche Zeitstempel Alice tatsächlich verwendet hat, und jeder Zeitstempel, den er vorher noch nicht bekam, wäre gültig.

Empfängt Bob ein Paket mit demselben Zeitstempel mehrfach, wird immer nur das erste davon weiterverarbeitet. Alle nachfolgenden Pakete, die denselben Zeitstempel tragen, werden ignoriert. Ein großer Vorteil des Verfahrens ist dessen Einfachheit und eine recht hohe Nutzdatenrate, die sich dadurch erzielen lässt. Doch so einfach das Verfahren erscheint, es bringt einige Probleme mit sich:

- Zwei aufeinanderfolgende Pakete von Alice müssen immer unterschiedliche Zeitstempel bekommen, selbst wenn sie sehr schnell nacheinander gesendet werden. Die Zeitstempel müssen also **hochauflösend** sein und z.B. im Mikrosekundentakt verändert werden. Alternativ könnte man eine Paketfolgenummer vorsehen, die einfach immer nur um 1 hochgezählt wird, aber dann könnte ein Unbefugter die Zeitstempel evtl. leichter vorhersehen, selbst wenn sie geschützt sind.
- Bob muss für jeden Kommunikationspartner eine Liste mit Zeitstempeln führen. Das vervielfacht den Ressourcenbedarf.
- Bob kann die Zeitstempel nur für ein gewisses Zeitfenster, eine **TTL** (time to live) speichern, sonst wird die Liste zu lang und der Suchaufwand für jedes einzelne Paket zu groß.

Was passiert, wenn der Unbefugte erst nach ziemlich langer Zeit ein Paket erneut sendet? Wird es dann als neu eingestuft und weiterverarbeitet? Eine gewisse Abhilfe kann man schaffen, indem man einen Session Key für die Verschlüsselung verwendet, der in gewissen Zeitabständen neu erzeugt wird. Somit können zuvor erzeugte Pakete nicht mehr entschlüsselt werden und verlieren ihre Gültigkeit. Das wirkt Replay Attacks entgegen und begrenzt die Menge der zu speichernden Zeitstempel.

Andererseits kann ein gültiges Paket bei schlechter Verbindung sehr lange brauchen, bis es zu Bob gelangt. Es könnte dann fälschlicherweise verworfen werden, wenn der Session Key inzwischen abgelaufen ist. Daher sollte man den Session Key andererseits nicht zu häufig wechseln. Die Gültigkeitsdauer festzulegen stellt also meist einen Kompromiss dar.

6.2 Bidirektionale Verwendung von Nonces

Manche der genannten Probleme entstehen dadurch, dass Bob nicht weiß, welche Zeitstempel Alice tatsächlich verwendet und welche nicht. Daher sehen andere kryptographischen Protokolle vor, dass Alice zunächst von Bob einen Nonce anfordert, und Alice verwendet diesen Nonce so wie in unserem Beispiel anstelle des Zeitstempels. Das könnte so ablaufen:

1. Zunächst fordert Alice von Bob einen Nonce N an. Bob erzeugt einen solchen und sendet ihn an Alice. Zum Schutz vor Mitlesen und MITM-Angriffen sollte dieser verschlüsselt und mittels Hash vor Manipulation geschützt sein, was mit C_N angedeutet wird. (Abb. 6.6).

2. Alice entschlüsselt und prüft C_N und erhält N. Sie hängt N an die zu schützenden Daten D an, genauso wie es bei dem zuvor beschriebenen Ablauf mit dem selbst erzeugten Zeitstempel t gemacht worden war. (Abb. 6.7).

3. Über die Daten D zusammen mit dem Nonce N berechnet Alice einen Hash $H(D, N)$. Den Hash kann man nur dann korrekt errechnen, wenn man den Nonce N kennt. Ein Unbefugter wäre dazu somit nicht in der Lage. (Abb. 6.8).

4. Anschließend werden die Daten D zusammen mit dem Hash $H(D, N)$ zu Bob gesendet (Abb. 6.9). Zur Wahrung der Vertraulichkeit könnte man beides noch verschlüsseln. Aus Gründen der Einfachheit und weil es hier speziell um Replay Attacks und nicht um Vertraulichkeit geht, wurde das an dieser Stelle weggelassen. Es könnte

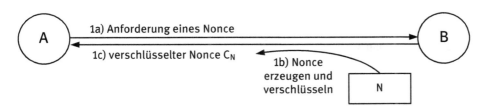

Abb. 6.6: Nonce, Schritt 1

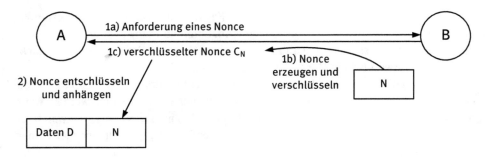

Abb. 6.7: Nonce, Schritt 2

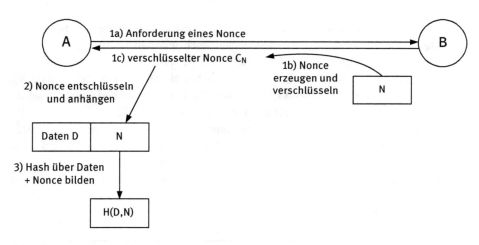

Abb. 6.8: Nonce, Schritt 3

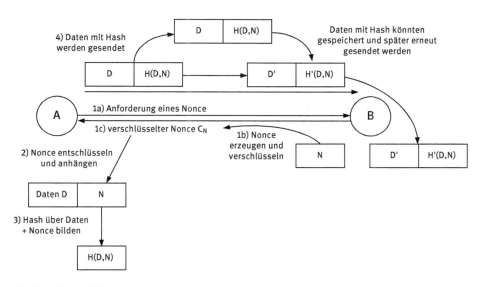

Abb. 6.9: Nonce, Schritt 4

wieder ein Unbefugter das ganze Datenpaket abfangen und zwischenspeichern, um es später erneut zu Bob zu senden. Weil nicht sicher ist, ob die Originaldaten bei Bob ankommen oder solche, die im Rahmen einer Replay Attack erneut gesendet wurden, werden die von Bob empfangenen Daten mit D' und der Hash mit $H'(D, N)$ bezeichnet.

5. Bob nimmt seinen Nonce N und hängt ihn an die empfangenen Daten D'. Darüber berechnet Bob den Hash $H(D', N)$. (Abb. 6.10).
6. Nun vergleicht Bob den selbst errechneten Hashwert $H(D', N)$ mit dem Hash $H'(D, N)$ aus dem Datenpaket. Beide müssen übereinstimmen, ansonsten gab es ein Problem mit dem Nonce N oder mit den Daten D' oder beiden. Falls sie sich unterscheiden, wird das Paket verworfen. Ansonsten werden die Daten wie gewohnt verarbeitet (Abb. 6.11).

Bob prüft also gar nicht, ob der Nonce in der Vergangenheit bereits gesendet wurde. Er braucht entsprechend auch keine Liste vergangener Nonce-Werte. Warum funktioniert das trotzdem?

Das liegt daran, dass Bob immer nur dann ein Datenpaket von Alice erwartet und auswertet, wenn Bob zuvor einen Nonce an Alice gesendet hatte. Kommt ein überzähliges Paket, dann kann Bob es gleich verwerfen. Das wurde in den Abbildungen aus Gründen der Einfachheit nicht extra dargestellt.

Unterdrückt ein Unbefugter das originale Datenpaket und schickt ein manipuliertes, dann schlägt die Kontrolle mittels Hash-Berechnung fehl.

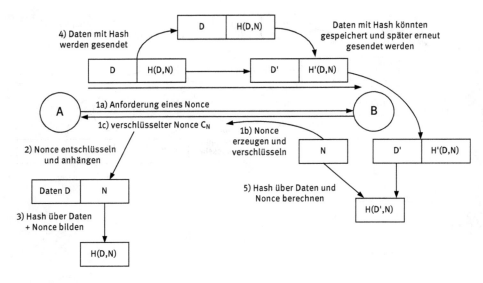

Abb. 6.10: Nonce, Schritt 5

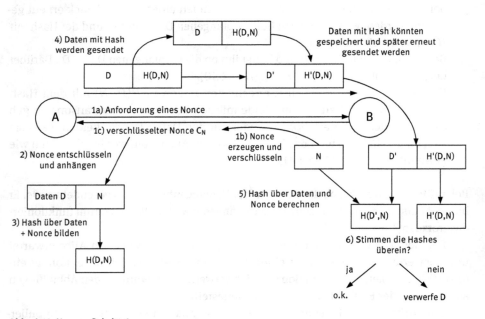

Abb. 6.11: Nonce, Schritt 6

Das nächste Paket hat wieder einen anderen Nonce, und wenn ein Unbefugter statt dessen oder zusätzlich das mitgeschnittene Paket unterschieben will, dann passt dessen Nonce nicht zu dem gerade aktuell erwarteten Nonce. Das gefälsche oder wiederholt gesendete Paket wird verworfen.

Der Nonce kann wieder ein Zeitstempel sein, aber meistens nimmt man einen (pseudo-)zufälligen Zahlenwert. Teils wird auch beides miteinander kombiniert.

Der Aufwand für dieses Verfahren ist ziemlich groß, weil für jedes Datenpaket vorab ein neuer Nonce zu übertragen ist, der entsprechend zu schützen und zu überprüfen ist. Daher wird dieses Verfahren am ehesten dann eingesetzt, wenn einerseits eine höhere Sicherheit als bei den Zeitstempeln aus Kapitel 6.1 nötig ist und andererseits keine größere Anzahl von Datenpaketen zu übertragen ist.

Das ist beispielsweise bei der Authentifizierung eines Kommunikationspartners der Fall. Könnte sich ein Unbefugter X als Alice ausgeben, indem X einfach die Authentifizierungsdaten von Alice erneut sendet, dann stünden X alle Daten offen, die nur für Alice bestimmt sind. Hier ist also besonderer Schutz vor einer Replay Attack nötig. Andererseits erfolgt die Authentifizierung meist nur am Anfang einer Kommunikation und ist mit keinem allzu großen Datenvolumen verbunden.

6.3 Verwendung eines Pseudozufallsgenerators

Das Verfahren aus Kapitel 6.2 hat den Nachteil, dass die geschützte Übertragung des Nonce aufwändig ist und für jedes Datenpaket erneut erfolgen sollte. Das ist recht umständlich. Man könnte diesen Nonce aber als Ausgangsbasis nehmen und
– mit jedem Datenpaket hochzählen, um 1 oder um eine andere mit dem Empfänger vereinbarte Konstante
– an den Nonce bei jedem Datenpaket einen anderen Zeitstempel anhängen oder
– die Nonces für jedes Datenpaket mit einem Pseudozufallsgenerator (PZG) ermitteln.

Das Hochzählen ist einfach vorhersehbar, bei den Zeitstempeln weiß der Empfänger wieder nicht, welche Zeitstempel die Senderin gewählt hatte. Daher sehen wir uns die Verwendung des PZG (siehe Kapitel 2.6) nun genauer an.
1. Alice und Bob tauschen als erstes ein gemeinsames Geheimnis oder Shared Secret S aus. Ein solches war uns in anderem Zusammenhang bereits in Kapitel 4.4 begegnet. Der Austausch könnte z.B. mit dem Diffie-Hellman-Verfahren erfolgen. Wichtig ist dabei, dass nur Alice und Bob S kennen. S wird als Seed für einen PZG verwendet (Abb. 6.12).
2. Mit dem PZG kann Alice nun beliebig viele Nonces erzeugen, und zwar die gleichen, die Bob mit S und seinem PZG generiert. Die Nonces müssen also nicht separat ausgetauscht werden, sondern jeder weiß, welchen Nonce der Andere als nächstes

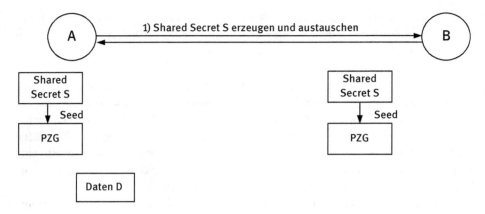

Abb. 6.12: Nonce-Erzeugung mit PZG, Schritt 1

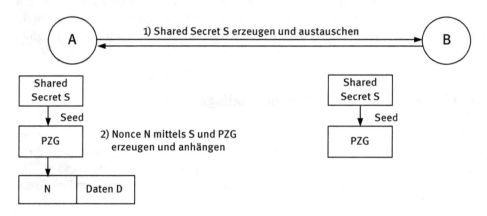

Abb. 6.13: Nonce-Erzeugung mit PZG, Schritt 2

erzeugt. Alice bekommt nun also einen Nonce N aus dem PZG und hängt ihn an die zu schützenden Daten D an. (Abb. 6.13).

3. Wie wir das bereits aus dem vorigen Kapitel kennen, ermittelt Alice über die Daten D zusammen mit dem Nonce N einen Hash $H(D, N)$ (Abb. 6.14).

4. Die Daten D werden zusammen mit dem Hash $H(D, N)$ zu Bob gesendet (Abb. 6.15). Hier könnte man zusätzlich verschlüsseln, was der Einfachheit halber weggelassen wurde. Ein Unbefugter könnte das ganze Datenpaket abfangen und später im Rahmen einer Replay Attack erneut an Bob senden. Weil Bob nicht wissen kann, ob er die Originaldaten bekommt oder erneut gesendete, evtl. manipulierte Daten, nennen wir die von Bob empfangenen Daten D' und den Hash $H'(D, N)$.

5. Bob erzeugt den Nonce N mit seinem PZG unter Verwendung von S. Wenn alles wie vorgesehen läuft, bekommt er denselben Wert für N, den Alice erzeugt hatte.

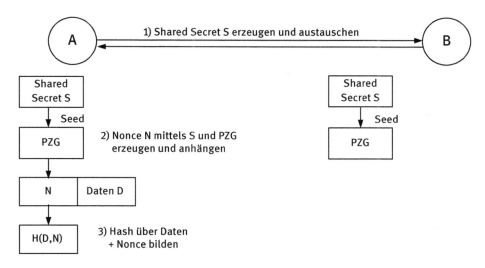

Abb. 6.14: Nonce-Erzeugung mit PZG, Schritt 3

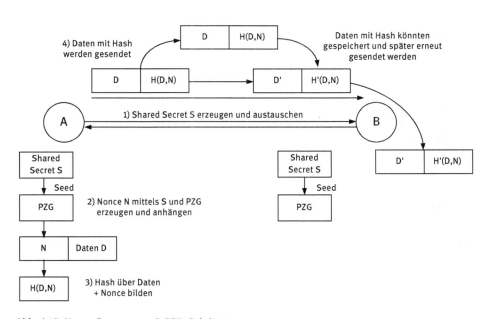

Abb. 6.15: Nonce-Erzeugung mit PZG, Schritt 4

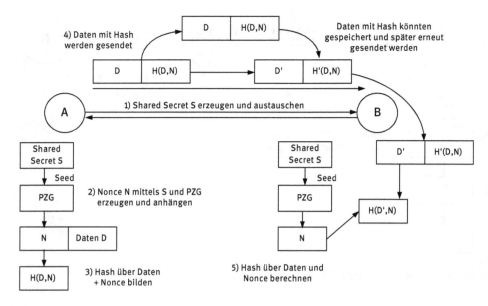

Abb. 6.16: Nonce-Erzeugung mit PZG, Schritt 5

Bob hängt N an die empfangenen Daten D' an und berechnet den Hash $H(D', N)$. (Abb. 6.16).

6. Bob vergleicht den selbst errechneten Hashwert $H(D', N)$ mit dem Hash $H'(D, N)$ aus dem Datenpaket. Wenn beide übereinstimmen, ist alles in Ordnung. Weichen sie voneinander ab, wird das Paket verworfen (Abb. 6.17).

Es könnte passieren, dass Alice und Bob aus dem Tritt geraten, z.B. wegen der Pakete, die X gesendet hat. In diesem Fall könnte man die Verbindung neu aufsetzen. Alternativ könnte Alice ihre Datenpakete mit Paketfolgenummern versehen, so dass Bob immer weiß, den wievielten Wert aus dem PZG er verwenden soll.

6.4 Aufgaben

Aufgabe 79. Beschreiben Sie anhand einer Skizze, wie Zeitstempel gegen Replay Attacks eingesetzt werden können! Welche Nachteile besitzt dieses Verfahren?

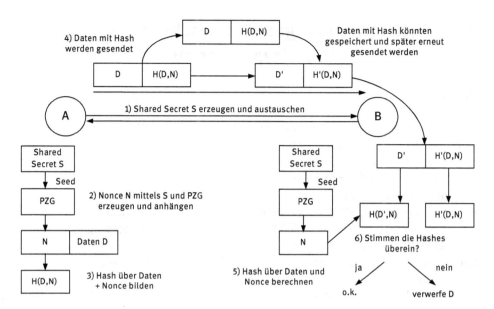

Abb. 6.17: Nonce-Erzeugung mit PZG, Schritt 6

7 Weitere Anwendungen und abschließende Betrachtungen zur Kryptographie

7.1 TLS

Die klassischen Internet-Protokolle wie HTTP, FTP oder POP3 bieten von Haus aus keinerlei Sicherheit vor Manipulation oder Abhören der Daten. Daher gab es in den 1980er Jahren Anstrengungen, den Datenverkehr zu verschlüsseln, und eine Urversion von **TLS (Transport Layer Security)** entstand.

Auf dieser Basis entwickelte die Firma Netscape Communications für ihren Browser die erste Version von **SSL (Secure Sockets Layer)**, die 1994 fertiggestellt wurde. Es folgten weitere SSL-Versionen. Schließlich wurde die Weiterentwicklung von SSL von Netscape Communications abgegeben, und TLS 1.0 entstand. Dieses war sozusagen SSL 3.1 und wurde in RFC 2246 standardisiert. Der Begriff SSL findet sich aber immer noch in zahlreichen Bezeichnungen wieder.

Im Lauf der Zeit folgten weitere RFCs, und derzeit ist TLS 1.3 (RFC 8446, [IETF, 2018]) die aktuellste Version. Darauf beziehen sich auch die nachfolgenden Erläuterungen, die von den Vorgängerversionen abweichen können.

TLS wird z.B. bei HTTPS verwendet, so dass praktisch jeder Internetnutzer bereits damit in Kontakt gekommen ist. Es kann aber auch Protokolle wie IMAP, POP3, SMTP oder FTP verschlüsseln. Ferner kommt es bei „SSL-VPNs" wie OpenVPN zum Einsatz. Bekannte Implementierungen von TLS sind OpenSSL und GnuTLS.

Bei TLS handelt es sich um ein hybrides Verfahren, ähnlich dem in Kapitel 3.6 beschriebenen. Zuerst erfolgt ein Schlüsseltausch mit einem asymmetrischen Verfahren, dann der eigentliche Datenaustausch mit symmetrischer Verschlüsselung.

7.1.1 OSI-Modell

Doch zunächst ein paar Worte zum so genannten **OSI-Modell** (Open Systems Interconnect). Datenkommunikation wird gerne unter Zurhilfenahme dieses Modells betrachtet, das 7 Schichten (Layers) unterscheidet. Einfach gesagt, werden die Daten beim Sender von der höchsten bis zur niedrigsten Schicht eine „Etage" nach der anderen hinuntergereicht und dabei jedesmal „eingepackt", also mit zusätzlichen Informationen versehen.

Man kann sich das ein wenig so vorstellen wie bei Bonbons, die zunächst in das Bonbonpapier eingewickelt werden, mehrere davon kommen in eine Tüte, mehrere Tüten in einen Karton, usw. Die Palette mit den Kartons wird vom Sender zum Empfänger gefahren (das ist die physikalische Verbindung, also das Kabel bzw. das drahtlose Übertragungsmedium).

https://doi.org/10.1515/9783110767186-007

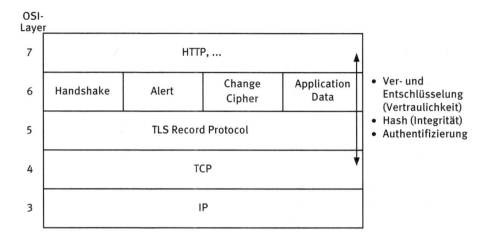

Abb. 7.1: TLS im OSI-Modell

Beim Empfänger werden die Daten dann Schicht für Schicht hochgereicht und dabei wieder ausgepackt. Jede Schicht des Senders „meint" dabei, mit der entsprechenden Schicht des Empfängers zu kommunizieren.

7.1.2 TLS im OSI-Modell

TLS setzt auf **TCP/IP** auf. Dabei wird das bekannte **TCP-Protokoll** (Transmission Control Protocol) der Schicht 4 (Transport Layer) des OSI-Modells zugeordnet und **IP** (Internet Protocol) der darunter liegenden Schicht 3 (Abb. 7.1). Eine Alternative zu TCP wäre das verbindungslose **UDP** (User Datagram Protocol), aber damit arbeitet TLS nicht zusammen.

TLS besteht aus 2 Schichten. Wie man TLS in das OSI-Modell einordnet, dazu gibt es unterschiedliche Ansichten. Manche siedeln die eine Schicht zusammen mit TCP in Schicht 4 an - weil Transport Layer Security -, die andere in Schicht 5, Andere nehmen nur Schicht 5 für beide TLS-Schichten. Oder man könnte die Schichten 5 und 6 dafür verwenden, wie in der Abbildung dargestellt. Das OSI-Modell bietet nur eine grobe Orientierung und passt nicht für alle Konstellationen gleich gut.

In jedem Fall nennt man die untere TLS-Schicht das **TLS Record Protocol**. Es führt die eigentliche Verschlüsselung durch und schützt die Integrität und Authentizität der Daten. Die obere Schicht ist in 4 Teile unterteilt:

– Das **Handshake Protocol**: Es handelt die verwendeten Algorithmen und Parameter aus und authentifiziert den Server gegenüber dem Client, optional auch umgekehrt. Schutzmaßnahmen gegen Manipulation, z.B. Änderung der auswählbaren Algorithmen, sind vorhanden.

- Das **Alert Protocol:** Es dient dem Austausch von Warnungen und (Fehler-) Meldungen.
- Das **Change Cipher Protocol:** Es ist recht trivial aufgebaut und bestätigt im Grunde nur, dass die im Handshake Protocol ausgehandelten Verfahren genutzt werden.
- Das **Application Data Protocol:** Es verarbeitet die Nutzdaten.

7.1.3 Verbindungsaufbau

Beim Surfen im Internet kontaktiert ein Benutzer mit seinem Internet-Browser (**Client**) üblicherweise einen Webserver (**Server**). Die Verbindung wird somit immer vom Client aufgebaut. Das spiegelt sich auch bei TLS wider. Der Verbindungsaufbau oder Handshake unterteilt sich in drei Phasen:

1. **Key Exchange:** Die zu verwendenden Schlüssel werden ausgetauscht und die kryptographischen Parameter werden ausgehandelt. Dazu teilt der Client mittels Client-Hello-Funktion des Handshake Protocols dem Server mit, welche Verfahren er erlaubt. Außerdem ist ein zufälliger Nonce gegen Replay Attacks enthalten und eine Information, welche TLS-Versionen vom Client überhaupt unterstützt werden. Der Server trifft aus den angebotenen Optionen eine Auswahl und teilt dies mittels Server-Hello dem Client mit.
2. **Server Parameter:** Hier wird beispielsweise festgelegt, ob der Client authentifiziert wird.
3. **Authentifizierung:** Der Server wird authentifiziert, optional auch der Client.

Der eigentliche Nutzdatentransfer erfolgt anschließend symmetrisch verschlüsselt. Die Einzelheiten sind einigermaßen komplex und können bei Interesse im Standard RFC 8446 ([IETF, 2018]) nachgelesen werden. Hier seien nur die wesentlichen Dinge zusammengefasst. Beispielsweise werden von TLS 1.3 zahlreiche veraltete kryptographische Verfahren nicht mehr unterstützt, wogegen neuere Verfahren aufgenommen wurden. Weil regelmäßig teils schwere Sicherheitslücken entdeckt werden, sollte man, wenn möglich, ältere Versionen nicht mehr einsetzen.

Die eingesetzten Algorithmen können nicht beliebig miteinander kombiniert werden, sondern man unterscheidet verschiedene **Cipher Suites**, im Falle von TLS 1.3 derzeit nur noch 5 Stück. Ein Beispiel für eine solche Cipher Suite ist TLS_AES_128_GCM_SHA256. Das bedeutet, dass als symmetrische Verschlüsselung ein 128 Bit AES im Galois Counter Mode (siehe auch Kapitel 2.8.2) eingesetzt wird. Als Hash-Algorithmus dient ein SHA256.

In älteren TLS-Versionen hätte es auch noch eine Angabe zum Schlüsseltausch-Verfahren gegeben, aber TLS 1.3 unterstützt nur noch das Diffie-Hellman-Verfahren, was somit nicht extra anzugeben ist. RSA entfiel aus Sicherheitsgründen. Das liegt insbesondere daran, dass RSA Zertifikate einsetzt, die für jeden Verbindungsaufbau verwendet werden. Wenn ein privater Schlüssel bekannt wird, dann lassen sich damit auch rückwirkend alle mitgeschnittenen Datentransfers entschlüsseln. Diesen Nachteil hat das Diffie-Hellman-Verfahren in der hier eingesetzten Form nicht, so dass man von **Perfect Forward Secrecy (PFS)** spricht. Das Diffie-Hellman-Verfahren kann auch mit elliptischen Kurven eingesetzt werden, also als **ECDH** (siehe Kapitel 3.7.2).

RSA wird aber nach wie vor bei der Authentifizierung verwendet, und zwar um eine digitale Signatur zu erzeugen. Als Alternativen für die Authentifizierung können ECDSA, EdDSA (Edwards-Curve DSA) oder ein PSK (symmetrischer Preshared Key) verwendet werden. Letzterer wäre im Vorfeld des Verbindungsaufbaus zwischen den Kommunikationspartnern auszutauschen.

7.2 Wo sind die Grenzen der Kryptographie?

Wir haben uns in den vergangenen Kapiteln ausführlich damit beschäftigt, wozu man kryptographische Verfahren sinnvoll einsetzen kann. Damit lassen sich sehr viele Sicherheitsanforderungen bereits abdecken. Dessen ungeachtet ist Kryptographie kein Allheilmittel. Hier einige Dinge, vor denen sie nicht schützen kann:

1. Vor der Verschlüsselung bzw. nach der Entschlüsselung liegen die Daten im Klartext vor. Sie könnten von Unbefugten gelesen oder kopiert werden, z.B. mittels einer Spyware. Man beachte: Datenträgerverschlüsselung schützt zwar, solange das Medium ausgeschaltet ist, aber sobald man es einbindet, kann man auf die entschlüsselten Daten zugreifen.
2. Der Sender vertraulicher Daten kann nicht verhindern, dass die Daten beim Empfänger unsicher abgelegt werden oder dass er gar die Nachricht bewusst preisgibt.
3. Private Schlüssel könnten gestohlen werden. Ebenso wie ein Verschlüsselungsprogramm auf die privaten Schlüssel zugreift, könnte dies auch eine Schadsoftware, z.B. ein Trojanisches Pferd, machen.
4. Daten könnten versehentlich gelöscht oder Datenträger defekt werden. Dann hilft es nichts, wenn die Daten zuvor verschlüsselt waren.
5. Verschlüsselungstools könnten absichtlich oder unabsichtlich dazu beitragen, dass eine Verschlüsselung leichter zu brechen ist. Im Extremfall könnte der geheime Schlüssel im Klartext mitgeschickt werden oder eine vermeintlich verschlüsselte Nachricht wird unverschlüsselt versendet.
6. Es kann nur schwer die Entdeckung verhindert werden, dass überhaupt eine Kommunikation stattgefunden hat, selbst wenn diese verschlüsselt war.

7.3 Zusammenfassung der Angriffsmethoden

Es gibt außerdem verschiedene Angriffe, die trotz Einsatz von Verschlüsselung Erfolg haben könnten oder zumindest bei manchen Verschlüsselungsverfahren. Die meisten davon sind uns schon begegnet, aber sollen hier nochmal zusammengefasst werden.

7.3.1 DoS Attack

Die **DoS Attack** (Denial of Service Attack) bewirkt, dass das Ziel mit unsinnigen Anfragen überlastet ist oder gar abstürzt und daher nicht mehr auf sinnvolle Anfragen reagieren kann.

Angenommen, Alice wird angegriffen. Dann kann Alice nicht mehr auf wichtige Anfragen von Bob reagieren, diesen warnen, o.ä.

Zwar kann die DoS Attack nicht direkt zum Zugriff auf vertrauliche Informationen führen, aber sie wird oft als Vorstufe verwendet. Z.B. kann der Angreifer in der Folge die Rolle von Alice einnehmen (Spoofing Attack) und Daten erlangen, die nur für Alice bestimmt sind.

Manchmal dient eine DoS-Attack auch als Ablenkmanöver für den eigentlichen Angriff. Es kam schon vor, dass Admins versuchten, eine DoS-Attack abzuwehren, während die Angreifer unbemerkt Konten leerräumen konnten.

7.3.2 Spoofing Attack

Wie eben beschrieben kann die **Spoofing Attack** in Verbindung mit einer DoS Attack auftreten. Ein Unbefugter könnte auch den privaten Schlüssel von Alice bekommen und in ihrem Namen tätig werden.

7.3.3 Hijacking Attack

Die **Hijacking Attack** ist mit der Spoofing Attack verwandt, nur dass ein schon bestehender Benutzerkontext übernommen wird. Z.B. vergisst Alice, sich nach dem Online-Einkauf abzumelden. Eine Malware könnte nun in ihrem Namen aktiv werden und weitere Dinge im Namen von Alice ordern, wobei eine Lieferadresse im Ausland angegeben wird.

7.3.4 Verkehrsflussanalyse

Bei der **Verkehrsflussanalyse** wird ermittelt, wer wann und wie oft mit wem kommuniziert. Dabei braucht man die Daten, die womöglich verschlüsselt sind, nicht zu verstehen.

Auch werden manchmal nur Teile der Kommunikation verschlüsselt. Z.B. verschlüsselt TLS bzw. HTTPS nur die Inhalte von Webseiten, aber nicht die URLs. Somit lässt sich nachvollziehen, welche Webseiten jemand besucht und welche Interessen er somit hat. Es lassen sich dadurch Benutzerprofile erstellen.

Nicht nur das Kommunikationsverhalten, sondern auch Änderungen darin können Informationen enthalten. Wenn beispielsweise die Geschäftsführer zweier konkurrierender Unternehmen plötzlich beginnen, verschlüsselte E-Mails auszutauschen, dann könnte das auf einen Merger oder eine künftige Kooperation schließen lassen.

7.3.5 Replay Attack

Bei einer **Replay Attack** wird eine Nachricht mitgeschnitten und später erneut gesendet. Auch wenn sie verschlüsselt ist, könnte doch die Reaktion darauf Rückschlüsse auf den Inhalt ermöglichen.

7.3.6 Man-in-the-Middle-Attack

Bei der **Man-in-the-Middle-Attack** sitzt ein Unbefugter inmitten einer Kommunikation und könnte diese beliebig beeinflussen. Beispielsweise könnten falsche Schlüssel oder infizierte Software untergeschoben, vertrauliche Daten belauscht und Datenpakete unterdrückt oder neue eingefügt werden.

7.3.7 Verhandlungsfähige Protokolle

Bei **verhandlungsfähigen Protokollen** wie TLS kann man verschiedene Parameter auswählen. Z.B. könnte man die Verhandlungsphase zu manipulieren versuchen und nur eine schwache oder gar keine Verschlüsselung anbieten, so dass man die künftige Kommunikation belauschen kann. TLS 1.3 enthält Schutzmaßnahmen dagegen, die bei Vorgängerversionen teilweise fehlen.

7.3.8 Illegaler Zustandswechsel

Infolge von Buffer Overflows o.ä. könnte man zu erreichen versuchen, dass ein unerwünschtes Systemverhalten eintritt (**Illegaler Zustandswechsel**). Es könnte z.B. ein

Übergang in den Zustand "keine Verschlüsselungërfolgen, so dass Daten ungewollt unverschlüsselt gesendet werden.

7.3.9 Known Plaintext Attack

Die **Known Plaintext Attack** wendet man an, wenn man z.B. aufgrund des Dateiformates einen Teil des Klartextes kennt. Aus diesem und dem zugehörigen Chiffrat versucht man, den geheimen Schlüssel zu ermitteln und die restlichen Daten zu entschlüsseln.

7.3.10 Chosen Plaintext Attack

Die **Chosen Plaintext Attack** greift weniger die verschlüsselten Daten, sondern den Verschlüsselungsalgorithmus an. Man ändert den Klartext ein wenig ab und verschlüsselt erneut. Dann analysiert man die Unterschiede zur vorherigen Verschlüsselung. So versucht man, Schwachstellen im Verschlüsselungsverfahren zu entdecken.

7.4 Steganographie

Bei der **Steganographie** werden geheime Informationen in vermeintlich harmlosen Daten, z.B. in Bildern, versteckt. Weil keine geheimen Informationen vermutet werden, wird idealerweise auch nicht versucht, sie herauszufinden.

Steganographie-Tools verändern dabei nur die niederwertigsten Bits (LSBs, least significant bits) eines Pixels oder eines Audio-Samples, was kaum oder gar nicht auffällt. Der Empfänger nimmt diese Bits und setzt sie in der ursprünglichen Reihenfolge aneinander. So bekommt er die Daten zurück.

Es braucht nicht notwendigerweise ein Datenelement nach dem anderen genommen zu werden, sondern die Reihenfolge kann beliebig gewählt werden, z.B. unter Zurhilfenahme eines Pseudozufallsgenerators (siehe Kapitel 2.1). Sender und Empfänger müssen lediglich in der Lage sein, dieselbe Reihenfolge zu verwenden.

Die Vorgehensweise soll nun beispielhaft beschrieben werden. Alice möchte 8 Datenbits, nämlich 11011100, in einer Bitmap-Grafik, der so genannten **Trägerdatei**, verstecken. Die Bitmap-Grafik unterstützt 256 Farben. Sie speichert also für jedes Pixel einen 8-Bit-Farbwert.

1. Zunächst bestimmt Alice die Pixels, in denen sie die Datenbits verstecken möchte. In Abb. 7.2 sind die Pixels mit einem X markiert. Ihre Originalwerte sind in das Bild eingetragen. Alice könnte statt dessen auch einfach ein nebeneinander liegendes Pixel nach dem anderen nehmen.
2. Alice bestimmt die Reihenfolge, in der sie die Datenbits in die ausgewählten Pixels eintragen will. Die Reihenfolge steht jeweils in Klammern unter dem Pixel (Abb.

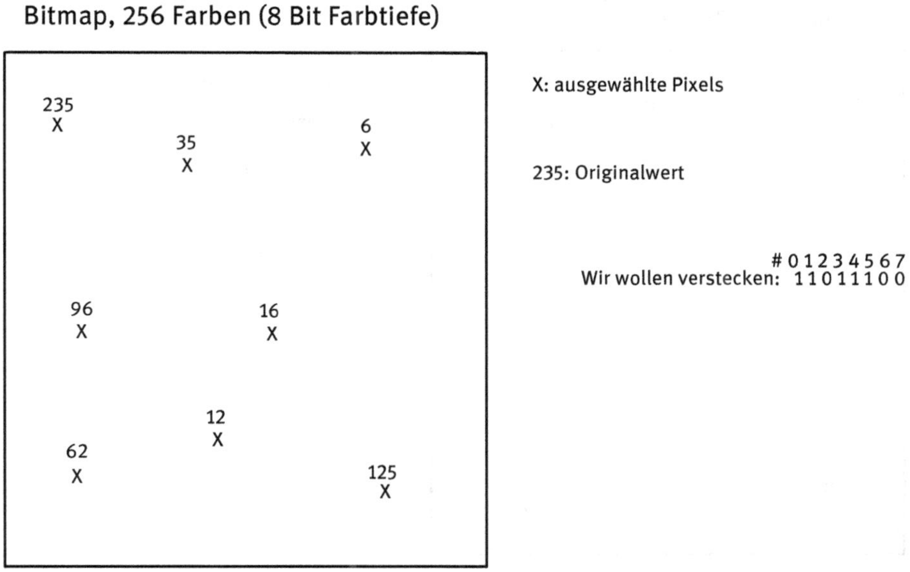

Bitmap, 256 Farben (8 Bit Farbtiefe)

```
235
X
          35              6
          X               X
```

X: ausgewählte Pixels

235: Originalwert

```
                          # 0 1 2 3 4 5 6 7
Wir wollen verstecken:  1 1 0 1 1 1 0 0
```

```
96            16
X             X

        12
62      X
X               125
                X
```

Abb. 7.2: Steganographie: Schritt 1

7.3). Die Reihenfolge könnte z.B. durch einen PRNG mit gewisser Seed erzeugt werden, wobei die Seed und die Art des PRNG dem Empfänger Bob mitzuteilen wären.

3. Nun trägt Alice das Datenbit mit der Nummer 0 (Informatiker fangen immer bei Null mit dem Zählen an) in das Pixel mit der Nummer 0 ein.

Das Pixel hat als Originalwert eine 16. Alice möchte eine 1 verstecken. Die 1 ist der Wert des Datenbits mit der Nummer 0. Wie muss sie den Wert des Pixels also verändern?

Nun, gerade Zahlen haben als niederwertigstes Bit (LSB) eine 0, ungerade Zahlen haben als LSB eine 1. Die 16 ist eine gerade Zahl, hat also ein LSB von 0. Wenn wir es auf 1 setzen, erhöht sich der Wert um 1 auf 17 (Abb. 7.4). Das gilt ganz allgemein, so wie in Tabelle 7.1 zu sehen.

Tab. 7.1: Bitänderungen in der Steganographie

Originalwert	zu verstecken	Operation
0	0	keine
0	1	erhöhen
1	0	vermindern
1	1	keine

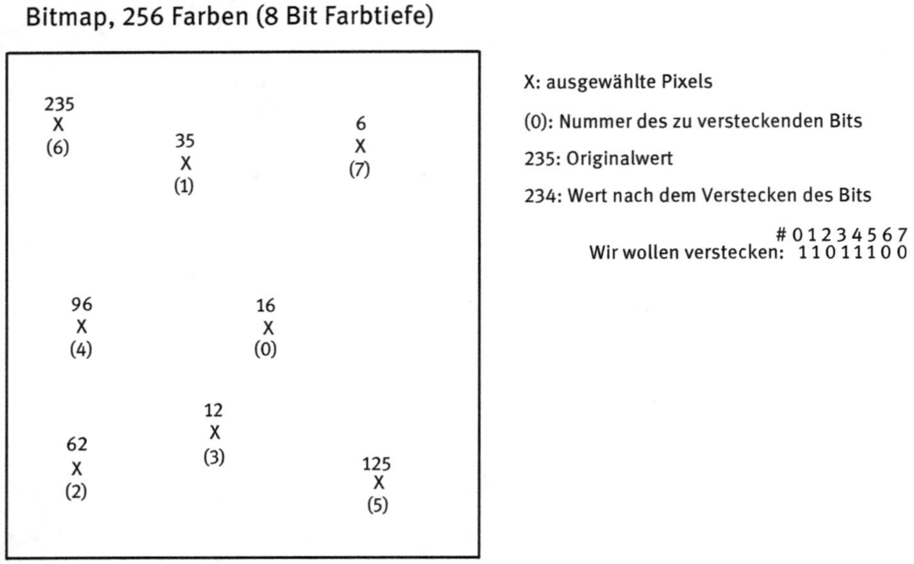

Bitmap, 256 Farben (8 Bit Farbtiefe)

```
235
X                                   6
(6)        35                       X
           X                       (7)
          (1)



96                    16
X                     X
(4)                   (0)



            12
62          X
X          (3)
(2)                        125
                           X
                          (5)
```

X: ausgewählte Pixels

(0): Nummer des zu versteckenden Bits

235: Originalwert

234: Wert nach dem Verstecken des Bits

```
                      # 0 1 2 3 4 5 6 7
Wir wollen verstecken: 1 1 0 1 1 1 0 0
```

Abb. 7.3: Steganographie: Schritt 2

Wir sehen, dass nur in der Hälfte der Fälle sich überhaupt etwas am Wert des Pixels ändert.

4. Genauso fährt Alice fort. Das Datenbit mit der Nummer 1, das sie im Pixel mit der Nummer 1 verstecken will, hat den Wert 1. Das Pixel mit der Nummer 1 hat den Wert 35. Es ist ungerade, hat also ein LSB mit dem Wert 1. Das ist bereits der Wert, den Alice möchte. Sie braucht also nichts daran zu ändern (Abb. 7.5).

5. Das Datenbit mit der Nummer 2 hat den Wert 0. Es soll im Pixel mit der Nummer 2 versteckt werden, das den Wert 62 hat. Das ist eine gerade Zahl mit LSB 0. Also keine Änderung nötig (Abb. 7.6).

6. Nun kommt Datenbit Nummer 3 an die Reihe. Es hat den Wert 1. Das zugehörige Pixel hat ein LSB von 0. Somit muss sein Wert von 12 auf 13 erhöht werden (Abb. 7.7).

7. Datenbit Nummer 4 mit dem Wert 1 soll in einem Pixel mit dem Wert 96 versteckt werden. Die 96 ist gerade und hat ein LSB von 0. Daher wird das Pixel auf 97 erhöht (Abb. 7.8).

8. Das Datenbit mit der Nummer 5 ist 1. Das zugehörige Pixel hat den Wert 125. Das LSB ist somit bereits gesetzt, und es ist keine Änderung nötig (Abb. 7.9).

9. Nun zum Datenbit Nummer 6. Es ist 0 und soll in einer 235 versteckt werden. Diese Zahl ist ungerade und hat somit ein LSB von 1. Der Wert des Pixels ist also auf 234 zu vermindern, wie man das in Abb. 7.10 sieht.

10. Das letzte Datenbit mit der Nummer 7 ist 0 und soll in einem Pixel mit dem Wert 6 versteckt werden. Das LSB passt somit bereits (Abb. 7.11).

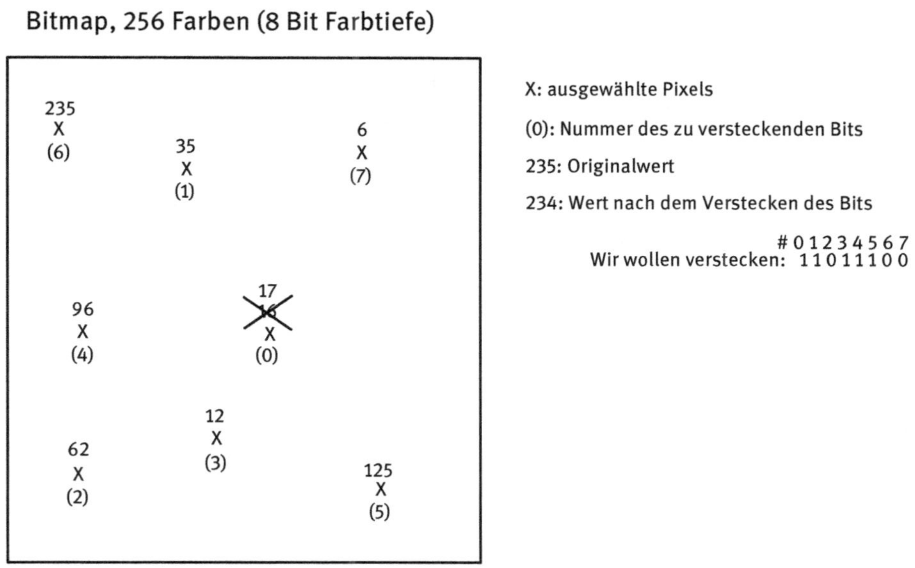

Bitmap, 256 Farben (8 Bit Farbtiefe)

```
235                                    6
X              35                      X
(6)            X                      (7)
               (1)




        96              17
        X              X╳
        (4)             X
                       (0)

               12
        62     X
        X     (3)
        (2)            125
                       X
                       (5)
```

X: ausgewählte Pixels

(0): Nummer des zu versteckenden Bits

235: Originalwert

234: Wert nach dem Verstecken des Bits

#01234567
Wir wollen verstecken: 11011100

Abb. 7.4: Steganographie: Schritt 3

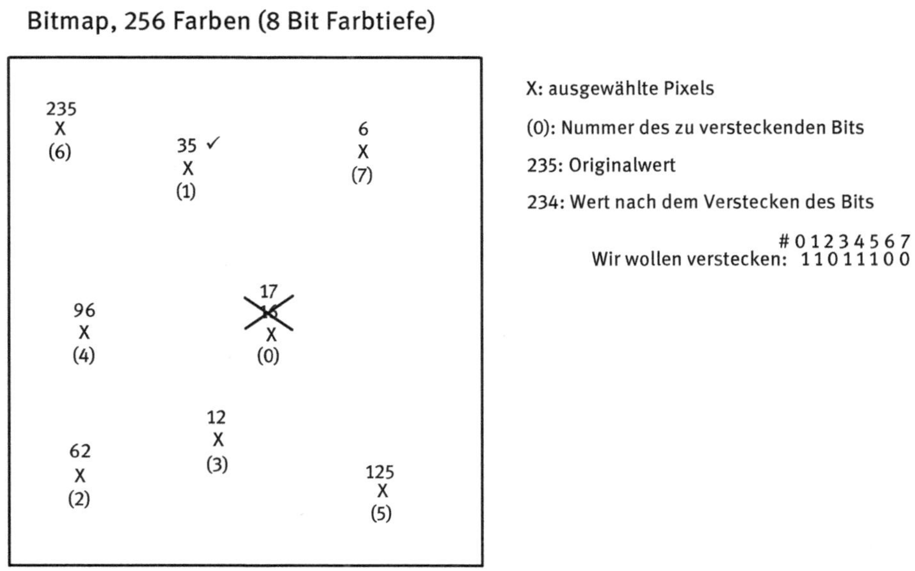

Bitmap, 256 Farben (8 Bit Farbtiefe)

```
235                                    6
X              35 ✓                    X
(6)            X                      (7)
               (1)




        96              17
        X              X╳
        (4)             X
                       (0)

               12
        62     X
        X     (3)
        (2)            125
                       X
                       (5)
```

X: ausgewählte Pixels

(0): Nummer des zu versteckenden Bits

235: Originalwert

234: Wert nach dem Verstecken des Bits

#01234567
Wir wollen verstecken: 11011100

Abb. 7.5: Steganographie: Schritt 4

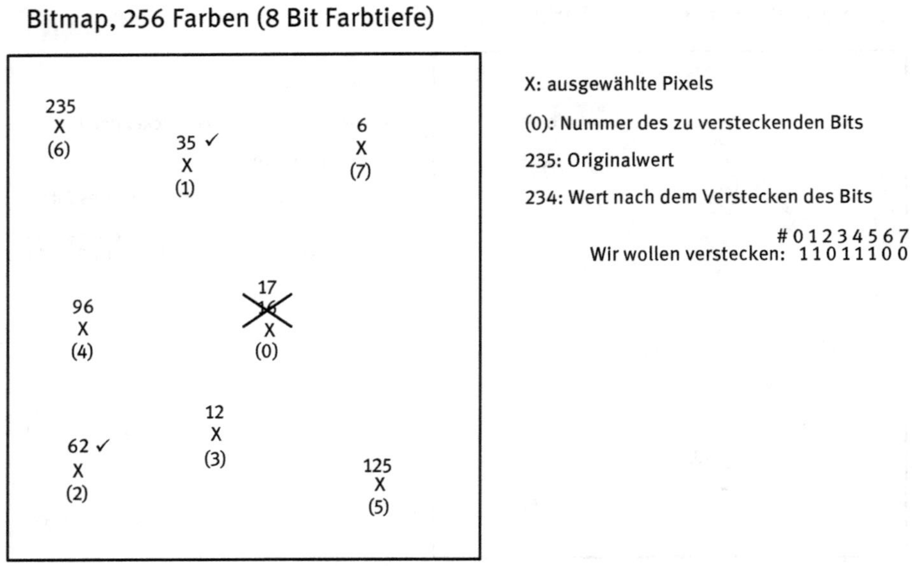

Bitmap, 256 Farben (8 Bit Farbtiefe)

X: ausgewählte Pixels

(0): Nummer des zu versteckenden Bits

235: Originalwert

234: Wert nach dem Verstecken des Bits

#01234567
Wir wollen verstecken: 11011100

Abb. 7.6: Steganographie: Schritt 5

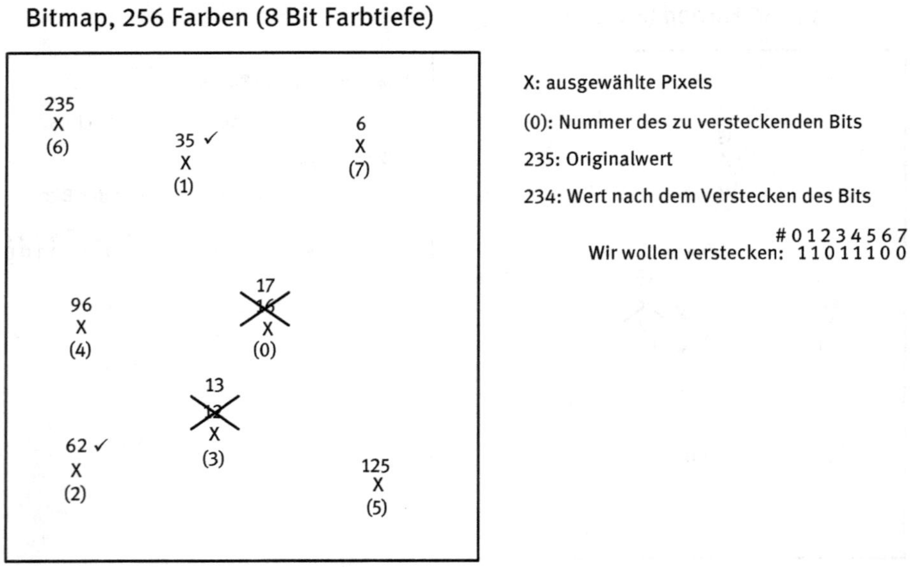

Bitmap, 256 Farben (8 Bit Farbtiefe)

X: ausgewählte Pixels

(0): Nummer des zu versteckenden Bits

235: Originalwert

234: Wert nach dem Verstecken des Bits

#01234567
Wir wollen verstecken: 11011100

Abb. 7.7: Steganographie: Schritt 6

Bitmap, 256 Farben (8 Bit Farbtiefe)

```
235
X                              6
(6)       35 ✓               X
          X                  (7)
          (1)


97                17
X̶                 X̶
X                 X
(4)               (0)

          13
          X̶
          X
62 ✓      (3)
X                      125
(2)                    X
                       (5)
```

X: ausgewählte Pixels

(0): Nummer des zu versteckenden Bits

235: Originalwert

234: Wert nach dem Verstecken des Bits

```
        # 0 1 2 3 4 5 6 7
Wir wollen verstecken:  1 1 0 1 1 1 0 0
```

Abb. 7.8: Steganographie: Schritt 7

Bitmap, 256 Farben (8 Bit Farbtiefe)

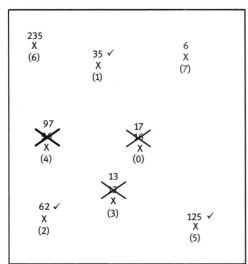

```
235
X                              6
(6)       35 ✓               X
          X                  (7)
          (1)


97                17
X̶                 X̶
X                 X
(4)               (0)

          13
          X̶
          X
62 ✓      (3)
X                      125 ✓
(2)                    X
                       (5)
```

X: ausgewählte Pixels

(0): Nummer des zu versteckenden Bits

235: Originalwert

234: Wert nach dem Verstecken des Bits

```
        # 0 1 2 3 4 5 6 7
Wir wollen verstecken:  1 1 0 1 1 1 0 0
```

Abb. 7.9: Steganographie: Schritt 8

Bitmap, 256 Farben (8 Bit Farbtiefe)

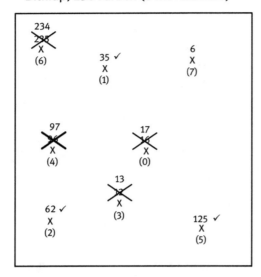

X: ausgewählte Pixels

(0): Nummer des zu versteckenden Bits

235: Originalwert

234: Wert nach dem Verstecken des Bits

0 1 2 3 4 5 6 7
Wir wollen verstecken: 1 1 0 1 1 1 0 0

Abb. 7.10: Steganographie: Schritt 9

Bitmap, 256 Farben (8 Bit Farbtiefe)

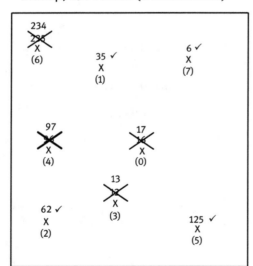

X: ausgewählte Pixels

(0): Nummer des zu versteckenden Bits

235: Originalwert

234: Wert nach dem Verstecken des Bits

0 1 2 3 4 5 6 7
Wir wollen verstecken: 1 1 0 1 1 1 0 0

Abb. 7.11: Steganographie: Schritt 10

Nun sind alle Datenbits versteckt und Alice kann das Bild an Bob schicken. Wenn Bob in Kenntnis der Seed für den PRNG ist, wird er dieselbe Reihenfolge der Pixels ermitteln und liest die folgenden Werte der Pixels:

17 - 35 - 62 - 13 - 97 - 125 - 234 - 6

Für eine gerade Zahl schreibt er eine 0, für eine ungerade Zahl eine 1:

1 - 1 - 0 - 1 - 1 - 1 - 0 - 0

Das ist genau das Datenwort, das Alice versteckt hatte!

Ein gewisser Nachteil ist, dass man keine Dateiformate mit verlustbehafteter Datenkompression verwenden sollte. Das sind verbreitete Dateiformate wie MPEG, JPEG oder PNG. Die Gründe:

- Versteckt man die Daten zuerst in einer Bitmap, also einer .BMP- oder .RAW-Datei, und wandelt sie dann in z.B. PNG um, gehen die versteckten Daten verloren. Das liegt daran, dass die Kompressionsverfahren scheinbar unnötige Informationen „wegwerfen", weil man sie ohnehin nicht bemerkt. Das sind aber oft genau die versteckten Daten. Dieser Vorgang ist nicht umkehrbar.
- Versteckt man die Daten gleich z.B. in einem PNG, hat man keine einzelnen Pixels zur Verfügung und Änderungen können sich stark auf das Bild auswirken.

Man müsste also beispielsweise .BMP oder RAW-Dateien für Bilder bzw. WAV für Audiodateien verwenden. Eine Datenkompression könnte lediglich verlustfrei erfolgen, also mit Tools wie ZIP oder 7zip nach dem Verstecken der Daten. Das wäre aber einigermaßen ungewöhnlich und somit auffällig, denn kaum jemand versendet beispielsweise gezippte .BMP-Dateien. Der Hauptvorteil der Steganographie, nämlich die Unauffälligkeit, ginge verloren. Daher gibt es Tools, die auch JPEG- oder PNG-Dateien für steganographische Zwecke erlauben.

Ergänzend sei hinzugefügt, dass sich Kryptographie und Steganographie kombinieren lassen. Man könnte eine Nachricht oder Datei also zuerst verschlüsseln und dann steganographisch verstecken.

Eine Variante wäre ferner, nicht nur die LSBs, sondern die niederwertigsten 2 oder 3 Bits zum Verstecken der Informationen zu nutzen. Dann lassen sich mehr Informationen in der Trägerdatei verstecken, aber sie werden leichter zu entdecken sein.

Angriffe auf die Steganographie sind statistischer Natur. Die Wahrscheinlichkeitsverteilung der versteckten Datenbits ist eine andere als die der LSBs des Originalbildes. Diese werden nur zum Teil überschrieben, z.B. ohne Verwendung eines PRNGs nur in der einen Bildhälfte. Deswegen stellt man fest, dass die Wahrscheinlichkeitsverteilungen der beiden Bildhälften sich deutlich unterscheiden und dass somit vermutlich Steganographie verwendet wurde.

7.5 Aufgaben

Aufgabe 80. Erklären Sie den Verbindungsaufbau bei TLS!

Aufgabe 81. Erläutern Sie zwei Probleme, die dazu führen können, dass eine TLS-Verbindung unsicher wird.

Aufgabe 82. Nennen Sie vier Angriffsmethoden auf die Kommunikation zwischen zwei Kommunikationspartnern, durch die ein Unbefugter an vertrauliche Informationen gelangen kann (Fachausdrücke). Erklären Sie kurz die Angriffsmethoden.

Aufgabe 83. Welche der folgenden Angriffe können mit kryptographischen Methoden abgewehrt werden, die (ausschließlich) Verbindlichkeit und Integrität gewährleisten? Bitte ankreuzen!
☐ Lesen geheimer Daten
☐ Chosen Plaintext Attack
☐ Replay Attack
☐ Spoofing Attack
☐ Verkehrsflussanalyse
☐ Unerwünschter Zustandswechsel

Aufgabe 84. Welche der folgenden Risiken können durch kryptographische Methoden *nicht* ausgeschaltet werden? Bitte ankreuzen!
☐ Replay Attack
☐ Modifizierte Verschlüsselungssoftware, die ungewollt vertrauliche Daten an Unbefugte versendet
☐ Unbemerkbare Manipulation an Daten
☐ Spoofing Attack
☐ Verkehrsflussanalyse
☐ Lesen von Originaldokumenten vor der Verschlüsselung

Aufgabe 85. Wie funktioniert das steganographische Verstecken und spätere Extrahieren von Information in einem Bild? Konkretes Beispiel!

Aufgabe 86. Welche Vor- und Nachteile weist Steganographie auf?

8 Verfügbarkeit

8.1 Grundlagen

8.1.1 Definitionen

Wir hatten in den vorangegangenen Kapiteln kennengelernt, dass Kryptographie umfassende Anwendung im Bereich der IT-Sicherheit findet. Sie eignet sich, um vier der fünf Grundsäulen der IT-Sicherheit aus Kapitel 2.1 zu gewährleisten, nämlich Vertraulichkeit, Integrität, Authentizität und Verbindlichkeit. Es verbleibt nun die Verfügbarkeit (Availability), für die Maßnahmen abseits der Kryptographie zu wählen sind. Damit wollen wir uns nun beschäftigen.

Es gibt verschiedene Definitionen zur Verfügbarkeit. Vereinfacht bedeutet Verfügbarkeit, dass sowohl die Hardware als auch die Software immer dann einsatzfähig sein muss, wenn man sie benötigt.

Eine formalere Definition verwendet die Begriffe Uptime und Downtime. Die **Uptime** U sei die Zeit, während der ein System am Laufen und zugreifbar ist. Die **Downtime** D dagegen sei die Zeit, während der das System nicht läuft oder man darauf nicht zugreifen kann. Die Ursache dafür kann z.B. ein Angriff sein oder eine Wartung, die gerade durchgeführt wird.

Mit diesen beiden Größen lässt sich die Verfügbarkeit A definieren:

$$A = \frac{U}{U + D}$$

Die Verfügbarkeit befindet sich (hoffentlich) in der Nähe von 1. Beträgt A z.B. 99,99%, dann spricht man von einer **Four-Nines-Availability**. Wenn $A = 99,999\%$ gilt, nennt man das eine **Five-Nines-Availability**. Die Four-Nines-Availability entspricht einer Downtime von weniger als einer Stunde pro Jahr.

In Verbindung mit der Verfügbarkeit prägt man noch weitere Begriffe:
- **MTTF (mean time to failure):** Unter MTTF versteht man die durchschnittliche Lebensdauer eines Produktes oder Systems, das nicht repariert wird.
- **MTBF (mean time between failures)** stellt die durchschnittliche Zeit zwischen Systemausfällen dar, wobei das System nach einem Ausfall repariert wird.
- **MTTR (mean time to repair)** ist die durchschnittliche Dauer einer Reparatur.

Mit Hilfe dieser Größen kann man eine Variante der Verfügbarkeit ermitteln, die so genannte **inherente Verfügbarkeit** A_i:

$$A_i = \frac{MTBF}{MTBF + MTTR}$$

Dieser Wert beschreibt die Wartungsfreundlichkeit eines Produktes oder Systems, wobei geplante Downtimes, z.B. wegen regulärer Wartung ohne Defekt, nicht einfließen. Tiefer gehende Informationen finden sich z.B. in [BSI, 2013].

https://doi.org/10.1515/9783110767186-008

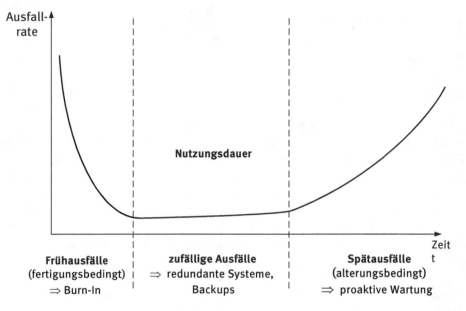

Abb. 8.1: Badewannenkurve

8.1.2 Die Badewannenkurve

Die Ausfallrate eines Produkts gibt an, wie viele Exemplare davon in einer bestimmten Zeitspanne durchschnittlich defekt werden.

Wenn man die Ausfallrate eines Produkts über der Zeit aufträgt, dann erhält man eine Kurve wie in Abb. 8.1 dargestellt. Ihrer Form wegen nennt man diese Kurve die **Badewannenkurve**. Dabei kann man deutlich drei Bereiche erkennen, die wir nun betrachten wollen.

Frühausfälle

Wenn Herstellungsschritte fehlschlagen, erhält man in aller Regel Ausschuss, der von vornherein nicht funktioniert. Oder das Produkt wird bald nach der Inbetriebnahme defekt werden.

Daher ist die Ausfallrate zu Beginn recht hoch. Je länger ein Produkt allerdings schon fehlerfrei funktioniert, desto größer die Wahrscheinlichkeit, dass es auch weiter eine gewisse Zeit funktionieren wird. Das gilt zumindest am Anfang. Die Ausfallrate nimmt daher zunächst rapide ab.

Frühausfälle sind weder vom Hersteller noch vom Kunden erwünscht. Für den Kunden ist es sehr ärgerlich, wenn ein neu gekauftes Produkt nach kurzer Zeit nicht mehr funktioniert und umgetauscht werden muss. Doch auch für den Hersteller entstehen Kosten: Er muss das defekte Produkt zurücknehmen und ein anderes bereitstellen, ohne dass er zusätzliche Einkünfte dadurch hat. Häufige Frühausfälle können ferner dem Image des Herstellers beträchtlich schaden.

Daher ist es wesentlich besser, wenn die Frühausfälle noch beim Hersteller erfolgen. Dieser nimmt daher ein so genanntes **Burn-In** vor. Das bedeutet, dass das Produkt eine gewisse Zeitlang, z.B. 48 Stunden, am Stück betrieben wird. Wenn es dann immer noch funktioniert, ist die Zeitspanne der Frühausfälle verstrichen und die Ausfallrate hoffentlich gering geworden.

Wenn man das Produkt dann erst an den Kunden ausliefert, wird es wahrscheinlich die reguläre Lebensdauer erreichen.

Reguläre Lebensdauer

Während der regulären Lebensdauer (**Useful Life**) ist die Ausfallrate auf einem weitgehend konstanten, niedrigen Wert. In der Abbildung ist diese Zeitspanne stark verkürzt dargestellt. Sie kann viele Jahre betragen. Das steht im Gegensatz zu den Frühausfällen, die sich meist im Bereich von Stunden oder wenigen Tagen bewegen.

Im Laufe des Useful Life treten zufällige Ausfälle auf, so dass die Ausfallrate nicht ganz bis auf Null herunter geht. Diese zufälligen Ausfälle nehmen im Laufe der Zeit etwas zu.

Möchte man sich vor solchen Ausfällen schützen, kann man beispielsweise Systeme redundant auslegen. Wenn eines davon ausfällt, kann man mit dem anderen weiterarbeiten. Redundanz ist auf verschiedenen Ebenen möglich: Bei einzelnen Datenträgern, kompletten Systemen oder gar ganzen Rechenzentren. Wir werden als Beispiel dazu die RAID-Systeme betrachten.

Im Bereich der Datenspeicher helfen ferner Backups, die regelmäßig angefertigt werden. Bei einem Defekt eines Datenträgers kann man das Backup auf einen Ersatz-Datenträger zurückspielen, so dass sich der Datenverlust in Grenzen hält. Daten, die seit dem letzten Backup verändert wurden oder neu hinzukamen, wären aber verloren.

Spätausfälle

Nach einer gewissen Zeit nehmen die Ausfälle alterungsbedingt deutlich zu, die Ausfallrate steigt an. Möchte man sich davor schützen, kann man **proaktive Wartung** betreiben. Das bedeutet, dass man Komponenten austauscht, bevor sie ihre mutmaßliche Lebensdauer erreichen.

Proaktive Wartung spielt bei Verkehrsmitteln wie Flugzeugen oder Autos eine wichtige Rolle. Für Autos werden Kundendienstintervalle definiert, wobei gewisse Komponenten nach einer bestimmten Zahl von Kilometern zu tauschen sind. Der Ersatz eines noch funktionsfähigen Zahnriemens kommt deutlich billiger als der mögliche Motorschaden beim Reißen des Zahnriemens. Bei Flugzeugen wird proaktive Wartung in noch deutlich größerem Umfang betrieben.

In der IT könnte man Serverplatten, die sich ihrer Lebenserwartung nähern, vorsorglich tauschen, um Datenverlusten vorzubeugen.

8.1.3 Verbesserung der Verfügbarkeit

Zusammenfassend wollen wir einige Maßnahmen zur Verbesserung der Verfügbarkeit in einer Übersicht betrachten.

Verbesserung der Hardware-Verfügbarkeit:
- Redundante System und Komponenten: Rechenzentren, Server, Speichermedien, Netzwerkkomponenten
- USV / UPS (unterbrechungsfreie Stromversorgung, Uninterruptible Power Supply)
- Proaktive Wartung
- Gebäudesicherheit
- Rufbereitschaft für Techniker und Administratoren

Verbesserung der Software-Verfügbarkeit:
- Sichere Softwareentwicklung in allen Entwurfs- und Umsetzungsstadien
- Redundante Applikationen (Fallback-Lösungen)
- Backups
- Rufbereitschaft für Administratoren

8.2 RAID-Systeme

RAID ist die Abkürzung für Redundant Array of Inexpensive Discs bzw. in neuerer Zeit Redundant Array of Independent Discs. **RAID-Systeme (RAID-Arrays)** verbessern üblicherweise die Verfügbarkeit (außer Level 0) und die Performance. Man findet sie in
- Servern
- **NAS** (Network Attached Storage): ein über das Netzwerk erreichbarer Datenträger
- **SAN** (Storage Area Network): ordnet Speicherplatz je nach Bedarf einer Anzahl von Servern zu

Es werden zunehmend anstelle von Festplatten die schnelleren und meist langlebigeren SSDs (Solid State Discs) eingesetzt, weswegen nachfolgend anstelle von Platten allgemeiner von Datenträgern gesprochen wird.

RAID-Systeme können rein Software-basiert vom Betriebssystem verwaltet werden (Software-RAID), oder man verwendet dafür einen speziellen Hardware-RAID-Controller. Letzterer sollte eigentlich schneller sein, was aber nicht immer der Fall ist. Ferner entlastet er die CPU und bietet evtl. mehr Optionen als das Betriebssystem. Bei einem Defekt des Controllers sind die Daten unter Umständen verloren, falls man keinen Controller gleichen Typs mehr bekommt.

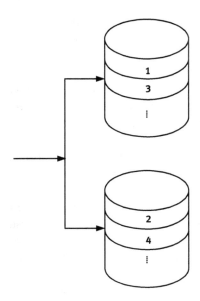

Abb. 8.2: RAID Level 0

Teilweise ist **Hot Swap** möglich, d.h. das Austauschen defekter Datenträger während des normalen Systembetriebs. **Hot Spares** dagegen sind Datenträger, die normalerweise ungenutzt sind, aber bei einem Ausfall die Rolle des defekten Datenträgers übernehmen. Man kann sie vergleichen mit einem Reserverad, das man in voller Fahrt wechseln kann.

Je nach RAID-Level ist nach einem Ausfall eine Rekonstruktion der dort enthaltenen Daten erforderlich. Diese kann mehrere Stunden in Anspruch nehmen. Währenddessen kann man mit dem RAID-Array weiterarbeiten, aber mit reduzierter Performance. Wir wollen nun einen Blick auf die wichtigsten RAID-Levels werfen.

8.2.1 RAID Level 0 (Striping)

RAID Level 0 wird auch **Striping** genannt. Man reiht dabei die Datenträger zu einer logischen Einheit aneinander, wodurch sich die einzelnen Speicherkapazitäten addieren.

Das macht man aber nicht so, dass man zuerst den einen Datenträger und dann den nächsten mit Daten füllt. In diesem Fall hätte man keine Performance-Verbesserung. Sondern wie man aus Abb. 8.2 entnehmen kann, werden bei RAID Level 0 die Daten abwechselnd auf die Datenträger geschrieben.

Zuerst wird z.B. der Datenblock 1 auf den oberen Datenträger geschrieben. Dann kommt Datenblock 2 auf den unteren Datenträger. als nächstes Datenblock 3 wieder auf den oberen Datenträger, usw.

Üblicherweise ist der Controller bzw. die Schnittstelle deutlich schneller als die Datenträger. Während der eine Datenblock auf den oberen Datenträger geschrieben wird, kann der Controller bereits den anderen Datenblock auf den unteren Datenträger schreiben. Beides geschieht also scheinbar gleichzeitig statt nacheinander. Dadurch verdoppelt sich die Performance.

Beim Lesen gilt das Entsprechende. Zuerst kann man die Datenblöcke 1 und 2 gleichzeitig lesen, dann die Datenblöcke 3 und 4. Man bekommt also die doppelte Leseperformance.

Das Verfahren lässt sich im Prinzip auf eine beliebige Anzahl von n Datenträgern erweitern, so dass sich die Performance weiter auf das n-fache erhöhen ließe. Diese Vorgehensweise hat jedoch einen gewichtigen Nachteil: Wenn auch nur ein einziger Datenträger ausfällt, entsteht ein Datenverlust, denn man hat nur noch einen Teil der Datenblöcke einer Datei zur Verfügung.

RAID 0 fehlt damit der Hauptvorteil von RAID: Es bietet keine Redundanz und somit keinen Schutz vor Ausfällen von Datenträgern.

8.2.2 RAID Level 1 (Mirroring)

RAID Level 1 wird auch **Mirroring** genannt, weil die Inhalte der Datenträger sich genau gleichen wie ein Spiegelbild dem Original. Das erreicht man dadurch, dass auf beide Datenträger genau dieselben Daten geschrieben werden, siehe Abb. 8.3. Falls einer der Datenträger ausfällt, stehen die Daten noch auf dem anderen Datenträger zur Verfügung.

Weil auf beide Datenträger gleichzeitig dieselben Daten geschrieben werden, erreicht man keinen Zugewinn an Schreibperformance im Vergleich zu einem einzelnen Datenträger. Jedoch kann man beim Lesen z.B. gleichzeitig den Datenblock 1 vom Datenträger 1 und den Datenblock 2 vom Datenträger 2 lesen. Somit verdoppelt sich die Leseperformance gegenüber einem einzelnen Datenträger.

Ein Nachteil des Verfahrens ist der Speicherbedarf, der doppelt so hoch wie bei einem einzelnen Datenträger ist.

8.2.3 RAID Levels 2 bis 4

Bei den RAID Levels 2 bis 4 versucht man, den Hauptnachteil von Level 1, nämlich den hohen Speicherplatzbedarf, zu reduzieren. Zu diesem Zweck werden die Daten nicht doppelt gespeichert, sondern man errechnet aus zwei Datenblöcken eine **Prüfsumme (Checksum, Kontrollblock)**. Falls einer der Datenträger ausfällt, kann man den verlo-

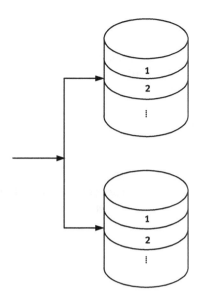

Abb. 8.3: RAID Level 1

ren gegangenen Datenblock aus dem anderen Datenblock und dem Prüfsummenblock rekonstruieren. Auf diese Weise benötigt man statt dem doppelten Speicherplatz wie bei RAID Level 1 nur 50% mehr Speicherplatz.

Bei RAID Level 2 verwendet man einen so genannten Hamming Code, um die Prüfsumme zu bilden. Die Levels 3 und 4 nehmen für die Bildung der Prüfsumme eine XOR-Verknüpfung, die jeder Prozessor von Haus aus beherrscht und die somit einfacher in der Handhabung ist. Detailliertere Informationen zu Prüfsummen, insbesondere zur Fehlererkennung und Fehlerkorrektur sind in [Hellmann, 2022] zu finden.

Verknüpft man zwei einzelne Bits x_0 und x_1 durch XOR (Symbol: $\oplus$) miteinander, dann gilt für das Ergebnis $y = x_0 \oplus x_1$:

Tab. 8.1: Wahrheitstabelle der XOR-Verknüpfung

x_1	x_0	y
0	0	0
0	1	1
1	0	1
1	1	0

Man sieht an der Wahrheitstabelle (Tabelle 8.1), dass die XOR-Verknüpfung eine Ungleichheitsverknüpfung ist: Wenn sich die Bits x_0 und x_1 unterscheiden, wie in den mittleren beiden Zeilen, dann wird das Ergebnis 1. Wenn sie gleich sind, wie in der obersten und untersten Zeile, kommt als Ergebnis 0 heraus.

Betrachten wir dazu ein Beispiel. Der Einfachheit halber nehmen wir Datenblöcke von 8 Bits, wie dies bei RAID Level 3 gemacht wird. Level 4 würde größere Datenblöcke verwenden.

Die Datenblöcke seien D_1 und D_2 mit folgenden Werten:
D_1 = 10010111 und
D_2 = 01011100.

Um die Prüfsumme zu erhalten, verknüpfen wir D_1 und D_2 bitweise, d.h. wir nehmen jeweils zwei übereinander stehende Bits und schauen in der Wahrheitstabelle nach, was bei der XOR-Verknüpfung herauskommt. Bei den höchstwertigen Bits ganz links verknüpfen wir $1 \oplus 0 = 1$, dann kommt bei den nächsten beiden Bits $0 \oplus 1 = 1$, dann $0 \oplus 0 = 0$, usw. So ergibt sich für die Prüfsumme $C(1, 2)$:

$$
\begin{array}{lr}
D_1 = & 10010111 \\
D_2 = & 01011100 \\
\hline
C(1, 2) = D_1 \oplus D_2 = & 11001011
\end{array}
$$

Angenommen, der Datenträger, der D_2 enthält, fällt aus. Dann stehen noch D_1 und $C(1, 2)$ zur Verfügung. Wir können nun D_2 rekonstruieren, indem wir D_1 und $C(1, 2)$ bitweise XOR-verknüpfen:

$$
\begin{array}{lr}
D_1 = & 10010111 \\
C(1, 2) = & 11001011 \\
\hline
D_1 \oplus C(1, 2) = & 01011100 \quad = D_2
\end{array}
$$

Eine solche Rekonstruktion müsste nun Datenblock für Datenblock durchgeführt werden, was sehr lange dauern kann. Im Gegensatz dazu ist bei RAID Level 1 keine Rekonstruktion nötig, sondern die Daten müssen lediglich von dem noch funktionierenden Datenträger auf den ersetzten, noch leeren Datenträger kopiert werden. Das geht deutlich schneller.

Betrachten wir nun, wie die Daten auf den Datenträgern gespeichert werden. Wie aus Abb. 8.4 hervorgeht, werden zwei der drei Datenträger für die Datenblöcke verwendet, während der dritte Datenträger ausschließlich Prüfsummen enthält.

Das hat Auswirkungen auf die Performance. Beim Schreiben kann man auf den oberen und den mittleren Datenträger gleichzeitig schreiben, so dass man die doppelte Schreibperformance im Vergleich zu einem einzelnen Datenträger erhält. Beim Lesen

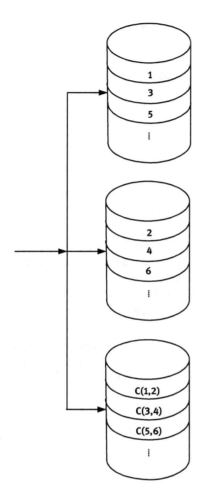

Abb. 8.4: RAID Levels 2 bis 4

kann man ebenfalls vom oberen und vom mittleren Datenträger gleichzeitig lesen, was eine doppelte Leseperformance ergibt.

Wie man sieht, trägt der untere Datenträger nichts zur Performance bei. Das ist der Grund, warum die RAID Levels 2 bis 4 kaum eine praktische Bedeutung besitzen. Statt dessen verwendet man besser das RAID Level 5.

8.2.4 RAID Level 5

Bei RAID Level 5 verteilt man die Prüfsummenblöcke gleichmäßig über alle Datenträger, wie man in Abb. 8.5 erkennen kann. Beim Schreiben können weiterhin nur zwei Datenblöcke gleichzeitig geschrieben werden, weil auf den verbleibenden Datenträger der Prüfsummenblock kommt.

Jedoch kann man gleichzeitig von allen drei Datenträgern lesen, z.B. den Datenblock 1 vom oberen, den Datenblock 2 vom mittleren und den Datenblock 3 vom unteren Datenträger. die Prüfsumme braucht man üblicherweise nicht zu lesen, sondern diese wird nur beim Ausfall eines Datenträgers zur Rekonstruktion benötigt. Somit erreicht man eine dreifache Leseperformance anstelle der doppelten Leseperformance bei den Levels 2 bis 4. Dazu ist kaum Zusatzaufwand nötig.

Weiterhin bleibt aber der Nachteil bestehen, dass lediglich der Ausfall eines einzigen Datenträgers toleriert wird. Sollten zwei Datenträger gleichzeitig defekt werden, tritt Datenverlust auf. Weil die Rekonstruktion der Daten beim Ausfall eines Datenträgers viele Stunden oder gar Tage dauern kann, je nach Kapazität und Performance der Datenträger, ist es gar nicht so unwahrscheinlich, dass währenddessen ein weiterer Ausfall erfolgt. Aus diesem Grunde hat man das RAID Level 6 geschaffen.

8.2.5 RAID Level 6

RAID Level 6 besteht aus mindestens 4 Datenträgern. Weil es den Ausfall von zwei Datenträgern gleichzeitig verkraften soll, kommt man nicht mehr mit nur einem einzigen Prüfsummenblock aus, sondern man benötigt zwei davon. Diese werden wie in Abb. 8.6 auf die Datenträger verteilt.

Wenn zwei Datenträger gleichzeitig ausfallen, z.B. die oberen beiden, dann hat man zur Rekonstruktion der Datenblöcke 1 und 2 nur noch die beiden Prüfsummenblöcke $C_1(1, 2)$ und $C_2(1, 2)$ zur Verfügung. Würde es sich beide Male um dieselbe Prüfsumme handeln, könnte man daraus nicht zwei unterschiedliche Datenblöcke rekonstruieren. Das bedeutet, die beiden Prüfsummenblöcke $C_1(1, 2)$ und $C_2(1, 2)$ müssen

1. voneinander unabhängig sein
2. sich so ergänzen, dass beide zugehörigen Datenblöcke rekonstruiert werden können.

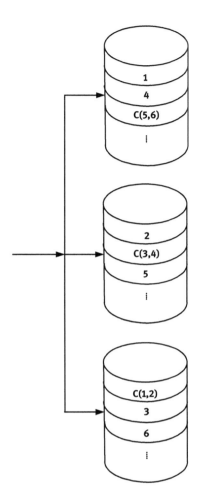

Abb. 8.5: RAID Level 5

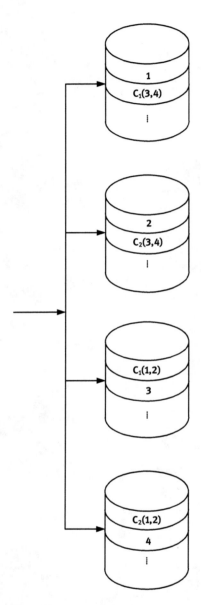

Abb. 8.6: RAID Level 6

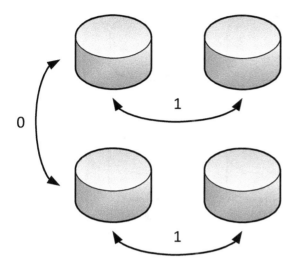

Abb. 8.7: RAID Level 10

Das ist keine so ganz einfache Anforderung, aber man hat Lösungen dafür gefunden. Wie diese aussehen, unterscheidet sich je nach Implementierung.

Die Eigenschaft, dass zwei Datenträger gleichzeitig ausfallen dürfen, erkauft man sich mit dem doppelten Speicherplatzbedarf im Vergleich zu den Nutzdaten. Obwohl man (mindestens) vier Datenträger zur Verfügung hat, erreicht man nur die doppelte Schreibperformance, denn auf die beiden verbleibenden Datenträger werden jeweils die Prüfsummenblöcke geschrieben. Jedoch kann man idealerweise die vierfache Lese-performance erzielen, wenn man z.B. von den oberen beiden Datenträgern die Daten-blöcke 1 und 2 und gleichzeitig von den unteren beiden Datenträgern die Datenblöcke 3 und 4 liest.

8.2.6 RAID Level 10

Man könnte vermuten, dass RAID Level 10 weitere, neue Verfahren zur Prüfsummenbe-rechnung o.ä. verwendet, aber das ist nicht der Fall. Eigentlich müsste man korrekter-weise RAID Level Eins-Null sagen, denn es handelt sich lediglich um eine Kombination aus Level 1 und Level 0. Daher findet man statt Level 10 auch die Bezeichnung Level 1+0. Dabei geht man so vor, wie dies in Abb. 8.7 zu sehen ist.

Man spiegelt die oberen beiden Datenträger gemäß RAID Level 1, und davon unab-hängig die unteren beiden Datenträger ebenfalls. Dann bildet man aus diesen beiden RAID-Systemen einen Stripe nach RAID Level 0.

Wegen der Spiegelung der Datenträger darf sowohl im oberen als auch im unteren RAID-1-Verbund jeweils ein Datenträger ausfallen, allerdings nicht im selben, also z.B.

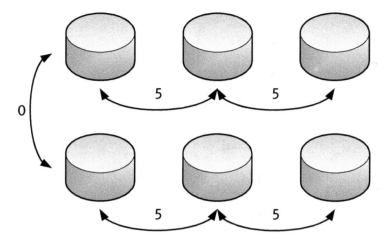

Abb. 8.8: RAID Level 50

beide untere Datenträger gleichzeitig. Daher ist die Verfügbarkeit etwas besser als bei RAID Level 1, aber nicht so gut wie bei RAID Level 6, wo zwei beliebige Datenträger ausfallen dürfen.

Bei vier Datenträgern hat man sowohl bei RAID Level 6 als auch bei Level 10 den doppelten Speicherbedarf. Allerdings gibt es auch Varianten von RAID Level 6, die z.B. 5 Datenträger ermöglichen und damit etwas speichereffizienter sind als Level 10.

Bei RAID Level 10 lassen sich idealerweise vier Datenblöcke gleichzeitig lesen, von jedem Datenträger einer. Das ist bei Level 6 ebenfalls gegeben.

Bei RAID Level 10 kann man zwei unterschiedliche Datenblöcke gleichzeitig schreiben, die anderen beiden Datenträger erhalten dieselben Daten. Auch Level 6 kann zwei Datenblöcke gleichzeitig schreiben, so dass sich Level 6 und Level 10 in der Schreibperformance eigentlich nicht groß unterscheiden sollten. Wegen der aufwändigen Prüfsummenberechnung ist Raid 6 beim Schreiben aber deutlich langsamer als RAID 10. Entsprechendes gilt für den Zeitaufwand zur Rekonstruktion beim Ausfall eines Datenträgers.

Weil Level 6 von Betriebssystemen evtl. nicht direkt unterstützt wird und man einen speziellen und teuren RAID-Controller benötigt, kann Level 10 in dieser Hinsicht einen Vorteil bieten.

8.2.7 RAID Level 50

Ähnlich wie bei RAID Level 10 kann man auch aus zwei RAID-5-Verbünden einen Stripe bilden, wie man dies in Abb. 8.8 sieht.

Auch hier kann im oberen RAID-5-Verbund ein Datenträger ausfallen und gleichzeitig im unteren RAID-5-Verbund ein weiterer. Weil man gleichzeitig vom oberen und vom unteren RAID-5-Verbund Daten lesen bzw. dorthin schreiben kann, verdoppeln sich Lese- und Schreibperformance im Vergleich zu einem einzelnen RAID-5-System. Ebenso verdoppelt sich die Anzahl der nötigen Datenträger. Wie bei RAID Level 5 benötigt man nur 50% mehr Speicherplatz anstelle des doppelten Speicherbedarfs von Level 1 bzw. Level 10.

8.3 Grenzen der RAID-Systeme

Bei allen Vorteilen der RAID-Systeme sollte man doch im Sinn behalten, dass diese keinen Ersatz für regelmäßige Backups bilden:

– Das RAID-Array als Ganzes könnte von Schäden betroffen sein. Beispielsweise könnten versehentlich Daten gelöscht oder absichtlich von einer Malware verschlüsselt werden. Oder ein Brand, eine Überschwemmung oder ein Wasserrohrbruch schädigen das gesamte RAID-System.

– Falls der Controller einen Defekt aufweist, kann dieser auf alle an ihn angeschlossenen Datenträger fehlerhafte Daten schreiben, was einem völligen Datenverlust gleichkommt.

– Falls Datenträger gleichen Typs verwendet werden, können diese dicht hintereinander ausfallen. Wenn sie von denselben Maschinen hergestellt wurden und unter denselben Umgebungsbedingungen eingesetzt werden, werden sie höchstwahrscheinlich eine ganz ähnliche Lebensdauer haben. Diesen Effekt beobachtet man z.B. auch bei Leuchtmitteln. Wenn eines davon ausfällt, folgt bald das nächste. Daher sollte man bei RAID-Systemen nicht zu lange mit dem Austausch eines defekten Datenträgers warten.

8.4 Verfügbarkeit von Software, Daten und Kommunikationsverbindungen

Bisher beschäftigte uns hauptsächlich der Ausfall von Hardware und wie man dessen Folgen reduzieren kann. Doch selbst wenn die Hardware einwandfrei funktioniert, bedeutet das noch nicht, dass man Software nutzen oder auf Daten zugreifen kann. Entsprechende Komponenten können überlastet werden, so dass sie nicht mehr für sinnvolles Arbeiten zur Verfügung stehen.

Eine wesentliche Rolle spielen dabei **DoS-** oder **dDoS-Angriffe**. Diese Abkürzungen stehen für (distributed) Denial of Service. Mögliche Schäden sind u.a. folgende:

- Produktivitätsverlust
- Umsatzeinbußen, z.B. weil über einen Online-Shop zeitweise keine Güter mehr verkauft werden können
- Imageverlust, wobei Kunden die angegriffene Website womöglich auf Dauer meiden und zur Konkurrenz abwandern können
- Bei börsennotierten Unternehmen können erhebliche Kurseinbrüche erfolgen, was den Unternehmenswert mindert.

Kriminelle setzen dDOS-Attacks mitunter ein, um Firmen zu erpressen. Dazu nutzen sie **Botnetze** aus infizierten Rechnern und internetfähigen Geräten wie IP-Cams. Auf diese Weise erreichen sie Datentransferraten, die im Bereich von Terabit pro Sekunde liegen können und womit selbst sehr leistungsstarke Hardware zeitweise blockiert werden kann.

Ein solcher Angriff beginnt im Vorfeld mit dem Aufbau eines Botnetzes. Dabei werden anfällige Systeme infiziert, worauf sie zwar noch physisch ihrem Besitzer gehören, aber in Wirklichkeit als **Bots** von Unbekannten kontrolliert werden. Diese lassen die Benutzer weiterhin mit den Geräten arbeiten, damit ihre Aktivitäten zunächst nicht auffallen.

Zur Kontrolle verwenden die Kriminellen **C&C-Server** (Command and Control Server), mit denen die Bots mit Updates versorgt werden, damit sie von Antivirensoftware nicht entdeckt werden. Außerdem werden deren Schadfunktionen durch die C&C-Server kontrolliert, z.B. welche Art von Spam- oder Phishing-Mails verbreitet werden oder gegen wen ein dDoS-Angriff durchgeführt wird.

Weil das Ziel oft von Hunderttausenden von Geräten gleichzeitig angegriffen wird, ist es extrem schwierig, sich davor zu schützen: Man kann nur schwer erkennen, ob eine Anfrage von einem Kunden kommt, der online einkaufen möchte, oder von einem Bot, der nur so tut.

8.5 Aufgaben

Aufgabe 87. Was versteht man unter Four-Nines-Availability?

Aufgabe 88. Was bedeutet MTBF?

Aufgabe 89. Was sagt die Badewannenkurve aus und welche Phasen lassen sich darin unterscheiden?

Aufgabe 90. Wie kann man verhindern, dass sich Frühausfälle und Spätausfälle auf den Einsatz eines Produkts auswirken können? Welche Vorteile hat dies?

Aufgabe 91. Wie lässt sich die Hardware-Verfügbarkeit verbessern? 5 Maßnahmen!

Aufgabe 92. Nennen Sie 4 Maßnahmen zur Verbesserung der Software-Verfügbarkeit!

Aufgabe 93. Beschreiben Sie RAID Level 5 (Mindestzahl der Datenträger, Speicherung der Daten, Rekonstruktion bei Plattenausfall, Leseperformance)!

Aufgabe 94. Worin ist RAID Level 5 dem Level 1 überlegen (2 Antworten) und wie wird dies jeweils erreicht?

Aufgabe 95. Worin ist RAID Level 6 dem Level 5 bei der Verfügbarkeit überlegen und wie wird dies erreicht? Warum bringt es nichts, zu diesem Zweck einfach denselben Prüfsummenblock auf zwei Platten zu schreiben?

Aufgabe 96. Warum ersetzen RAID-Systeme keine Backups? 2 Gründe!

Aufgabe 97. Warum nehmen dDOS-Attacks zu und welche Schäden können sie verursachen?

9 Internetsicherheit

9.1 Grundlagen

Das Internet ist aus dem täglichen Leben nicht mehr wegzudenken. Allerdings birgt es erhebliche Gefahren: Datenklau, Erpressung und Identitätsdiebstahl sind nur einige davon, oft verbunden mit Infektionen durch Schadsoftware. Wir wollen in diesem Kapitel wesentliche Gefahren betrachten und kennenlernen, wie man sich davor schützen kann.

Es gibt eine ganz wesentliche Schutzmaßnahme, die auf sehr vielen Gebieten greift: Nicht benötigte Funktionalitäten sollte man abstellen. Darin enthaltene Sicherheitslücken können dann üblicherweise nicht ausgenützt werden.

Daher sollte man sich z.B. fragen:
- Benötige ich wirklich auf jeder Webseite aktive Inhalte oder reicht es, wenn ich sie bei Bedarf aktiviere?
- Muss ich im Browser wirklich jedes coole Plugin und Addon installieren oder kann ich dazu bei Bedarf extra Software verwenden?
- Müssen bei empfangener E-Mail wirklich automatisch alle Bilder nachgeladen und Anhänge in der Vorschau geöffnet werden oder sollte ich zuerst im Einzelfall entscheiden, ob ich dem Sender vertraue?

Eine ganz wesentliche Rolle bei der Internetsicherheit spielt der Benutzer. Viele Angriffe funktionieren nicht mehr, wenn der Benutzer umsichtig handelt und mitdenkt, bevor er irgendwo draufklickt. Daher stehen Benutzerschulungen mit an erster Stelle bei der Internetsicherheit.

Zunächst sollten Regeln und Policies erstellt werden, damit überhaupt klar ist, was Benutzern erlaubt und was verboten ist. Aber Benutzerschulungen sind mehr als Anleitungen, welche Regeln es gibt und wie man sie umzusetzen hat, weil sonst Sanktionen drohen. Eine **Awareness** muss entstehen, so dass die IT-Sicherheit von den Benutzern als unternehmenswichtig angesehen wird und in ihrem Arbeitsalltag allgegenwärtig ist. IT-Sicherheitsmaßnahmen müssen praktikabel sein, sonst versucht man, sie zu umgehen.

9.2 Schadprogramme (Malware)

9.2.1 Arten

Schadprogramme oder **Malware** (von Malicious Software) ist der Oberbegriff für jede Art Software, die den Zweck hat, unerwünschte Funktionalitäten zu entfalten. Eine

https://doi.org/10.1515/9783110767186-009

mögliche Einteilung ist diejenige nach der Art der Infektion. Dabei unterscheidet man im wesentlichen folgende:
- Viren
- Würmer
- „Trojaner" (eigentlich: Trojanische Pferde)

Weil es Mischformen gibt, ist die Abgrenzung nicht immer ganz einfach. Aber oft werden fälschlicherweise und unterschiedslos sogar alle Formen von Schadsoftware pauschal als „Viren" oder als „Trojaner" bezeichnet. Außer der genannten Einteilung kann man Malware nach deren Zweck benennen, wobei es u.a. folgende Arten gibt:
- Rootkits
- Backdoors
- Ransomware
- Spyware
- Scareware
- Adware

Diese beiden Kategorien lassen sich miteinander kombinieren. Z.B. kann ein Virus ebenso wie ein Wurm oder „Trojaner" den Rechner ausspionieren, Daten verschlüsseln oder eine Hintertür im System installieren.

9.2.1.1 Viren
Definition
Viren sind Programme, die an sich erlaubte Operationen, z.B. des Betriebssystems, zweckentfremden, um sich selbst zu verbreiten. Dazu hängen sie Kopien von sich an Programme oder Dokumente an. Evtl. werden Teile davon überschrieben. Das Ganze geschieht, ohne dass der Benutzer das möchte, und oft auch, ohne dass er es zunächst bemerkt.

Zieldateien
Manche Viren befallen nur ausführbare Programme, z.B. .exe-Dateien, Gerätetreiber und Programmbibliotheken. Andere, so genannte **Makro-Viren**, infizieren Office-Dokumente, die Makros enthalten können. Eigentlich ist ein Dokument nicht ausführbar, aber Makros sind Funktionalitäten, durch die automatisiert Operationen in dem Dokument durchgeführt werden können, also eine Form von darin eingebettetem Programm. Auch .pdf-Dateien können ausführbare Inhalte enthalten und können somit befallen werden.

Verbreitung

Sobald ein infiziertes Programm gestartet bzw. Dokument geöffnet wird, sucht der Virus nach weiteren geeigneten Zielen. Ein Virus beschränkt sich dabei auf lokal erreichbare Dateien und Netzwerkfreigaben. Aber er sucht typischerweise nicht aktiv nach anderen Computern. Er ist darauf angewiesen, durch E-Mail-Anhänge, Downloads oder gemeinsam genutzte Fileshares auf andere Systeme zu gelangen.

Infektion

Ist eine Datei passenden Typs gefunden, sieht der Virus zunächst nach, ob er die Datei schon infiziert hat. Wenn ja, lässt er diese üblicherweise aus. Ansonsten kopiert sich der Virus hinein und infiziert die Datei dadurch. So genannte **polymorphe Viren** verändern sich dabei, was die Erkennung erschwert.

Üblicherweise erfolgt die Infektion so, dass bei einem Start der infizierten Datei zuerst der Virus ausgeführt wird und dann erst das eigentliche Programm. Manche Viren überschreiben die Zieldateien teilweise, so dass deren Größe unverändert bleibt. Allerdings läuft das Programm dann nicht mehr richtig. Andere Viren hängen sich an die Datei an, so dass deren Funktionalität gewahrt bleibt. Dann kann man aber durch die geänderte Dateigröße die Infektion erkennen.

Start

Der Virus versucht beim Start, weitere Programme zu infizieren. Im Extremfall können alle erreichbaren Dateien befallen werden. Auch prüft er, ob die Bedingungen für das Durchführen der Schadfunktion, der so genannten **Payload**, erfüllt sind. Das kann z.B. ein vorgegebener Zeitpunkt sein, zu dem Dateien gelöscht werden.

9.2.1.2 Würmer

Definition

Unter **Würmern** versteht man, wie schon bei den Viren, ebenfalls Programme, die sich selbst verbreiten. Das geschieht allerdings im Gegensatz zu Viren dadurch, dass sie Sicherheitslücken in Software ausnützen, also so genannte **Exploits** anwenden.

Der Wurm schlüpft also sozusagen durch ein (Sicherheits-)Loch, daher der Name. Es werden im Gegensatz zu Viren Funktionalitäten verwendet, die so nicht vorgesehen sind. Außerdem erfolgt die Verbreitung meist aktiv über Netzwerkverbindungen eines lokalen Netzwerks oder des Internets.

Aufbau

Würmer können ziemlich komplex aufgebaut sein und enthalten zumindest manche der folgenden Bestandteile:
- Angriffsvektor
- Verbreitungsmechanismus (Propagation Engine)

– Zielauswahl (Target Selection)
– Scanning Engine
– Payload
– evtl. Remote Control Interface (RCI)

Der **Angriffsvektor** wird verwendet, um in ein System einzudringen. Dabei kann es sich um z.B. folgende Mechanismen handeln:
– **Buffer Overflow Exploits**: Es werden zu viele Daten in einen Zwischenspeicher (Buffer) geschrieben, so dass dahinter liegende Daten überschrieben werden. Das kann zum ungewollten Ausführen von Code führen.
– **Network File Sharing**, z.B. SMB: Netzwerkfreigaben verwenden teils unsichere Protokolle wie SMB Version 1. Bekanntes Beispiel ist der Wurm namens Wannacry, der im Mai 2017 durch Ausnutzung einer SMB-Sicherheitslücke zahlreiche Rechner weltweit in kurzer Zeit befiel. Als Ransomware verschlüsselte er alle erreichbaren Daten und forderte Lösegeld.
– **Social Engineering**: Es werden z.B. per E-Mail oder Instant Messaging Nachrichten mit schädlichen Anhängen versendet. Sobald der Benutzer den Anhang öffnet, infiziert dieser den Rechner.
– **Parasitismus**: Manche Würmer suchen gezielt nach bereits vorhandenen Backdoors oder nach Schwachstellen in einer schon vorhandenen Infektion. Dann übernehmen sie den Rechner, der zuvor von anderen Kriminellen kontrolliert wurde.

Die **Propagation Engine** überträgt den Wurm über das Netzwerk in das Zielsystem. Dazu werden Protokolle wie HTTP, FTP oder SMB eingesetzt. Bei einfacheren Würmern ist die Propagation Engine bereits im Angriffsvektor enthalten.

Die **Zielauswahl (Target Selection)** versucht, weitere potentiell infizierbare Systeme ausfindig zu machen, z.B. durch
– E-Mail-Adressen in Adressbüchern und Dateien des befallenen Systems
– gemeinsam genutzte Netzlaufwerke (File Shares)
– Scannen des Netzwerks (lokales Netz oder Internet)
– Web-Suche, z.B. automatisiertes Google Hacking. Dabei werden Suchanfragen so konstruiert, dass Geräte oder Software mit unsicherer Konfiguration oder Sicherheitslücken gefunden werden.

Größere Würmer verfügen über eine **Scanning Engine**, die die gefundenen Systeme auf Schwachstellen untersucht. Dazu können folgende Methoden eingesetzt werden:
– **Port Scans**: Es wird geprüft, ob Ports offen sind. Die Nummer des offenen Ports erlaubt Rückschlüsse auf die dahinter laufenden Dienste und deren mögliche Sicherheitslücken.
– Herausfinden des Betriebssystems und dessen Version (**OS Fingerprinting**): Einige Exploits laufen nur auf bestimmten Betriebssystemversionen.

– **Customizing:** Der Angriffsvektor wird gemäß den gefundenen Informationen auf das Ziel abgestimmt.

Wie ein Virus verfügt auch ein Wurm über eine **Payload**, also die Schadfunktion, die sofort oder durch einen bestimmten Auslöser einsetzt.

Einige Würmer verfügen über ein **Remote Control Interface (RCI)**, durch das sie sozusagen „ferngesteuert" werden können. Es kann z.B. folgende Funktionalitäten enthalten:

– Der Wurm kann darüber Updates erhalten, um weiterhin vor Antivirensoftware verborgen zu bleiben.
– Neuinfektionen können gestartet und gestoppt werden. Wenn beispielsweise aktuelle Antivirensoftware die Malware erkennt, kann die Verbreitung vorübergehend gestoppt werden, bis der Wurm aktualisiert ist und nicht mehr entdeckt wird.
– Es können neue Angriffsvektoren, Target-Selektoren und Payloads heruntergeladen werden. So könnte ein infizierter Rechner hauptsächlich Spam verbreiten, aber vorübergehend für eine DoS-Attack eingesetzt werden. Oder er könnte bei Bekanntwerden neuer Sicherheitslücken andere Systeme als bisher infizieren.

9.2.1.3 „Trojaner"

Der Begriff **„Trojaner"** ist eigentlich unkorrekt. Richtigerweise müsste man „Trojanische Pferde" sagen, was aber ungebräuchlich geworden ist. Dabei handelt es sich um Programme, die neben der vorgeblichen und erwünschten Funktion auch verborgene Funktionalitäten aufweisen. Das kann z.B. ein Tool sein, das angeblich den Rechner schneller macht, aber nebenbei späht es Passwörter aus und übermittelt sie ins Internet.

Der Begriff kommt aus der griechischen Sage. Als die Griechen der Antike die Stadt Troja belagerten, bauten sie ein hölzernes Pferd und stellten es vor ein Stadttor. Dann zogen sie sich scheinbar zurück.

Die Einwohner Trojas (Das waren die eigentlichen „Trojaner"!) wurden neugierig und holten das Pferd in die Stadt. In der Nacht kletterten die darin verborgenen griechischen Krieger aus dem Pferd, öffneten die Stadttore und die Stadt wurde eingenommen.

Daran wird deutlich: Die „Trojaner" entsprechen den Benutzern, nicht der Schadsoftware. Die Schadsoftware dagegen entspricht dem Trojanischen Pferd. Aus Nachlässigkeit und der Kürze halber änderte sich die gängige Bezeichnung im Laufe der Jahre.

Im Gegensatz zu Viren und Würmern versucht ein „Trojaner" nicht, seine Existenz zu verstecken. Man fängt ihn sich auch nicht einfach ein. Sondern der Benutzer installiert ihn bewusst und weiß, dass die Software da ist. Er arbeitet womöglich auch mit ihr.

9.2.1.4 Rootkit

Ein **Rootkit** ist für sich gesehen nicht unbedingt eine Malware, aber sie kann diese unterstützen. Das Rootkit kann verschiedene Tools in sich vereinen, die ein Angreifer nach dem Eindringen in ein System zur Verfügung haben möchte. Charakteristisch ist aber die Möglichkeit, Dateien, Verzeichnisse und Prozesse vor dem Benutzer und sogar vor dem Betriebssystem zu verstecken und teils auch Logeinträge zu manipulieren. So erschwert es die Entdeckung einer Malware oder von Aktivitäten eines Eindringlings.

9.2.1.5 Backdoor

Eine **Backdoor** öffnet, wie der Name schon andeutet, eine „Hintertür" zum System, die über das Netzwerk erreichbar sein kann.

Die Backdoor ermöglicht es einem Angreifer, auf relativ einfache Weise in ein System einzudringen, wobei er dort üblicherweise volle Administratorrechte zur Verfügung gestellt bekommt. Backdoors können durch ein Rootkit versteckt werden, um deren Entdeckung zu verhindern.

9.2.1.6 Ransomware

Ransomware ist nach dem englischen Begriff für Lösegeld benannt und erpresst ebensolches, nachdem alle erreichbaren Daten verschlüsselt wurden. Nach Zahlung eines Geldbetrages wird, so die Versprechung, der Schlüssel zur Entschlüsselung herausgegeben. Dafür besteht aber keinerlei Garantie. Die beste Vorbeugung gegen Ransomware besteht in der regelmäßigen Anfertigung von Backups.

9.2.1.7 Spyware

Spyware dient dazu, den befallenen Rechner auszuspionieren. Gesammelt werden z.B. Passwörter, Kreditkartennummern, Firmengeheimnisse, aber auch E-Mail-Adressen. Die Daten werden auf Server im Internet hochgeladen, die unter der Kontrolle der Angreifer stehen.

9.2.1.8 Scareware

Scareware versucht, Benutzer zu verängstigen, indem sie ihn auf vermeintliche oder tatsächliche Sicherheitslücken auf dem Gerät aufmerksam machen, die teils maßlos übertrieben werden. Zur Behebung des Mangels ist ein Geldbetrag zu entrichten. Oft wird auch zur Installation eines in Wirklichkeit nutzlosen oder gar schädlichen Tools aufgefordert.

Mitunter wird auch auf vermeintlich mit dem Gerät begangene Straftaten aufmerksam gemacht und ein Foto des Benutzers präsentiert, das mit der eingebauten Kamera des Gerätes aufgenommen wurde. Zur Vermeidung schärferer Strafverfolgung soll eine Geldsumme bezahlt werden.

9.2.1.9 Adware

Eher harmlos aber nervig sind reine **Adware**-Produkte, die regelmäßig Werbung einblenden. Oft erfolgt dies als kostenlose Alternative zum Kauf einer Software.

9.2.2 Malware-Erkennung

9.2.2.1 Vorgehensweise

Das klassische Mittel zur Malware-Erkennung ist Antivirensoftware. Wobei dieser Begriff alle Arten von Malware umfasst, also auch Würmer und „Trojaner". Dabei kommen folgende Methoden zum Einsatz:
– Statische Analyse
– Dynamische Analyse (Heuristik)
– Reverse Engineering

Statische Analyse

Häufig ist die **statische Analyse** das Einzige, was eine Antivirensoftware macht. Darunter versteht man die Untersuchung einer Datei, ohne sie zu starten. Wesentliche Kriterien sind dabei folgende:
– Dateityp: Nicht jede Art von Datei ist geeignet, von Malware befallen zu werden. Hauptsächlich gefährdet sind ausführbare Dateien (Executables, Shell Scripts, Programmbibliotheken, Gerätetreiber) und verschiedene Arten von Dokumenten, die Makros enthalten können. Auch Archive wie .zip oder 7z können schädliche Inhalte enthalten.
– Virensignatur: Unter Virensignatur versteht man bestimmte Bytefolgen in einer Datei, die charakteristisch für eine Malware sind. Antivirensoftware verfügt über eine Virensignatur-Datenbank, in der die Virensignaturen für eine große Vielzahl von Malware gespeichert sind. Wenn eine Datei von der Antivirensoftware gescannt wird, dann wird geprüft, ob in der Datei eine Virensignatur enthalten ist.
– Maschinenbefehle: Manche Maschinenbefehle kommen in Malware häufiger vor als in üblichen Anwendungsprogrammen. Entsprechende Dateien sollten daher besonders sorgfältig untersucht werden.

Weil die Malware bei der statischen Analyse nicht ausgeführt wird, ist sie relativ ungefährlich. Allerdings weist sie eine Reihe von Nachteilen auf:
– Es kann damit nur bekannte Schadsoftware gefunden werden, für die bereits ein Eintrag in der Virensignatur-Datenbank existiert.
– Daraus folgt, dass die Virensignatur-Datenbank regelmäßig aktualisiert werden muss, um neuere Malware zu entdecken.

– Malware, die sich selbst verändert, führt zu einer Vielzahl von Datenbank-Einträgen, oder es müssen die Gemeinsamkeiten der Malware-Varianten herausgefunden werden.
– Wenn eine Datei zufällig eine Bytefolge enthält, die auch in Malware vorkommt, kann es zu Fehlalarmen kommen. Wird die Datei dann in Quarantäne verschoben, kann Software funktionsunfähig werden. Das ist besonders fatal, wenn es sich um wichtige Betriebssystemdateien handelt.

Wird eine neue Malware entdeckt, dann werden die eingegangenen **Malware-Samples**, also infizierte Dateien, vom Hersteller der Antivirensoftware zunächst analysiert. Dann werden bei der **Signaturerzeugung** eine oder mehrere Virensignaturen generiert, die möglichst alle Erscheinungsformen der Malware abdecken sollen.

Im Rahmen einer **Qualitätssicherung (Quality Assurance)** überprüft man, ob zum einen die Malware zuverlässig erkannt wird. Die Zahl der **False Negatives**, also der unerkannt gebliebenen Malware-Samples, soll dabei möglichst gering sein. Zum anderen darf häufig verwendete Software nicht zu Fehlalarmen **(False Positives)** führen.

Als nächstes findet die **Signatur-Verteilung (Deployment)** statt. Die Antivirensoftware schaut regelmäßig nach Updates der Virensignatur-Datenbank und lädt die neu hinzugekommenen Einträge herunter.

Dynamische Analyse
Unter **dynamischer Analyse** oder **Heuristik** versteht man Untersuchung während des Ausführens. Beispielsweise wird eine verdächtige Datei in einer **Sandbox** geöffnet. Das ist ein abgeschotteter Bereich, aus dem die Software nicht heraus kann. Aber man kann mit **Host-Analyse Tools** und **Netzwerk-Analyse Tools** beobachten, welche Operationen die Software durchführen möchte:
– Will die Software Verbindungen nach außen aufbauen?
– Sollen Veränderungen an anderen Dateien oder am Betriebssystem durchgeführt werden?
– Will sich die Software verbreiten oder Daten sammeln?

Durch die Verwendung einer Sandbox sollten eigentlich keine Schäden entstehen können, aber das ist nicht immer gewährleistet. Auch Malware-Entwickler prüfen ihre neu entwickelte Malware mit gängiger Antivirensoftware, ob sie von dieser erkannt wird. Wenn ja, versuchen sie mit geeigneten Tricks, das zu verhindern oder gar einen Ausbruch aus der Sandbox zu erreichen.

Die dynamische Analyse ist also leistungsfähiger als die statische Analyse, aber nicht ganz ungefährlich, weil die Malware bereits läuft. Außerdem kann eine dynamische Analyse beträchtliche Ressourcen in Anspruch nehmen und eignet sich hauptsächlich, um einzelne Dateien zu untersuchen.

Reverse Engineering

Statische und auch dynamische Analyse können auf dem Rechner des Anwenders, aber auch bereits im Vorfeld beim Hersteller der Antivirensoftware eingesetzt werden. Dagegen eignet sich das **Reverse Engineering** eigentlich nur zur Analyse von Malware-Samples beim Hersteller der Antivirensoftware.

Beim Reverse Engineering wird das Malware-Sample auf seine Funktionsweise untersucht, wobei weitere Varianten der statischen und dynamischen Analyse zum Einsatz kommen. Typische Werkzeuge der statischen Analyse sind dabei Decompiler und Disassembler.

– Ein **Decompiler** versucht, ausführbare Programme zurück in die zugrunde liegende Hochsprache zu übersetzen, z.B. nach C oder C++. Dadurch wird es leichter analysierbar.

– Ein **Disassembler** geht nicht so weit und stellt den Code lediglich in Assembler-schreibweise dar.

Ein verbreitetes Werkzeug zur dynamischen Analyse ist der **Debugger**. Mit ihm wird ein Programm Schritt für Schritt ausgeführt, wobei man sehen kann, was jeder einzelne Maschinenbefehl oder jedes einzelne Unterprogramm macht.

Der Nachteil des Reverse Engineerings ist, dass man es nur schwer automatisieren kann. Erfahrene Experten führen die Analyse in mühevoller Kleinarbeit durch, was langwierig und oft sehr schwierig ist. Jedoch kann Reverse Engineering erforderlich sein, um passende und umfassende Virensignaturen für eine Malware zu erzeugen.

9.2.3 Selbstschutz von Malware

Werfen wir nun einen Blick darauf, wie Malware versucht, der Entdeckung zu entgehen. Diese Verfahren sind unter dem Begriff **Obfuscation** (Verschleierung) bekannt. Darunter fallen Techniken wie die folgenden:

– Verwendung unauffälliger Dateinamen, die bereits andernorts auf dem System vorkommen.

– Verwendung kryptischer, nichtssagender Dateinamen.

– Verstecken von Dateien durch entsprechende Wahl von Dateiattributen.

– Verstecken von Prozessen oder Netzwerkverbindungen.

– **Selbstverschlüsselung**: Am Anfang der Malware befindet sich ein kleiner Entschlüsselungsalgorithmus. Sobald er aufgerufen wird, entschlüsselt er den Rest der Malware, wonach sie ausgeführt werden kann. Die Malware-Entwickler verwenden zu diesem Zweck oft fertig erhältliche **Crypter**. Die Verschlüsselung kann bereichsweise auf unterschiedliche Art erfolgen. Der Schlüssel kann sich abhängig von Bedingungen ändern.

– Anstelle oder zusätzlich zu einer Verschlüsselung kann auch eine eine Art Umcodierung oder Datenkompression zum Einsatz kommen. Dies soll die Erkennung und Analyse der Malware erschweren. Bei Datenkompression wird der Code außerdem kompakter und damit unscheinbarer. Entsprechende Tools sind unter dem Namen **Packer** bekannt. Sie verwenden Verfahren wie Zip, XOR-Verknüpfungen, Base64-Codierung oder ROT13. Code und Daten können mehrfach hintereinander mit unterschiedlichen Methoden gepackt werden.

- **Polymorphismus:** Eine Malware, die Verschlüsselung oder Komprimierung einsetzt, verwendet dafür zunächst immer denselben Algorithmus. Daran ist die Malware erkennbar. Im Unterschied dazu ändert polymorphe Malware auch diesen Algorithmus ab, z.B. durch Operationen, die im verschlüsselten Bereich enthalten sind. Es können beispielsweise Befehle in ihrer Reihenfolge vertauscht werden.
- **Metamorphismus:** Hierbei wird eine Metasprache eingesetzt, aus der der lauffähige Code auf verschiedene Arten erzeugt wird. Dazu werden unterschiedliche Packer eingesetzt, und unterschiedliche Maschinenbefehle, die letztlich dasselbe machen. Es wird also nicht nur die Reihenfolge umgestellt. Der lauffähige Code kann ferner für unterschiedliche Zielplattformen generiert werden. Metamorphe Malware kann üblicherweise nur durch Heuristiken erkannt werden, aber nicht durch rein statische Analyse.
- **Anti-Sandboxing Techniken:** Die Malware prüft, ob sie in einer Sandbox oder in einer virtuellen Maschine läuft. Weil die Malware-Analyse häufig in einer solchen Umgebung erfolgt, deaktiviert sich die Malware in einem solchen Fall, um einer Entdeckung zu entgehen.
- **Anti-Debugging:** Die Malware testet, ob ein Debugger aktiv ist und unterbricht gegebenenfalls die Debugging-Session. Außerdem wird der Code so geschrieben, dass er schwer zu debuggen ist.
- **Anti-Detection:** Die Malware sucht nach laufenden Virenscannern und versucht diese zu deaktivieren oder zu manipulieren. Man spricht dabei auch von **Retroviren**.

9.2.4 Malware-Baukästen (Malware Factory)

Im Internet, insbesondere im Darknet, findet man Toolkits, mit denen man ohne großes Fachwissen seine eigene Malware erzeugen kann. Darin enthalten sind oft die oben erwähnten Selbstschutz-Mechanismen, u.a. buchstäblich Tausende unterschiedliche Packer.

Die fertige Malware kann meist in eine beliebige Träger-Software eingebunden werden, um diese zu trojanisieren. Um die Infektion von Testrechnern mehrfach ausprobieren zu können, kann die Malware kann beliebig entfernt werden. Ferner werden Testmöglichkeiten angeboten, um zu prüfen, ob die soeben erstellte Malware von Antivirensoftware unerkannt bleibt.

Je nach Funktionsumfang können die Malware-Baukästen oder deren Erweiterungs-
module kostenpflichtig sein. Das zielt auf Kriminelle ab, die durch die Verbreitung der
Malware verschiedene Arten von Cybercrime begehen wollen.

Weil die Malware-Baukästen aus dubioser Quelle stammen, kann man nicht ausschließen, dass versteckte Funktionalitäten enthalten sind und man als deren Benutzer
auch den eigenen Rechner infiziert.

9.2.5 Maßnahmen gegen Malware

Eine klassische Maßnahme gegen Malware ist der Einsatz von Antivirensoftware. Doch
dies ist inzwischen nicht mehr ganz unstrittig. Man sollte im Sinn behalten, dass neue
Malware von den meisten Virenscannern anfangs nicht erkannt wird. Zunächst muss
die Malware entdeckt werden, dann zum Hersteller der Antivirensoftware gelangen und
dort analysiert werden. Dann ist eine passende Virensignatur zu erzeugen, die auf die
Clients zu verteilen ist. Erst dann ist ein Client vor der Malware geschützt. Inzwischen
können mehrere Tage vergehen, in denen sich die Malware beliebig verbreiten kann.

Außerdem ist manche Antivirensoftware in die Kritik geraten: Antivirensoftware
läuft mit sehr hohen Berechtigungen auf dem System und ist mitunter hochkomplex.
Wenn in ihr Sicherheitslücken enthalten sind, können diese durch Malware ausgenützt
werden, so dass Antivirensoftware ein Einfallstor darstellen kann.

Außerdem stellte sich heraus, dass Antivirensoftware nicht immer so sorgfäl-
tig programmiert wurde, wie man es erwarten würde. Teilweise werden Standard-
Sicherheitsmechanismen nicht genutzt. Daher gibt es Stimmen, die vom Einsatz von
Antivirensoftware abraten.

Die Entwicklungen auf diesem Gebiet sollten sorgfältig beobachtet werden. Es
bleibt zu hoffen, dass sich die Sicherheit der Antivirensoftware verbessert. Zumindest zeigt diese Entwicklung, dass man sich nicht allein auf seine Antivirensoftware
verlassen sollte.

Ganz wesentlich ist, dass Internet-Nutzer mitdenken, was eine gewisse Schulung
und Awareness voraussetzt. Das betrifft besonders E-Mails als Einfallstor für Malware:
- Kenne ich den Absender? Wenn nicht, warum und wie sollte er mir eine E-Mail
  schicken?
- Habe ich tatsächlich etwas dort bestellt?
- Würde die Firma X, die ich nur privat nutze, tatsächlich diese geschäftliche E-Mail-
  Adresse von mir verwenden?

Man sollte nicht auf Links in E-Mails klicken! Im Zweifelsfall könnte man die Webadres-
se des vermeintlichen Absenders direkt in den Web-Browser eingeben, wie man es
sonst auch macht. Dann kann man dort nachsehen, ob alles o.k. ist.

Benutzer sollten sich im klaren sein, dass ein einziger infizierter PC, z.B. ihr eigener, ausreichen kann, um im Extremfall ein ganzes Unternehmensnetz von innen zu infizieren.

Weitere Maßnahmen sind z.B. die folgenden:

- Nicht jedes Betriebssystem und jede Anwendung sind gleichermaßen von Malware betroffen. Daher sollten weniger anfällige Alternativen geprüft werden.
- Es sollte zeitgemäße Software eingesetzt werden, die fortlaufend mit Sicherheitspatches versorgt wird.
- Sicherheitslücken sollten zeitnah durch Patches geschlossen werden, sobald und sofern diese verfügbar sind.
- Sollten manche Clients veraltete Software benötigen, z.B. weil keine neuere Software erhältlich ist oder eine sehr hohe Neuinvestition erforderlich wäre, dann sollten solche potentiell gefährdeten Systeme möglichst gut vom Rest des Unternehmens abgeschottet werden, z.B. durch ein separates Produktionsnetz, das keine direkte Verbindung nach außen hat. Vorhandene Schnittstellen, z.B. USB, sollten besonders restriktiv konfiguriert werden.
- Privatgeräte im Unternehmensnetz sollten entweder untersagt werden, oder man sollte eine Lösung zu deren sicherem Betrieb einsetzen, z.B. **NAC** (Network Access Control) und/oder **MDM** (Mobile Device Management).
- Es sollte keine Installation von Anwendungen auf Clients möglich sein, außer durch die Administratoren.
- Regelmäßige Backups sollten vorgenommen werden.
- Für alle erwähnten Punkte sollten verpflichtende Regelungen erstellt werden.

9.3 Botnetze

Ein **Botnetz** wird aus einer Menge von Computern oder anderen netzwerkfähigen Geräten, den **Bots** oder **Zombies**, gebildet, die sich unter der Kontrolle Unbefugter befinden. Diese kompromittieren die Geräte meist mit Hilfe von Malware und kontrollieren sie aus der Ferne.

De facto gehört das Gerät dann zwar noch physisch seinem Besitzer, aber die eigentliche Kontrolle liegt bei dem Betreiber des Botnetzes. Dieser lässt den Besitzer noch mit dem Gerät arbeiten, damit die ganze Sache nicht auffliegt.

9.3.1 Zweck der Botnetze

Botnetze können aus Hunderttausenden von Geräten bestehen und werden üblicherweise für Aktivitäten verwendet, die der Besitzer bzw. Nutzer nicht möchte und von denen er meistens nichts bemerkt. Dazu können folgende Aktivitäten zählen:

- Verbreitung von Spam: Der Bot bringt einen eigenen kleinen Mailserver mit, über den er Spam-Mails an verschiedenste Empfänger versendet. Der Inhalt des Spams und die Empfänger werden vom Betreiber des Botnetzes vorgegeben.
- Verbreitung von Malware: Per E-Mail oder auf anderem Wege wird versucht, andere Geräte zu infizieren und so dem Botnetz weitere Bots hinzuzufügen.
- DDos-Attacks: Das Botnetz sendet auf ein Kommando hin Massen von Datenpaketen an ein Ziel, das dadurch überlastet werden soll.
- Brechen von Passwörtern und Verschlüsselung: Die Bots haben in der Summe eine beträchtliche Rechenleistung. Dadurch können in relativ kurzer Zeit Berechnungen durchgeführt werden, die mit einem einzelnen Gerät Jahre dauern würden. So können selbst relativ starke Passwörter ermittelt werden.
- Mining von Kryptowährungen: Die Erzeugung von neuen Bitcoins oder manchen anderen Kryptowährungen ist ein sehr rechenintensiver Prozess, der durch die Vielzahl der beteiligten Geräte beschleunigt werden kann.
- Sammeln von Informationen über Benutzer: Grundsätzlich kann ein Botnetz alle Funktionalitäten aufweisen, die eine beliebige Malware haben kann. Eine davon ist die Aktivität als Spyware, z.B. zur Wirtschaftsspionage.
- Ablage für illegale Daten: Raubkopien und andere illegale Daten werden von den Tätern in der Regel nicht auf eigenen Systemen, sondern auf denen Unbeteiligter zur Verbreitung abgelegt, um es Strafverfolgungsbehörden zu erschweren. Die nichtsahnenden Besitzer der Bots können dadurch in beträchtliche Erklärungsnöte gelangen.
- **Klickbetrug:** Inserenten bezahlen den Betreibern einer Website häufig für jeden Klick auf ihre Werbung einen kleinen Beitrag. Es kann nur schwer festgestellt werden, ob ein Bot oder ein „richtiger" Interessent auf die Werbung geklickt hat. So kann der Betreiber der Website mitunter beträchtliche Summen erschwindeln.

Die Schätzungen, wie viele der PCs und Mobilgeräte in Deutschland Teil eines Botnetzes sind, gehen weit auseinander und reichen von ca. 10% bis über 50%. Immer häufiger werden auch Embedded Systems befallen, z.B. IP-Cams, die in der Regel eine gute Internetanbindung besitzen, oft schlecht abgesichert sind und sich so sehr gut als Bots eignen. Aber auch Drucker und Multifunktionsgeräte sind zunehmend betroffen. Ein großes Problem stellt die mangelhafte Versorgung solcher Geräte mit Sicherheitsupdates dar. Selbst wenn solche verfügbar sind, werden sie oft nicht eingespielt, so dass auch uralte Sicherheitslücken über etliche Jahre hinweg ausnützbar bleiben.

9.3.2 Struktur

Die Bots eines Botnetzes werden durch einen **Botmaster** oder **Botnet-Operator** kontrolliert. Das ist die Person, die das Botnet administriert. Der Botmaster bedient sich dazu mindestens eines **Command & Control Servers**, kurz **C&C Server**. Das ist das System, über das die Kontrolle erfolgt.

Der C&C Server verteilt die Arbeit und nimmt die Ergebnisse entgegen. Außerdem sorgt er für Updates der Bots, damit diese nicht so leicht von Antivirensoftware entdeckt werden.

Außer einer solchen zentralen Struktur, die nur einen einzigen C&C Server verwendet, gibt es auch noch eine dezentrale oder **Peer-to-Peer-Struktur**, bei der jeder Client gleichzeitig C&C-Server sein und das ganze Botnet steuern kann. Ferner gibt es hybride Strukturen, wo es einen zentralen C&C-Server gibt, aber auch jeder Bot zur Steuerung des ganzen Botnets eingesetzt werden kann. Oder wo mehrere zentrale C&C Server sich die Arbeit teilen.

Diese Strukturen unterscheiden sich in ihrem Aufwand und auch darin, wie leicht das ganze Botnetz bei Entdeckung ausgeschaltet werden kann.

9.3.3 Gegenmaßnahmen gegen Botnetze

Wenn ein Botnetz entdeckt wurde, wird man es vom Netz nehmen wollen. Zuvor wird es evtl. eine Zeitlang beobachtet, um genauere Informationen über die Funktionsweise, den Zweck und die Hintermänner zu gewinnen.

Weil ein Botnetz von dem oder den C&C-Servern gesteuert wird, müssen diese möglichst alle identifiziert und dann deaktiviert werden. Die Bots bleiben also in der Regel infiziert, denn man kann und darf nicht die Rechner Unbeteiligter verändern. Falls dabei C&C-Server übersehen werden, kann zumindest ein Teil des Botnetzes weiterexistieren. Womöglich kann es sogar die Kontrolle über einige der „herrenlosen" Bots zurückerlangen.

Wenn man einen C&C-Server nicht physisch deaktivieren kann, dann womöglich logisch, indem man seinen Domainnamen und / oder seine IP-Adresse blockiert. **DNS** (Domain Name System) setzt den Domainnamen in eine IP-Adresse um.

Man könnte auch versuchen, den Botmaster ausfindig zu machen und rechtlich gegen ihn vorgehen. Das kann sich aber schwierig gestalten, je nach Rechtssituation an seinem Aufenthaltsort.

9.3.4 Abwehrmechanismen der Botnetz-Betreiber

Botnetzbetreiber wollen die Zerschlagung ihres Botnetzes verhindern und wählen z.B. einen Provider, der ihre kriminelle Machenschaften duldet.

Oder sie verwenden **Dynamic DNS (DDNS)**. Das bedeutet, die C&C-Server ändern ihre IP-Adressen alle paar Minuten, wobei DDNS sie erreichbar hält.

Eine weitere Technik ist **Fast Fluxing**. Dabei liefern DNS-Anfragen die IP-Adressen für eine gewisse Menge von Flux Agents. Diese leiten dann den Datenverkehr an die C&C-Server weiter.

Domain Generation Algorithms (DGA) sorgen dafür, dass die C&C-Server nicht immer unter demselben Domainnamen erreichbar sind, sondern dieser wird nach einem bestimmten Algorithmus erzeugt und ändert sich periodisch. Dabei werden die Domainnamen möglichst schwer vorhersagbar erzeugt, und es kann sich um hunderttausende pro Tag handeln.

Der Botmaster kennt den Algorithmus. Er erzeugt die nächsten Domainnamen für den C&C-Server im voraus und informiert die Bots darüber. Diese schalten dann zur gegebenen Zeit auf den neuen Domainnamen um. Der Algorithmus kann auch in den Bots eingebaut sein, was aber eine Analyse erleichtert.

Wegen der Vielzahl der Domainnamen und deren schneller Änderung kann man den C&C-Server nur schwer vom Netz nehmen oder auf eine Blacklist setzen.

Die DGAs haben aber auch gewisse Nachteile für den Botnetz-Betreiber:
- Manche Bots schalten nicht oder nicht rechtzeitig um. Dadurch ergibt sich ein hoher Netzwerkverkehr der Bots zu Domains, die nicht mehr existieren.
- Solcher Netzwerkverkehr lässt sich entdecken und die Bots lassen sich dadurch identifizieren.
- Es könnte auch ein Reverse Engineering des Algorithmus vorgenommen werden, besonders wenn dieser in den Bots enthalten ist. Dann könnte man den künftigen Domainnamen eines C&C-Servers vorhersagen. Dieser Domainname könnte nun im voraus registriert werden, so dass jemand anderer die Kontrolle über das Botnetz erhält.

9.4 E-Mail, Spam und Phishing

9.4.1 E-Mail-Prinzip

Als die E-Mail erfunden wurde, verschwendete man wenig Gedanken auf die Sicherheit. Man wollte ein Nachrichtenmedium, das auch beim Ausfall einiger Kommunikationsverbindungen noch funktionieren würde und das möglichst einfach zu realisieren wäre.

Heraus kam ein Medium, das man eher mit einer Postkarte als mit einem Brief vergleichen kann. Überall, wo eine E-Mail auf ihrem Weg durch das Internet vorbeikommt, kann man sie problemlos lesen, kopieren oder verändern.

Man kann sogar beliebige Absender eintragen und im Namen eines Anderen E-Mails versenden. Wenn ein Vorgesetzter eine beleidigende E-Mail vermeintlich von einem Untergebenen bekommt, dann mag dieser nur schwer verdeutlichen können, dass er die E-Mail gar nicht geschrieben hatte.

Man weiß auch nie so genau, welchen Weg eine E-Mail nimmt. Wenn der Sender oder der Empfänger sein E-Mail-Konto bei einem Betreiber im Ausland hat, dann geht die E-Mail über Ländergrenzen hinweg, evtl. sogar mehrfach. Jedesmal kann sie automatisch ausgewertet werden.

Das Prinzip ist folgendes: Auf dem Weg durch das Internet wird eine E-Mail von einem **MTA** (Mail Transfer Agent) zum nächsten weitergereicht. Wenn eine Verbindung Richtung Ziel ausgefallen oder stark ausgelastet ist, nimmt die E-Mail einen Umweg.

MTAs können für alle E-Mails, die durchgeleitet werden, eine Reihe von Informationen protokollieren, insbesondere
- die Absenderadresse der E-Mail
- die Empfängeradresse
- Datum und Uhrzeit

Dadurch können für beliebige Sender und Empfänger von E-Mails Kommunikationsprofile aufgestellt werden. Es lässt sich dadurch herausfinden, wer mit wem wie oft kommuniziert und wie gut oder wie lose der Kontakt zwischen den Beteiligten somit ist. Auch Arbeitszeiten lassen sich herausfinden. Je höher der Prozentsatz der E-Mails ist, der von den Beteiligten über den betreffenden MTA läuft, desto genauer die Ergebnisse.

E-Mail-Provider haben als MITM somit im Prinzip recht vollständige Überwachungsmöglichkeiten ihrer Kunden. Entsprechendes gilt für Unternehmen, die eigene Mailserver betreiben. Einzig die gesetzlichen Randbedingungen setzen hier Grenzen.

E-Mails können aus rein technischer Sicht beliebig lange archiviert werden. Während der Informationswert einer einzelnen E-Mail begrenzt ist, können sie in ihrer Summe eine interessante Datenbasis für Wirtschaftsspione bilden. Es wäre daher ein Trugschluss anzunehmen, dass E-Mail-Server unkritisch seien und daher kein besonderer Wert auf sichere Konfiguration und auf die Qualifikation der Administratoren gelegt werden müsste.

9.4.2 Infizierte E-Mails

Wir hatten bereits in Kapitel 9.2 kennengelernt, dass Malware häufig durch E-Mails verbreitet wird. Daher sollte man sorgfältig aufpassen, welche Anhänge in E-Mails man öffnet und auf welche Links man klickt.
- Leicht zu entdecken sind eher primitive Varianten infizierter E-Mails in englischer Sprache, von unbekannten Absendern und mit unspezifischem Inhalt.
- Immer öfter findet man gefälschte E-Mails mit unternehmenseigener Absenderadresse, deren Absender angeblich Faxgeräte, Kopierer oder Scanner sind. In so einem Falle sind auch englische Betreffs und kryptische Dateinamen einigermaßen plausibel, so dass man besonders vorsichtig sein sollte. Vorbeugen lässt sich, indem in Multifunktionsgeräten die Dateinamen vorkonfiguriert werden, so dass

sie leicht als aus dem eigenen Unternehmen stammend wiedererkannt werden können.

– Zunehmend wird in infizierten E-Mails deutsche Sprache verwendet und es werden konkrete Angaben über den Inhalt gemacht. Die E-Mails scheinen von real existierenden Firmen zu stammen, die damit aber gar nichts zu tun haben. Es wird sogar das richtige Layout eingesetzt.

– Noch eine weitere Steigerungsstufe sind E-Mails, die vermeintlich von tatsächlichen Geschäftspartnern oder dem eigenen Unternehmen stammen und eine persönliche Anrede verwenden. Durch solche gezielten Angriffe wurden bereits Mitarbeiter dazu gebracht, beträchtliche Summen ins Ausland zu überweisen, weil sie dachten, ein Vorgesetzter verlange dies unter dem Siegel der Verschwiegenheit. Ein einfacher Rückruf bei dem Vorgesetzten hätte den Schwindel auffliegen lassen.

Manche Malware durchsucht Dateien des befallenen Rechners nach E-Mailadressen, z.B. die lokalen Adressbücher. Dann trägt die Malware als Absender und als Empfänger irgendwelche dieser gefundenen E-Mailadressen ein, denn wenn zwei Personen im selben Adressbuch stehen, kennen sie sich vielleicht. Dann wird die infizierte E-Mail versendet.

Der Empfänger öffnet die infizierte E-Mail wahrscheinlich, wenn er den Absender kennt, worauf die Malware seinen Rechner befällt. Wird der vermeintliche Absender beschuldigt, dass von ihm eine infizierte E-Mail verschickt wurde, dann trifft es den Verkehrten. Er hatte nur das Pech, bei einem infizierten Rechner im Adressbuch zu stehen. Der eigentliche Absender der infizierten E-Mail bleibt verborgen.

9.4.3 Verbreitung von Spam

Als **Spam** bezeichnet man grob gesagt alle Arten von unerwünschten E-Mails, insbesondere mit Werbung. Manche Schätzungen gehen davon aus, dass über die Hälfte des E-Mail-Verkehrs aus Spam besteht.

Man mag sich fragen, warum Spam so verbreitet ist. Das zeigt eine einfache Rechnung. Angenommen, ein Botnetz-Betreiber verlangt für den Versand von 1 Million Spam-Mails eine Summe von $100.-. Sein Botnetz versendet pro Tag 10 Millionen Spam-Mails, was eine eher niedrige Schätzung ist. Dann sind das Einnahmen von $1000.- pro Tag oder $365.000.- im Jahr. Größere Botnetze können leicht ein Vielfaches davon versenden und kosten den Betreiber fast nichts, so dass dieser ein großes Interesse am Spamversand hat.

Auch für den Auftraggeber ist der Spamversand ein gutes Geschäft. Die Kosten für den Spamversand liegen bei weniger als einem Tausendstel der Kosten von Werbebriefen. Entsprechend wenig Rücklauf genügt bereits, damit es sich für ihn rechnet.

Wenn man davon ausgeht, dass täglich etwa 10 Milliarden Spam-Mails verschickt werden, dann ergibt sich daraus ein Geschäft von mehreren Hundert Millionen Dollar pro Jahr.

Doch woher bekommen Spammer die E-Mail-Adressen der Empfänger? Dazu gibt es eine Reihe von Möglichkeiten:

- Mehr oder weniger frei zugängliche Quellen wie Webseiten, insbesondere von Foren und Newsgroups, sowie soziale Netzwerke werden nach E-Mail-Adressen gescannt.
- Andere E-Mail-Adressen können von Spyware eingesammelt worden sein.
- Die so gewonnenen E-Mail-Adressen können nun auf Verdacht erweitert werden: Wenn es die E-Mail-Adresse A@B.de bei Provider B.de gibt, dann existiert vielleicht auch A@C.de und A@D.de, usw.
- Weitere potentielle E-Mail-Adressen gewinnt man, indem man alle Zeichenkombinationen bis zu einer gewissen Länge durchprobiert und gängige E-Mail-Provider dahinter setzt.
- Alternativ oder zusätzlich kauft sich der Spammer eine Liste mit E-Mail-Adressen im Darknet.

Sobald die Adressdatenbank aufgebaut ist, beginnt der Spammer mit dem Probeversand von Nachrichten. Aus der Reaktion des Mailservers kann der Spammer automatisiert schlussfolgern, ob eine E-Mail-Adresse existiert. Nicht-existente entfernt er wieder aus der Datenbank.

Wenn es eine E-Mail-Adresse gibt, heißt das noch nicht, dass sie auch aktiv genutzt wird. Daher werden in die Spam-Mails oft Bilder eingebaut, die beim Öffnen der E-Mail automatisch nachgeladen werden. Daran kann der Spammer erkennen, dass das E-Mail-Konto tatsächlich verwendet wird. Wie lange es bis zum Öffnen der E-Mail gedauert hat, gibt Aufschluss darüber, wie intensiv das Konto genutzt wird.

In die Spam-Mails werden Links eingebaut, teilweise mit der Aufforderung „Hier klicken, wenn Sie keine Werbung mehr erhalten wollen". Klickt der Benutzer auf einen solchen Link, weiß der Spammer, dass der Benutzer töricht genug für weitere Attacken ist und wird den Benutzer mit noch mehr Spam eindecken.

Weil Spam-Filter mittlerweile gängige Praxis sind, versuchen Spammer mit verschiedenen Methoden, den Spam schwerer erkennbar zu machen. Das können immer neue Wortlaute der Spam-Mails sein, oder auch unsichtbare Zeichen und die Verwendung von Text, der in Grafiken eingebaut wird.

9.4.4 E-Mail-Gefahren

Wir hatten bereits folgende E-Mail-Gefahren kennengelernt:

- Mitlesen, kopieren oder verändern durch Unbefugte
- Spoofing des Absenders

- Erstellung von Kommunikationsprofilen
- Überwachung durch dauerhafte Speicherung von Inhalten
- Wirtschaftsspionage bei schlecht abgesicherten Mail-Servern
- Einschleppen von Malware-Infektionen

Hinzu kommen u.a. die folgenden:

Phishing

Der Empfänger einer Phishing-Mail soll unter einem Vorwand auf einen Link in der E-Mail klicken, z.B. um die Benutzerdaten bei seiner Bank zu aktualisieren. Der Link führt aber nicht dorthin, sondern zu einer täuschend ähnlichen Website unter der Kontrolle des Angreifers. Sobald sich der Benutzer dort anmeldet, gelangen seine Zugangsdaten in die Hände von Unbefugten.

Mail Bombing

Darunter versteht man das Zumüllen eines E-Mail-Postfachs mit unter Umständen Tausenden unsinniger E-Mails.

Fehlleiten von E-Mail aus ganzen Domänen durch Fehlkonfiguration

Das Unternehmen B habe eine Domain a.b.de für seinen Standort A. Versehentlich trägt der Administrator statt dessen b.a.de im E-Mailserver ein. Dann landen unter Umständen Gigabytes von E-Mails, die unternehmensintern hätten bleiben sollen, beim Betreiber der Domain a.de.

Verlust der E-Mail bei der Übertragung

Es besteht keine Gewähr dafür, dass eine E-Mail tatsächlich beim Empfänger ankommen muss. Falls der E-Mailserver überlastet ist oder die E-Mail einen zu großen Anhang hat, kann diese unter Umständen verloren gehen.

Aufgegebene Accounts

Angenommen, man hatte bisher die E-Mail-Adresse a@b.de, weil man einen Mobilfunkvertrag beim Anbieter b.de hatte. Nun wechselt man den Anbieter und ist kein Kunde von b.de mehr. Was passiert dann mit der E-Mail-Adresse?

Vermutlich wird sie nach einer gewissen Zeit wieder frei verfügbar. Jemand anderer, der diese Adresse wählt, bekommt dann E-Mails, die für den Vorbesitzer bestimmt sind. Das können z.B. Antworten auf frühere Bewerbungen oder von alten Bekannten sein. Oder auch Werbung von Firmen, bei denen man ein längst vergessenes Benutzerkonto hat.

Meist reicht es zum Rücksetzen eines Passworts, dass man die richtige E-Mail-Adresse hat, und der neue Besitzer der E-Mail-Adresse kann dann alle Daten einsehen oder gar kostenpflichtige Bestellungen tätigen.

9.4.5 Schutzmaßnahmen

Die wichtigsten Schutzmaßnahmen gegen E-Mail-Risiken seien hier zusammengefasst:
- Man sollte keine vertraulichen Inhalte per E-Mail über das Internet versenden. Innerhalb des Unternehmensnetzes könnte das anders gehandhabt werden, weil die E-Mails das eigene Netz nicht verlassen. Dann sollten für das Unternehmensnetz passende Schutzmaßnahmen vorhanden sein.
- Für dringende Inhalte oder solche, die in jedem Falle ankommen sollen, ist E-Mail nur bedingt geeignet. Dafür gibt es zuverlässigere Medien. Zwar funktioniert es meistens, aber es können bisweilen Verzögerungen auftreten oder E-Mails können ganz verloren gehen.
- Vertrauliche Daten sollten mit einem als sicher eingestuften Tool verschlüsselt werden. Die Passphrase ist hinreichend lang zu wählen, z.B. 16 Zeichen, und nach den Kriterien für sichere Passwörter zu gestalten.
- Benutzer sollten beim Umgang mit E-Mail Umsicht walten lassen und überlegen, bevor Anhänge geöffnet werden oder auf enthaltene Links geklickt wird.
- Seine E-Mail-Adresse sollte man nicht frei zugänglich machen, indem man sie z.B. auf eine Webseite schreibt. Dort könnte sie automatisiert abgegriffen werden. Statt dessen könnte man besser ein Kontaktformular vorsehen.

9.5 Aktive Inhalte

Unter **aktiven Inhalten** versteht man Code, der in Webseiten auf einem Webserver enthalten ist, aber auf dem Client-Rechner des Benutzers ausgeführt wird. Dadurch werden Ressourcen auf dem Webserver eingespart. Bekannte aktive Inhalte sind Java-Applets, JavaScript und damit AJAX, sowie auf älteren Systemen womöglich auch noch ActiveX oder Flash.

9.5.1 Gefahren

Mit anderen Worten: Ein Programm, das ein Unbekannter im Internet geschrieben hat, läuft auf dem eigenen Rechner. Das macht deutlich, dass gewisse Schutzmaßnahmen erforderlich sind, die je nach Art der aktiven Inhalte mehr oder weniger gut umgesetzt sind. Davon unabhängig können Sicherheitslücken die Umgehung von Sicher-

heitsmechanismen ermöglichen. Außerdem können an sich erlaubte Funktionalitäten zweckentfremdet werden. Beispiele:
- Aktive Inhalte dienen dazu, Ressourcenbedarf vom Webserver zum Client zu verlagern. Entsprechend können Speicherplatz und Rechenzeit des Clients für ungewollte Aktivitäten zweckentfremdet werden, z.B. für das Knacken von Passwörtern oder für das Mining von Kryptowährungen.
- Die Menge der angeforderten Ressourcen kann so groß sein, dass der Rechner extrem langsam wird oder gar abstürzt, z.B. durch das Öffnen einer Vielzahl von Fenstern.
- Es kann ein z.B. 1x1 Pixel großes Browser-Fenster geöffnet werden. Dieses Fenster ist für den Nutzer nicht erkennbar, aber es ist ein vollwertiges Browser-Fenster mit allen dessen Möglichkeiten. Beispielsweise könnte es ungewollt verschiedene evtl. bösartige Internetadressen ansteuern. Je nach Abgrenzung der Browserfenster untereinander könnte es auch auf deren Daten zugreifen und z.B. alle besuchten Webseiten erfassen.
- Dem Benutzer können falsche Informationen vorgespiegelt werden. Beispielsweise können angezeigte Links oder das ganze Aussehen einer Webseite so verfälscht werden, dass der Benutzer meint, mit seiner Bank zu kommunizieren, während seine vertraulichen Daten in Wirklichkeit woanders hin gelangen.

9.5.2 Maßnahmen

Es gibt einige mehr oder weniger hilfreiche Maßnahmen, um die Sicherheit von aktiven Inhalten zu verbessern. Hier eine Auswahl:
- Nutzer sollten geschult und besonders auf die Gefahren aktiver Inhalte hingewiesen werden.
- Am besten sollten aktive Inhalte nur auf vertrauenswürdigen Websites aktiviert werden und nur solange man sie benötigt. Es gibt dazu Browser-Addons, mit denen man entsprechende Einstellungen vornehmen kann. Erst dann bemerkt man oft, wie viele andere Quellen von einer Website eingebunden werden, um z.B. Werbung einzublenden und das Benutzerverhalten Website-übergreifend zu erfassen.
- Außer den individuellen Einstellungen am Client könnte man auch Firewalls einsetzen, die aktive Inhalte herausfiltern, insbesondere vor Netzsegmenten mit sensiblen Daten.
- Ältere Browser weisen eine erheblich geringere Sicherheit auf als neuere. Es sollten daher immer aktuelle Browserversionen eingesetzt werden. Allerdings sollten diese zugleich ausgereift sein, also z.B. keine Betaversionen.
- Insbesondere wenn Websites nicht vertrauenswürdig sind, sollte man nicht wahllos auf Buttons drücken. Man weiß nie, welche Aktionen tatsächlich damit verbunden sind.

–   Am besten sichert man vor dem Surfen im Internet wichtige geöffnete Dokumente, für den Fall, dass der Rechner unerwartet abstürzt.

9.6 Schutzmaßnahmen: Alternativen zum üblichen PC am Internet

Angesichts der betrachteten Risiken sollen nun einige unkonventionellere Maßnahmen betrachtet werden, um sich vor Angriffen aus dem Internet zu schützen.

9.6.1 Standalone-PC

Eine einfache, aber recht wirkungsvolle Maßnahme ist die Verwendung eines **Standalone-PCs** für sensible Daten. Das ist ein Rechner, der keinerlei (aktive) Netzwerkverbindung hat und entsprechend nicht aus dem Internet erreichbar ist. Für manche Zwecke kann das ausreichend sein. Es hat allerdings auch Nachteile:

–   Diverse Software muss per Internetverbindung aktiviert werden, so dass man zumindest zeitweise Internetzugriff benötigt. Dafür ein Netzwerkkabel ein- und auszustecken ist umständlich. Außerdem kann das Ausstecken vergessen werden oder aus Bequemlichkeit unterbleiben, wodurch große Risiken entstehen würden.

–   Der PC wird nicht mehr automatisch mit Updates versorgt. Automatische Updates können je nach Einsatzzweck entbehrlich sein, wenngleich zumindest manuelles Einspielen von Updates ratsam, aber umständlich ist. Manuelle Updates werden aber immer seltener von den Softwareherstellern unterstützt.

–   Das Risiko von Malwareinfektionen ist gegenüber einem PC mit Internetanbindung zwar deutlich reduziert. Ein Datenaustausch müsste aber z.B. per USB-Stick erfolgen, wodurch dennoch eine Malware-Infektion denkbar wäre, so dass ein gewisses Restrisiko bleibt.

–   Eine Speicherung von Daten auf Netzlaufwerken bzw. auf einem Server ist bei einem reinen Standalone-PC nicht möglich.

–   Backups müssten demzufolge manuell erfolgen.

–   Der Zutritt zu dem PC müsste deutlich besser geschützt werden als wenn keine Daten lokal abgelegt werden.

9.6.2 Autarkes Netzwerk

Einige der Nachteile eines Standalone-PCs können behoben werden, wenn man für Rechner mit sensiblen Daten ein separates Netzwerk vorsieht. In diesem Netzwerk können Server und Geräte für Backup-Erstellung eingebunden sein. Die Vorteile im Vergleich zum Standalone-PC sind folgende:

- Datenaustausch zwischen den Rechnern ist über das Netzwerk möglich, vorzugsweise über ein Netzlaufwerk auf dem Server. Der Einsatz von USB-Medien wäre daher nicht mehr nötig, wodurch die damit verbundenen Restrisiken entfallen.
- Es ist somit keine lokale Datenhaltung mehr erforderlich oder sinnvoll, wodurch kein zusätzlicher Zutrittsschutz nötig wäre.
- Ebenso könnten Backups automatisiert über das Netzwerk erfolgen.
- Der Server kann zur Verteilung von Software-Updates genutzt werden.

Ein bleibendes Problem ist das Herunterladen von Updates auf den Server. Wie beim Standalone-PC könnte man einen USB-Datenträger verwenden oder man benötigt zumindest zeitweise eine Internetverbindung. Diese müsste über eine separate Netzwerkkarte erfolgen, wobei wieder ein Netzwerkkabel ein- und auszustecken wäre, jeweils mit den damit verbundenen Problemen.

Bei einer dauerhaften Netzwerk- und damit Internetverbindung hätte man im Grunde die Funktionalität einer internen Firewall (siehe Kapitel 10.1.2), aber kein wirklich autarkes Netz mehr. Die Übergänge sind also fließend.

Außerdem sollte man beachten, dass ein autarkes Netzwerk physisch von anderen Netzen getrennt sein sollte, man also keine VLANs einsetzen sollte. Ein VLAN nimmt zwar eine logische Trennung der Daten vor, die zu unterschiedlichen Netzen gehören, aber die Daten fließen über gemeinsame Kabel und können dort z.B. von Innentätern abgegriffen werden.

9.6.3 Surf-PCs

Das Gegenstück zum Standalone-PC ist ein **Surf-PC:** Darunter versteht man einen Rechner, dessen einzige Aufgabe darin besteht, dass man mit ihm Internetseiten besuchen kann. Ansonsten sollte man ihn nicht produktiv nutzen.

Die Idee dahinter ist, dass man bei Verwendung von Standalone-PCs trotzdem eine Möglichkeit hat, im Internet zu surfen und dass man den Internet-Zugang der übrigen Rechner restriktiver konfigurieren kann.

Auf dem Surf-PC sind keine vertraulichen Daten gespeichert, und er sollte in einem speziellen Netzwerksegment untergebracht sein, damit eine mögliche Infektion keine benachbarten Rechner gefährden kann.

Gerade letzeres ist schwer auszuschließen. Außerdem lädt der Eindruck, dass nichts passieren kann, dazu ein, grundlegende Schutzmaßnahmen zu missachten und z.B. über wahllose Downloads auf USB-Sticks Schadsoftware einzuschleppen.

Wenn der Surf-PC mehreren Mitarbeitern gemeinsam zur Verfügung steht, kann man evtl. nicht nachvollziehen, wer den PC wann verwendet hat. Aus allen diesen Gründen ist die Verwendung von Surf-PCs im Unternehmen mit Vorsicht zu genießen.

9.6.4 Live Medien

Für vorübergehende Internetnutzung gibt es **Live-Medien,** von denen ein Rechner gebootet werden kann. Das sind üblicherweise Linux-Distributionen. Idealerweise werden keine lokalen Datenträger eingebunden bzw. man kann diese auswerfen, bevor man mit dem Internet-Surfen beginnt.

Selbst wenn der PC während des Surfens infiziert werden sollte, werden höchstwahrscheinlich keine Daten lokal verändert, und der Rechner ist nach dem Herunterfahren wieder „sauber". Will man dennoch etwas dauerhaft speichern, z.B. eine Konfiguration oder Lesezeichen, kann man das auf dem USB-Stick machen, von dem aus man das System hochfährt.

9.6.5 Virtuelle Maschinen

Bei einer **virtuellen Maschine (VM)** bildet man kurz gesagt einen Computer im Computer. Den physisch vorhandenen Computer nennt man **Host,** den nur virtuell darauf vorhandenen Computer **Guest.** Letzterer ist die VM.

Auf dem Host kann ein anderes Betriebssystem installiert werden als auf dem Guest. Dem Guest-Betriebssystem wird ein kompletter Computer mit Prozessor, Chipsatz, Hauptspeicher, Speichermedien, Netzwerkkarte usw. vorgespiegelt. In Wirklichkeit ist die VM aber nur eine Menge von Dateien auf dem Host, die von der Virtualisierungssoftware ausgeführt wird.

Aus der Sicht der Sicherheit sind VMs interessant, weil man beispielsweise vor dem Surfen im Internet einen **Snapshot** oder **Sicherungspunkt** der VM erstellen kann, zu dem man hinterher zurückkehren kann. Alle Veränderungen an der VM werden dadurch von der Virtualisierungssoftware rückgängig gemacht, auch z.B. eine mögliche Malware-Infektion.

Allerdings sollte man dabei im Sinn behalten, dass eine VM keinen perfekten Schutz bietet:

- Host und Guest sind nicht komplett getrennt. Durch Programmierfehler könnte eine Malware aus dem Guest ausbrechen und den Host infizieren. Auch können Host und Guest gemeinsame Verzeichnisse besitzen, deren Inhalte vom Guest aus infiziert oder ungewollt verschlüsselt werden könnten.
- Die VM muss genauso wie der Host auf einem aktuellen Stand gehalten werden, wodurch sich der dazu nötige Aufwand entsprechend erhöht. Versäumt man das Einspielen von Sicherheits-Patches, dann könnte die VM von einer Malware oder einem unbefugten Eindringling übernommen werden, der dadurch ein komplettes System im Netzwerk zur Verfügung hätte.
- Das gilt insbesondere für den **Bridged Modus** bzw. die Konfiguration des Netzwerk-Interfaces der VM als **Netzwerkbrücke.** In diesem Fall wäre die VM genauso wie der Host aus dem Netzwerk direkt erreichbar. Besser wäre der **NAT Modus** (Network

Address Translation), wo die VM nur über den Host ins Internet kann und sich sozusagen hinter diesem versteckt. Von außen sieht man erst mal nur den Host.

Für Experimente zur Netzwerksicherheit gibt es einen Host-Only Modus bzw. die Möglichkeit, virtuelle Host-Only Netzwerke aufzubauen, bei denen eine oder mehrere VMs ganz ohne Internet-Zugriff bzw. Zugriffsmöglichkeit auf andere Netzwerke bleiben. Die VMs sehen sich nur gegenseitig sowie den Host, so dass Auswirkungen auf außerhalb befindliche Systeme weitgehend verhindert werden können.

9.7 Aufgaben

Aufgabe 98. Welche Maßnahmen helfen gegen zahlreiche Gefahren der Internetnutzung?

Aufgabe 99. Welche Arten von Schadsoftware werden üblicherweise unterschieden?

Aufgabe 100. Was ist der Unterschied zwischen einem Rootkit, Malware und Spyware?

Aufgabe 101. Nennen Sie 2 Unterschiede zwischen einem Virus und einem Trojanischen Pferd!

Aufgabe 102. Beschreiben Sie den Aufbau eines Internet-Wurms!

Aufgabe 103. Welche Maßnahmen kann man gegen Malware ergreifen?

Aufgabe 104. Warum stecken Kriminelle viel Energie in den Aufbau von Botnetzen?

Aufgabe 105. Wie wird Spam verbreitet?

Aufgabe 106. Welche Gefahren bringt E-Mail-Nutzung mit sich?

Aufgabe 107. Wie schützt man sich vor E-Mail-Gefahren?

Aufgabe 108. Welche Gefahren bergen aktive Inhalte in sich?

Aufgabe 109. Wie kann man Gefahren aktiver Inhalte verringern?

Aufgabe 110. Welche Alternativen gibt es zum üblichen PC am Internet?

10 Firewalls

10.1 Grundlagen

10.1.1 Einsatzzweck

Firewalls (auf deutsch: Brandmauern) schützen Computernetzwerke, Netzsegmente oder einzelne Rechner vor Gefahren von außerhalb. Dabei besteht typischerweise ein Sicherheitsgefälle zwischen den beiden Seiten, wie man es in in Abb. 10.1 sieht. Der Schutz entsteht dadurch, dass potentiell gefährliche Inhalte aus dem Datenverkehr herausgefiltert werden. Dabei können auf dem Weg von „innen" nach „außen" durchaus andere Inhalte gefiltert werden als in der Gegenrichtung.

Firewalls sind vergleichbar mit einem Sieb, das unterschiedlich große Maschen haben kann. Entsprechend wird mehr oder weniger an unerwünschten Inhalten herausgefiltert. Sind die Maschen zu eng, können aber auch nützliche Dinge wegfallen, so dass z.B. eine Webseite nicht mehr die nötige Funktionalität bietet. Wegen der gegensätzlichen Anforderungen stellen Firewalls immer einen Kompromiss zwischen Sicherheit und Benutzbarkeit dar.

10.1.2 Zu trennende Ressourcen

Firewalls unterscheiden sich u.a. darin, was sich auf beiden Seiten der Firewall befindet (Abb. 10.2):
- Eine **externe Firewall** trennt das interne Netzwerk von einem externen Netzwerk, z.B. dem Internet, so dass keine beliebigen Zugriffe aus dem Internet mehr möglich sind. In aller Regel will man aber aus dem internen Netzwerk weitgehend ungehindert in das Internet können.

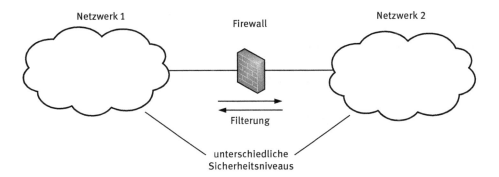

Abb. 10.1: Firewall-Prinzip

https://doi.org/10.1515/9783110767186-010

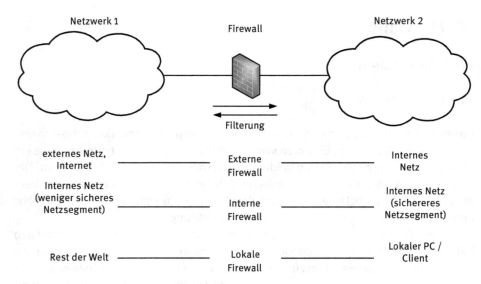

Abb. 10.2: Interne, externe und lokale Firewall

- Eine **interne Firewall** befindet sich komplett im internen Netzwerk. Sie dient dazu, sensible Daten, z.B. Personaldaten oder Entwicklungsgeheimnisse, von weniger sensiblen Daten zu trennen. Somit soll ein besserer Schutz vor Innentätern oder infizierten Rechnern innerhalb des Unternehmens bewirkt werden. Gerade die Rolle von Innentätern wird oft unterschätzt. Untersuchungen gehen davon aus, dass etwa ein Drittel bis die Hälfte der Eindringversuche auf das Konto von Innentätern geht. Die Motive können dabei höchst unterschiedlich sein: Von einfacher „Herumprobiererei" über Neugier, Rache für ungerechte Behandlung bis hin zu Wirtschaftsspionage.
- Eine **lokale Firewall** schirmt den eigenen Rechner von der Außenwelt ab. So soll ein grundlegender Schutz vor Angriffen von außen erreicht werden, unabhängig davon, in welchem Netz man sich befindet und ob dieses vertrauenswürdig ist.

Die erwähnten Arten von Firewalls lassen sich miteinander kombinieren. So kann ein PC in der Personalabteilung eine lokale Firewall besitzen, die standardmäßig mitinstalliert wird. Die Personalabteilung wird gegen den Rest des Unternehmensnetzes durch eine interne Firewall abgegrenzt. Und Internet-Zugriff erfolgt nur über die externe Firewall.

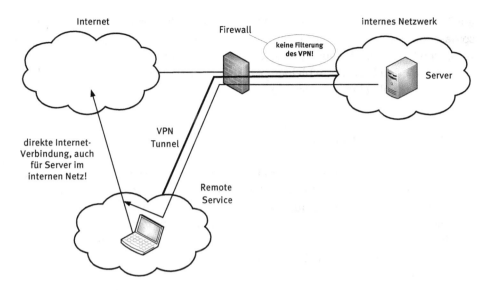

Abb. 10.3: Probleme durch VPN-Zugänge

10.1.3 Grenzen des Einsatzes

So wichtig und sinnvoll eine Firewall ist - sie ist kein Allheilmittel für die Unternehmenssicherheit. Z.B. bringt sie kaum etwas,

- wenn sie zu wenig restriktiv konfiguriert ist. Einerseits sollen Benutzer nicht allzusehr eingeschränkt werden, andererseits erfüllt die Firewall dann ihren Zweck immer weniger.
- wenn sie fehlerhaft konfiguriert ist. Unter Umständen werden ungewollt alle Daten durchgelassen, und die Firewall ist ohne Funktion.
- wenn sie nicht dauernd gepflegt wird. Z.B. müssen regelmäßig Patches eingespielt werden, um neue Sicherheitslücken zu beheben.
- wenn Log-Dateien nicht gesichtet werden: Man kann sonst nicht erkennen, ob Angriffe erfolgt sind oder noch im Gang sind und ob diese Erfolg hatten.
- wenn sie leicht umgangen werden kann, z.B. durch Mobilgeräte, die an der Firewall vorbei ins Internet können oder durch USB-Sticks o.ä., die Malware einschleusen oder Firmengeheimnisse nach außen tragen.

Insbesondere sollte man aufpassen, welche Gefahren man sich durch Fernwartungszugänge einhandelt (Abb. 10.3): VPN-Verbindungen können je nach Konfiguration des VPN als verschlüsselte Tunnel durch die Firewall hindurch geleitet werden, ohne dass die Firewall den Inhalt der Verbindung sieht oder diesen filtern kann.

Das Unternehmen, das die Fernwartung durchführt, könnte eine eigene, weniger restriktive Internetverbindung besitzen, durch die Unbefugte Zugriff auf den gewarteten Server erlangen könnten. Daher sollten VPN-Verbindungen an der Firewall enden, so dass diese die Inhalte filtern kann. Außerdem sollten beauftragte Unternehmen verpflichtet werden, während des Wartungsvorgangs Internetzugriffe zu unterbinden. Dennoch werden Restrisiken bleiben, z.b. durch infizierte Rechner, die für die Fernwartung ungewollt eingesetzt werden.

10.1.4 IT-Sicherheitskonzept

Eine Firewall kann daher immer nur eine Komponente eines unternehmensweiten IT-Sicherheitskonzeptes sein. Insbesondere sollten folgende Bereiche geregelt werden:
– Mögliche unkontrollierte Übertragungswege und Suche nach unbekannten Geräten. Es kam schon vor, dass Unternehmen unbekannte WLAN-Accesspoints in ihrem Unternehmensnetz vorgefunden haben, über die sich Unbefugte jederzeit von außen Zugriff verschaffen konnten.
– Modemanschlüsse für Fernwartung, z.B. bei Produktionsanlagen. Teilweise wird einfach „vergessen", dass Systeme von außen per Telefonzugang erreichbar sind. Das kann an der Mitarbeiterfluktuation liegen oder daran, dass die Zugänge vorsorglich eingerichtet wurden, aber schon jahrelang brach liegen. Am besten scannt man den eigenen Telefonnummernblock sporadisch nach Modem-Zugängen.
– Remote-Zugänge für Telearbeit
– Fernwartung
– Kopplung von Netzsegmenten über öffentliche oder frei zugängliche Leitungen und Internet (VPN, VLAN). Kann z.B. ein Unbefugter den Netzwerkverkehr auf einem Kabel zwischen zwei Gebäuden belauschen und Passwörter mitschneiden?
– Mobilgeräte

Gegebenenfalls sollten externe Experten hinzugezogen werden, die Audits durchführen und aufgrund ihrer Kenntnis zahlreicher Unternehmen praxisnahe und effektive Verbesserungsvorschläge machen können.

10.1.5 Filterebenen

Firewalls unterscheiden sich außer darin, welche Art Ressourcen sie voneinander trennen, auch in der Protokollebene, auf der sie filternd tätig werden. In Kapitel 7.1.1 waren wir bereits kurz auf das OSI-Modell eingegangen, das auch in Verbindung mit Firewalls große Bedeutung besitzt. In Abb. 10.4 ist zu sehen, auf welchen Schichten des OSI-Modells man welche Arten von Firewalls findet.
– Wenn ein DSL-Router eine Firewall-Funktionalität mit sich bringt, ist üblicherweise ein **Paketfilter** damit gemeint. Er wird auf den Schichten 2 bis 4 des OSI-Modells eingesetzt, also auf der Sicherungs-, Netzwerk- und Transportschicht.

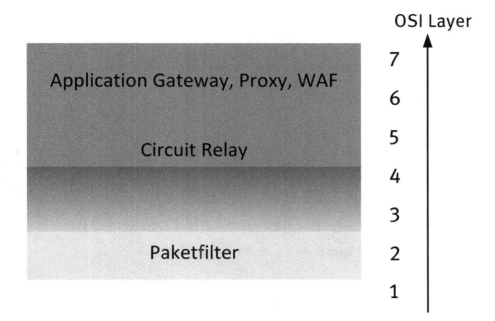

Abb. 10.4: OSI-Schichten der Firewalls

- Auf den Schichten gleich darüber findet man die **Circuit Relay** Firewall, auch **Circuit Level Gateway** genannt. Üblicherweise werden hier die Schichten 3 bis 5 (Netzwerk-, Transport- und Sitzungsschicht) berücksichtigt.
- Auf den obersten Schichten 6 und 7, also auf der Präsentations- und Anwendungsschicht, sind **Application Gateways, Proxies** und **Web Application Firewalls (WAFs)** angesiedelt.

Wie man sieht, sind die Grenzen zwischen diesen Firewall-Arten teils fließend.

10.2 Paketfilter

Paketfilter lassen sich einfach und mit relativ geringem Ressourcenbedarf realisieren. Daher sind sie mit Abstand die am weitesten verbreiteten Firewalls. Man findet sie in praktisch jedem DSL-Router und als lokale Firewall auf fast jedem Desktop-Rechner und Notebook. Typische Eigenschaften sind folgende:
- einfach
- schnell
- bringt relativ wenig Sicherheit

–   Der Administrator legt einen Satz von Regeln fest (Filtertabelle). Alle Pakete werden anhand der Regeln geprüft und demnach verworfen oder durchgelassen.

Paketfilter haben üblicherweise folgende Filterkriterien:
–   Schnittstelle, an der das Paket ankommt
–   IP-Adresse des Absenders
–   Ziel-IP-Adresse
–   Protokoll
–   Port
–   Bitmasken, z.B. um Viren zu erkennen, was aber eher selten auf diese Weise geschieht.

10.2.1 Beispiel: Ein IP-Spoofing-Angriff - die Kurzversion

IP-Spoofing bedeutet, dass ein Unbefugter die IP-Adresse eines Opfers annimmt und in dessen Namen handelt, z.B. um Daten zu erlangen, die nur für das Opfer bestimmt sind. Ohne Paketfilter könnte man einen solchen Angriff relativ leicht durchführen.

Nehmen wir an, Alice und Bob befinden sich im selben Netzsegment und vertrauen einander. Beispielsweise hat sich Alice bereits gegenüber Bob authentisiert und darf auf gewisse Daten von Bob zugreifen. Bob weiß: Wenn eine Anfrage von der IP-Adresse von Alice kommt, darf er ihr bedenkenlos die gewünschten Informationen mitteilen. Ein Angreifer Mallory, im Bild mit X bezeichnet, möchte ebenfalls an diese Daten.

In Abb. 10.5 und den folgenden sieht man, wie Mallory vorgeht.
1.   Zunächst schaltet er Alice mittels DoS-Attack aus.
2.   Dann gibt er sich gegenüber Bob als Alice aus (Abb. 10.6).
3.   Im nächsten Schritt würde Mallory von Bob die gewünschten vertraulichen Daten bekommen (Abb. 10.7).

10.2.2 IP-Spoofing-Angriff - die ausführliche Version

Das ist in aller Kürze die Vorgehensweise von Mallory. Wir wollen diesen Angriff nun etwas detaillierter betrachten. Für Leser ohne Netzwerk-Vorkenntnisse an dieser Stelle ein kleiner Exkurs: **TCP/IP** (Transmission Control Protocol / Internet Protocol) verwendet zum Verbindungsaufbau einen so genannten **3-Wege-Handshake**:
1.   Will S mit E eine Verbindung aufbauen, schickt S zunächst ein SYN-Paket (Synchronize) an E.
2.   E antwortet mit einem SYN-ACK-Paket (Synchronize-Acknowledge).
3.   Schließlich bestätigt S mit einem ACK-Paket (Acknowledge).

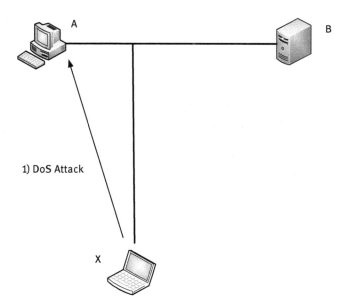

Abb. 10.5: IP-Spoofing: Schritt 1

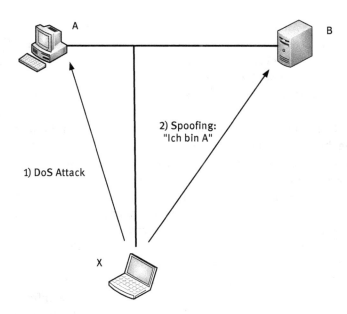

Abb. 10.6: IP-Spoofing: Schritt 2

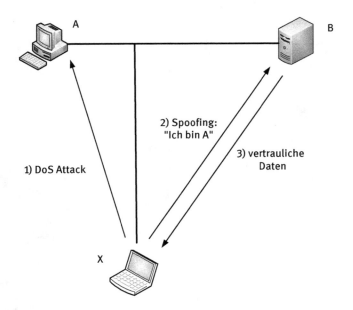

Abb. 10.7: IP-Spoofing: Schritt 3

Dann steht die Verbindung. Falls ein Fehler bemerkt wird, sendet S oder E ein RST-Paket (Reset). Dann ist die Verbindung abgebaut.

Um Alice mit Hilfe einer DoS-Attack auszuschalten, wendet Mallory eine so genannte SYN-Flood-Attack an. Dazu tut er so, als wollte er eine Verbindung zu Alice aufbauen und sendet ihr zu diesem Zweck eine Verbindungsanfrage, ein SYN-Paket (Abb. 10.8). Allerdings trägt er dort einen Absender Y ein, den es gar nicht gibt. Mallory wendet also für die DoS-Attack bereits ein IP-Spoofing an. Aber das interessantere IP-Spoofing folgt später.

Nun antwortet Alice dem nicht existenten Y mit einem SYN-ACK-Paket und wartet auf dessen Rückmeldung, bis ein Timeout auftritt (Abb. 10.9). Natürlich vergebens.

Alice kann nur eine begrenzte Anzahl von Verbindungen gleichzeitig offen halten. Ihr System hat dazu ein so genanntes **Backlog**, das z.B. 128 Einträge fasst. Jede offene Verbindung belegt einen dieser Einträge. Wenn Mallory ihr fortlaufend genügend Verbindungsanfragen schickt, dann wird das Backlog vollaufen, und das System von Alice ist für sinnvolle Nachrichten, z.B. von Bob, nicht mehr erreichbar.

Nun kann Mallory zum eigentlichen Angriff übergehen. Gemäß Abb. 10.10 schickt er an Bob eine Verbindungsanfrage. Dabei tut er so, als wäre er Alice, indem er ihre IP-Adresse als Absender einträgt. Mallory wendet also erneut IP-Spoofing an.

Bob antwortet nach Abb. 10.11 auf diese Anfrage. Weil er ja meint, dass die Anfrage von Alice kommt, schickt er die Antwort, ein SYN-ACK, an sie. Dann wartet er auf ihre Bestätigung, ein ACK-Paket.

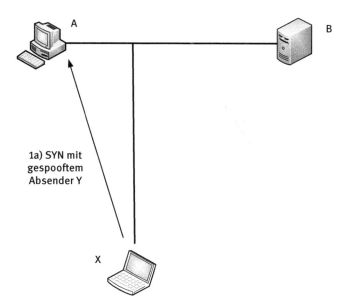

1a) SYN mit
gespooftem
Absender Y

A

B

X

Abb. 10.8: DoS-Attack (ausführlich): Schritt 1a)

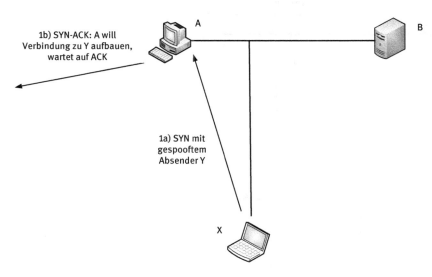

1b) SYN-ACK: A will
Verbindung zu Y aufbauen,
wartet auf ACK

A

B

1a) SYN mit
gespooftem
Absender Y

X

Abb. 10.9: DoS-Attack (ausführlich): Schritt 1b)

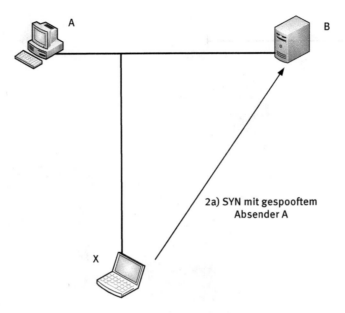

Abb. 10.10: IP-Spoofing (ausführlich): Schritt 2a)

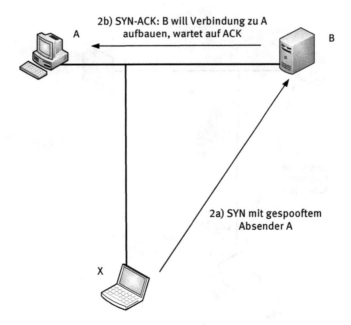

Abb. 10.11: IP-Spoofing (ausführlich): Schritt 2b)

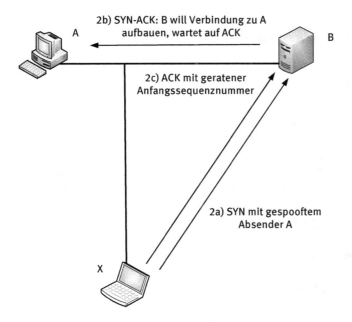

2b) SYN-ACK: B will Verbindung zu A
aufbauen, wartet auf ACK

A   B

2c) ACK mit geratener
Anfangssequenznummer

2a) SYN mit gespooftem
Absender A

X

Abb. 10.12: IP-Spoofing (ausführlich): Schritt 2c)

Normalerweise würde Alice mit einem RST antworten, denn sie will ja gar keine Verbindung zu Bob aufbauen. In diesem Falle würde Bob den Verbindungsaufbau abbrechen, und der Angriff wäre vorbei. Aber Alice ist ja durch die DoS-Attacke überlastet und bekommt von Bobs Anfrage gar nichts mit.

Nun kann Mallory wieder aktiv werden. Wie in Abb. 10.12 zu sehen, schickt er anstelle von Alice das ACK-Paket an Bob. Wenn Bob das ACK-Paket akzeptiert, steht die Verbindung von Mallory zu Bob, und er kann versuchen, Bob dessen Geheimnisse zu entlocken.

Ganz so einfach ist das aber nicht. Bob schickt in seinem SYN-ACK eine so genannte Anfangssequenznummer N mit. Die erwartet er in Mallorys ACK-Paket. Aber das SYN-ACK ging ja von Bob an Alice, nicht an Mallory. Woher soll also Mallory die richtige Anfangssequenznummer N kennen?

Nun, Mallory muss N erraten. Betriebssysteme wählen kein wirklich zufälliges N, sondern setzen einen einfachen Algorithmus ein, z.B. „erhöhe N jede Sekunde um 64". Wenn Mallory also zuvor eine nicht-gespoofte SYN-Anfrage an Bob schickt, dann bekommt er von Bob eine Anfangssequenznummer N' mitgeteilt. Aus N' kann Mallory dann mit hoher Wahrscheinlichkeit auf N schließen.

Aber Mallory hat noch ein weiteres Problem: Alle Antworten gehen von Bob an Alice, denn Bob meint ja, dass die zugehörigen Anfragen von ihr stammen. Mallory sieht also nicht, was Bob antwortet und muss somit „im Blindflug" arbeiten. Mallory könnte versuchen, auf diese umständliche Weise möglichst schnell eine Backdoor bei

Bob zu installieren, über die Mallory künftig direkt in Bobs System gelangen kann. Dann müsste er den Angriff nicht erneut durchführen.

10.2.3 Abwehr des IP-Spoofing-Angriffs

Doch betrachten wir nun, wie wir Mallorys Angriff abwehren können. Zunächst zur DoS-Attack. Zwar setzt Mallory auch hier IP-Spoofing ein, aber gegen diese Sorte hilft unser Paketfilter leider nicht: Y hat eine IP-Adresse von außerhalb, und der Paketfilter kann nicht beurteilen, ob Y tatsächlich existiert oder nicht. Ein Paketfilter könnte höchstens jede Art Verbindungsaufbau von außen zu Alice unterbinden, egal ob sinnvoll oder nicht.

Jedoch kann man etwas gegen das Problem des vollaufenden Backlogs tun. Seit längerer Zeit verwenden Betriebssysteme ab einem gewissen Füllstand des Backlogs keine SYN-ACK-Pakete mehr, mit denen sie auf die Anfragen antworten, sondern statt dessen ein TCP-Syncookie mit gleichem Zweck. Der Unterschied besteht darin, dass auf ein TCP-Syncookie viel schneller eine Antwort erwartet wird als auf ein SYN-ACK-Paket.

Angreifer von außen haben üblicherweise eine langsamere Netzwerk-Anbindung als Bob und andere Berechtigte von innen. Somit kann Mallory (hoffentlich) nicht schnell genug gespoofte SYN-Anfragen nachliefern, um das Backlog von Alice gefüllt zu halten. Alice bleibt also für Anfragen von innen, z.B. von Bob, erreichbar. Damit wäre diese Art von DoS-Attack für Mallory nicht mehr gut durchzuführen.

Gegen den zweiten Teil des Angriffs können wir sinnvoll einen Paketfilter einsetzen, wie dies in Abb. 10.13 zu sehen ist. Der Paketfilter trennt das lokale Netz mit Alice und Bob von der Außenwelt, in der Mallory sitzt.

Wenn nun Mallory an Bob ein Paket schickt, das angeblich von Alice stammt, dann kann der Paketfilter dies mit einer geeigneten Regel bemerken: Über sein Netzwerk-Interface, das nach draußen zeigt, kommt ein Paket mit einer Absender-IP-Adresse, die es nur innen geben kann. Somit muss es sich um IP-Spoofing handeln, und das Paket wird unterdrückt. Mallorys Angriff läuft also ins Leere.

Generell ist IP-Spoofing nur möglich, wenn Mallory die IP-Adressen von Alice und Bob kennt. IP-Adressen sind also schützenswerte Daten, die man von außen möglichst nicht in Erfahrung bringen soll. Verfahren wie **NAT** (Network Address Translation) setzen die internen IP-Adressen in einige wenige Adressen um, die nach außen hin sichtbar sind. Das hilft dabei, die IP-Adressen der Clients dahinter zu verbergen.

10.2.4 Nachteile von Paketfiltern

Auch wenn Paketfilter bei einigen Angriffen sehr hilfreich sind, haben sie doch eine Reihe von Nachteilen:

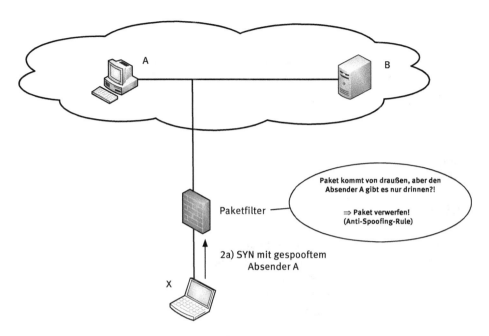

Abb. 10.13: Paketfilter zur Abwehr von IP-Spoofing

- Filtertabellen werden bei komplexen Netzwerken schnell unübersichtlich und damit fehleranfällig.
- Statische Filtertabellen reichen üblicherweise nicht aus: Protokolle wie FTP handeln dynamisch aus, welche Ports sie verwenden wollen. Paketfilter müssen in der Lage sein, den Verbindungsaufbau mitzuverfolgen (Stateful Inspection) und entsprechende Ports freizugeben und nach Verbindungsabbau wieder zu sperren. Solche Paketfilter nennt man dynamische Paketfilter oder Stateful Packet Filter.
- Paketfilter sehen nur Daten der unteren OSI-Schichten 2 und 3. Angriffe auf höherer Ebene können nicht abgewehrt werden.

Betrachten wir dazu ein Beispiel: Das E-Mail-Protokoll SMTP (Simple Mail Transfer Protocol) verwendet üblicherweise den Port 25. Wenn man einen E-Mail-Server betreiben will, dann erlaubt man im Paketfilter den Zugriff auf Port 25 in beiden Richtungen, denn E-Mails können eingehen oder nach außen geschickt werden.

Ein Paketfilter kann allerdings nicht erkennen, ob Pakete, die über den Port 25 gehen, tatsächlich ordnungsgemäße E-Mails sind, und erst recht nicht, ob sie schädliche Inhalte enthalten.

- Es könnten z.B. Schadprogramme über den Port 25 mit der Außenwelt kommunizieren und vertrauliche Daten ins Internet schicken.
- Ein Client könnte über den Port 25 einen Fernzugriff von außen ermöglichen.

- Pakete mit unsinnigem Inhalt könnten den E-Mail-Server abstürzen lassen oder eine Schwachstelle auf dem Server ausnutzen.
- Wenn in den Paketen aktive Inhalte oder Malware enthalten sind, könnten diese die Mail-Client-Software oder den ganzen Rechner infizieren, sobald der Client die E-Mails abruft.

Aus diesen Gründen kombiniert man sinnvollerweise Paketfilter mit Filtern auf höherer Ebene, meist Application Gateways. Doch zuvor soll noch auf die seltener verwendeten Circuit Relays eingegangen werden.

10.3 Circuit Relays

Circuit Relays oder **Circuit Level Gateways** arbeiten am ehesten auf Schicht 5 (Sitzungsschicht). Ähnlich wie ein Proxy (siehe Kapitel 10.4) dienen sie als eine Art Vermittlungsstelle zwischen Client und Server. Eingehende Verbindungen enden am Circuit Relay und werden von diesem am zugehörigen Ausgang neu aufgebaut. Dabei ist üblicherweise eine Authentisierung erforderlich.

Nachteilig ist, dass Anwendungen angepasst werden müssen, damit sie mit dem Circuit Relay zusammenarbeiten können. Außerdem ist die Filterung nicht spezifisch für bestimmte Anwendungen und kann somit keine protokollspezifischen Sicherheitsrisiken berücksichtigen.

Ein Vorteil ist, dass ein Circuit Relay für jede beliebige Art von TCP-Verbindung funktioniert, im Gegensatz zum Proxy. Somit ist nur ein einziges Circuit Relay für alle Protokolle nötig, was die Administration vereinfacht.

10.4 Application Gateways und Proxies

Application Gateways haben zahlreiche Namen mit gewissen Bedeutungsschattierungen, unter denen sie bekannt sind: **Application Relays, Application Level Gateways, Application Firewalls**.

Ähnlich wie Circuit Relays arbeiten sie ohne durchgängige Kommunikationsverbindung. Teilweise muss der Client dazu angepasst werden. Die wichtigste Erscheinungsform dieser Filter sind die **Proxies**. Deren Arbeitsweise geht aus Abb. 10.14 hervor. Das Wort „Proxy" bedeutet Stellvertreter oder auch Bevollmächtigter und Prokurist. Das spiegelt gut wider, welche Aufgabe ein Proxy wahrnimmt. Für den Client übernimmt der Proxy die Rolle des Servers und umgekehrt.

Verbindungen, die vom Client zum Server gehen, enden am Proxy und werden von diesem erneut aufgebaut. Das ermöglicht einerseits die Filterung schädlicher Inhalte. Andererseits nimmt der Proxy eine typische MITM-Position (Man in the Middle) ein, mit

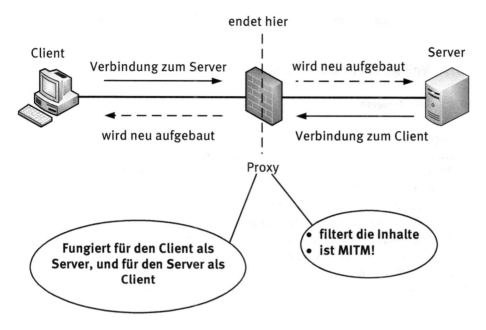

Abb. 10.14: Proxy

allen Konsequenzen. So könnten verschlüsselte TLS-Verbindungen am Proxy enden, und dieser könnte alle Daten unverschlüsselt mitlesen.

Ein Proxy kann üblicherweise nur eine einzige Anwendung vermitteln, z.B. als HTTP-Proxy, TLS-Proxy oder E-Mail-Proxy. Eine solche Spezialisierung ermöglicht eine genau auf die Anwendung zugeschnittene Filterung: Der Proxy weiß sehr genau, was in den Daten enthalten sein darf und was nicht.

So könnte z.B. ein HTTP-Proxy, auch WWW-Proxy genannt, aus Webseiten aktive Inhalte entfernen. Ein TLS-Proxy könnte verschlüsselte Verbindungen mitlesen und nach Malware scannen. Und ein E-Mail-Proxy könnte gewisse E-Mail-Adressen sperren. Für jede dieser Anwendungen, die genutzt werden soll, wird ein separater Proxy auf der Firewall installiert.

Einige Nachteile:
– Die Client-Software muss für den Einsatz von Proxies tauglich sein.
– Nicht für jede Anwendung gibt es einen passenden Proxy.
– Jeder Proxy benötigt Ressourcen wie Speicherplatz und Rechenzeit.
– Jeder Proxy ist passend zu konfigurieren und dauernd zu pflegen.
– Proxies alleine sind gegen viele Angriffe schutzlos und erkennen z.B. kein IP-Spoofing. Daher werden sie üblicherweise durch Paketfilter ergänzt.
– Proxies können nicht nur die Sicherheit verbessern, sondern auch die Vertraulichkeit und den Datenschutz untergraben sowie Inhalte „zensieren".

Letzlich kommt es also auf einen sinnvollen und adäquaten Einsatz an.

10.5 Web Application Firewalls

10.5.1 Arbeitsweise

Web Application Firewalls (WAF) arbeiten wie Application Gateways und Proxies auf der Anwendungsschicht. Im Gegensatz zu Application Gateways und Proxies schützen sie aber den Server, nicht den Client. Daher nennt man sie auch **Reverse Proxies**. Abb. 10.15 zeigt einen Vergleich eines Proxies mit einem Reverse Proxy.

Wie bekannt schützt ein Proxy einen Client vor schädlichen Inhalten von außen, beispielsweise von einer bösartigen Website oder vor infizierten E-Mails (obere Bildhälfte). Dagegen sind Reverse Proxies beim Server angesiedelt und schützen ihn vor „bösen Clients", die den Server angreifen könnten. Insbesondere könnte es sich bei dem Server um einen Webserver mit diversen Webanwendungen handeln, wobei ein Client versuchen könnte, an die Daten des Servers heranzukommen.

10.5.2 Notwendigkeit einer WAF

In diesem Zusammenhang stellt sich die Frage, wie man gewährleistet, dass Webanwendungen auf einem Server möglichst sicher sind. Einige Punkte sind die folgenden:
- Es sollten die Grundsätze der sicheren Softwareentwicklung und sicheren Programmierung beachtet werden.
- Webanwendungen sollten mit Applikationsaudits geprüft werden.
- Man könnte eine WAF einsetzen.

Aber wozu benötigt man eine WAF, wenn man die ersten beiden Punkte beachtet? Die Antwort ist, dass man nicht immer Einfluss auf die Qualität des Codes hat:
- Häufig wird vorgefertigter Code aus dem Internet verwendet. Man kennt weder die Entwickler, noch weiß man, ob diese die Grundsätze der sicheren Softwareentwicklung und der sicheren Programmierung eingehalten haben.
- Eine eigene Analyse des Codes ist schwierig.
- Selbst wenn man einen Fehler findet, weiß man nicht, wie man den Code am besten korrigiert, ohne Seiteneffekte zu bekommen.
- Meldet man Sicherheitslücken an die Entwickler, kann man sich nicht unbedingt darauf verlassen, dass die Fehler zeitnah und kompetent behoben werden.
- Bei frei zugänglichem Code können Kriminelle Sicherheitslücken entdeckt haben, die sie für sich auszunutzen versuchen.

Grundsätzlich können Clients als Angriffswerkzeuge missbraucht werden:

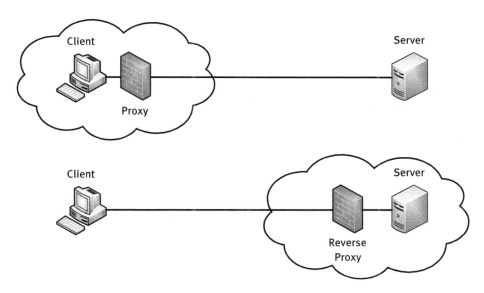

Abb. 10.15: Vergleich Proxy und Reverse Proxy

- Eine beliebige Manipulation einer Webseite auf dem Client ist möglich.
- Ebenso können Daten, die per HTTP-POST zum Server gesendet werden, verfälscht werden.
- Wenn man weiß, welche Software auf dem Web Server läuft, kann man passende Exploits suchen und anwenden.
- Bei Open Source Software kann man sogar den Code analysieren und ermitteln, wie Eingaben aussehen müssen, damit sie unerwünschte Aktionen auslösen.

Aus diesen Gründen sollte eine WAF eingesetzt werden, um schädliche Inhalte zu filtern.

10.5.3 Beispiele für Angriffe auf Webanwendungen

10.5.3.1 SQL Injection
SQL Injection bedeutet, dass man in Eingabefelder SQL-Anweisungen einbaut. Dabei erhofft man sich, dass sie vom Datenbankserver ausgeführt werden.

Als Beispiel betrachten wir einen Auszug aus einem Java-Programm auf dem Server. Es soll mit folgenden Zeilen eine Benutzerauthentisierung durchführen:

```
username=request.getParameter("user");
password= request.getParameter("passw");
query="SELECT * FROM UsrDB WHERE Username='" +username+
```

```
"' AND Password='" +password+ "'";
```

Es wird also zunächst aus Eingabefeldern der Benutzername (username) und das Passwort (password) erfragt. Dann wird eine SQL-Abfrage zusammengebaut. Diese soll nachsehen, ob es in der Benutzerdatenbank UsrDB einen Benutzer mit dem betreffenden Namen und Passwort gibt.

Nun gibt der Angreifer, wir nennen ihn wieder Mallory, als Benutzernamen folgenden Ausdruck ein:

```
Bob' --
```

Das Passwortfeld kann leer bleiben, oder er kann dort irgend etwas eintragen. Das spielt keine Rolle. Was wird nun unser Java-Programm daraus machen? Die SQL-Abfrage sieht jetzt so aus:

```
SELECT * FROM Usr WHERE UserName='Bob' -- ' AND Password=''
```

Die Besonderheit liegt in den Zeichen unmittelbar nach dem Namen Bob:
- Das einfache Anführungszeichen beendet die Zeichenkette mit dem Inhalt Bob. Das ist für die richtige Syntax der SQL-Anweisung nötig.
- Die beiden Minuszeichen leiten bei SQL einen Kommentar ein. Das bedeutet, alles Nachfolgende, in unserem Fall die Passwortabfrage, wird ignoriert.

Daher reicht es schon aus, dass lediglich der Benutzer Bob existiert, und Mallory ist als Bob angemeldet, egal welches Passwort Bob hat.

Eine Anmerkung: Wie wir wissen, sollte das Passwort nicht im Klartext in einer Datenbank gespeichert werden, sondern nur ein Hashwert darüber (siehe Kapitel 4.5.1). Aber der Angriff würde trotzdem unverändert funktionieren, weil die Passwortabfrage einfach wegkommentiert wird. Das geschieht unabhängig davon, auf welche Weise das Passwort gespeichert wird.

Aber wie kommt Mallory darauf, was er in das Feld eingeben muss? Nun, hinter vielen Webanwendungen sitzt ein Datenbankserver, der SQL versteht. Und dass zwei Minuszeichen einen Kommentar einleiten, ist auch SQL-Neulingen recht schnell bekannt. Mallory könnte also einfach drauflos probieren. Oder ein Script schreiben, das verschiedene geläufige Zeichenfolgen durchprobiert.

Wenn Mallory den Quellcode kennt, z.B. weil es sich um eine Open Source-Anwendung handelt, dann kann er sich diesen ansehen und versuchen, eine passende Zeichenfolge zu finden. Das heißt nicht, dass Open Source-Anwendungen deswegen unsicherer sind, denn zum Ausgleich schauen sich viele Programmierer den Quellcode an, so dass Fehler meist eher gefunden und behoben werden als bei Closed Source.

Wie kann man Abhilfe gegen das Problem der SQL Injection schaffen? Sicherlich dadurch, dass man die Regeln des sicheren Software-Entwurfs und der sicheren Programmierung beachtet. Aber wenn man darauf keinen Einfluss hat, kann man eine WAF vor die Webanwendung setzen.

Die WAF würde man so konfigurieren, dass sie Sonderzeichen aus den Eingaben filtert. So könnte die WAF mittels Whitelist nur erlaubte Zeichen, wie Buchstaben und Ziffern, zulassen und z.B. Anführungszeichen und Minuszeichen entfernen.

Allerdings sind dazu meist kontextabhängige Regeln nötig: Im Feld Benutzernamen soll kein einfaches Anführungszeichen erlaubt sein, wohl aber in Kundenadressen beim Nachnamen. Andernfalls könnte ein Kunde namens O'Hara seinen Namen nicht korrekt eingeben. Im Straßennamen sollten auch Minus-Zeichen und Punkte zugelassen werden, sonst hätten Kunden in der Anton-Huber-Str. ein Problem.

10.5.3.2 Cookie Poisoning

Beim **Cookie Poisoning** handelt es sich um böswillige Manipulationen an Cookies. Vorab einige Worte, wozu Cookies überhaupt nötig sind.

Das HTTP-Protokoll ist zustandslos, d.h. es merkt sich nicht, was vorher war. Oder etwas technischer: Jedes GET (Holen von Daten vom Webserver) oder POST (Schicken von Daten an den Webserver) ist unabhängig von den anderen.

Für viele Zwecke ist es aber nötig, mehrere Anfragen miteinander in Verbindung zu bringen. Wenn ein Kunde beispielsweise mehrere Artikel in einem Webshop kaufen will, dann will er sie der Reihe nach in seinen Warenkorb legen und dann alle dort zum gemeinsamen Bezahlen wiederfinden.

Um das zu erreichen, lässt der Webserver den Browser ein **Cookie** speichern. Das Cookie ist ein Pseudonym für den Benutzer oder eine Art „Kundennummer". Wobei es mit seiner „richtigen" Kundennummer nichts zu tun haben muss und außer dieser Kennung noch beliebige weitere Daten speichern kann. Das Cookie wird bei jeder Anfrage mit an den Webserver geschickt und ermöglicht damit die Zuordnung verschiedener Aktionen zum selben Benutzer.

Dazu ein Beispiel: Ein Webshop setzt im Browser eines Kunden ein Cookie mit dem Wert 12345. Alle von diesem Kunden ausgewählten Waren kommen demnach in den Warenkorb des Benutzers 12345.

Wenn nun der Benutzer das Cookie verändert, z.B. auf 12346, und ein solches Cookie tatsächlich gerade existiert, dann kann er den Warenkorb des Benutzers 12346 ansehen und evtl. auf dessen Kosten bestellen.

Wieder sollte eigentlich die Webanwendung so geschrieben sein, dass das nicht passieren kann. Aber wenn man da nicht sicher sein kann, könnte eine WAF für Abhilfe sorgen. Wie man Abb. 10.16 entnimmt, würde die WAF jedes Cookie, das vom Webserver zum Client geht, verschlüsseln und mit einem Hash gegen Manipulation schützen. Auf dem Rückweg vom Client zum Webserver prüft die WAF das Cookie auf Unversehrtheit: Sie entschlüsselt es und kontrolliert, ob der Hash noch dazu passt.

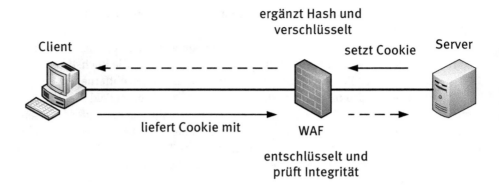

Abb. 10.16: Eine WAF verhindert Cookie Poisoning

10.5.3.3 Parameter Tampering

Unter **Parameter Tampering** versteht man, dass Parameter, die zwischen Client und Webserver ausgetauscht werden, manipuliert werden. Eigentlich ist das Cookie Poisoning auch eine Form von Parameter Tampering, aber dieses geht noch viel weiter.

Beispielsweise codiert ein unvorsichtiger Webentwickler den Preis eines Produkts in die URL:

```
http://webserver/default.asp?pizzanummer=25&preis=10.50
```

Es wäre ein Leichtes, den Preis der Pizza z.B. auf 0,50 Euro zu verringern oder gar negative Werte auszuprobieren. Eine WAF könnte übergebene Parameter ähnlich wie Cookies verschlüsseln und gegen Manipulation schützen.

Etwas kniffliger ist es, Parameter zu verändern, die in einer Webseite eingebaut sind. Das könnten z.B. Werte in einer Drop-Down-Liste sein, von denen der Benutzer einen auswählen darf.

Dazu wieder ein Beispiel: Ein Benutzer kann in einem Online-Kalender ein Datum auswählen. Mit einem geeigneten Browser-Addon kann er sich ansehen, was dann als POST-Antwort zum Webserver gesendet werden soll, und er kann diese Daten zuvor beliebig verändern. So macht er aus dem zuvor ausgewählten 23. Februar den 33. Februar und schickt das zum Webserver.

Was passiert nun beim Webserver? Das ist nicht leicht vorherzusehen. Die Webanwendung oder der ganze Webserver könnten z.B. einfach abstürzen. Oder sie könnten anderweitig unerwünscht reagieren.

Eine vorgeschaltete WAF würde zunächst beim GET des Clients die erlaubten Wertebereiche der Parameter ermitteln. Kommt dann das POST zurück, könnte die WAF prüfen, ob die Wertebereiche eingehalten wurden. So würde dieser Angriff ins Leere laufen.

10.5.3.4 Cross-Site Scripting (XSS)

Beim **Cross-Site Scripting (XSS)** erzeugt ein Client 1 Eingaben für eine Webseite, die sich erst bei einem Client 2 (also cross-site, daher der Name) auswirken.

Dazu ein Beispiel: Eine Website verfügt über ein Gästebuch, in dem man Einträge vornehmen kann. In das Eingabefeld gibt ein Angreifer ein:

```
<script>
  for (q=0;q<1000;q++)
      window.open("http://www.infected.com");
</script>
```

Ein anderer Besucher sieht sich später das Gästebuch an. Sein Browser erkennt, dass in dem Feld JavaScript enthalten ist und führt es aus. Demzufolge werden bei ihm nun bis zu 1000 Browser-Fenster geöffnet, in denen die angegebene URL kontaktiert wird. Das kann nicht nur seinen Rechner überlasten und abstürzen lassen, sondern das Öffnen dieser infizierten Seite installiert obendrein eine Malware.

Dieses Beispiel zeigt, dass man in seinem Browser aktive Inhalte am besten nur nach Bestätigung ausführen lassen sollte. Aber auch hier kann eine WAF Abhilfe bieten: Sie ersetzt vor der Übergabe an den Webserver einfach spitze Klammern durch eckige. Dadurch liegt kein gültiges JavaScript mehr vor.

Das ist gleichzeitig ein Sonderfall für die WAF, denn hier schützt sie nicht wie üblich den Webserver, sondern weitere Clients, die auf den Webserver zugreifen.

10.6 Firewall-Topologien

Unter der **Topologie** einer Firewall versteht man die Anordnung ihrer Komponenten zueinander. Die Topolgie hat großen Einfluss auf deren
– Wirksamkeit
– Performance
– Ausfallsicherheit
– Pflegeaufwand

Häufig ist die Firewalltopologie ein gut gehütetes Geheimnis eines Unternehmens, weil sie Angreifern Hinweise auf die Überwindung der Firewall geben könnte. Wir betrachten hier nur einige Grundformen. Reale Firewall-Topologien sind häufig Mischformen verschiedenster Art.

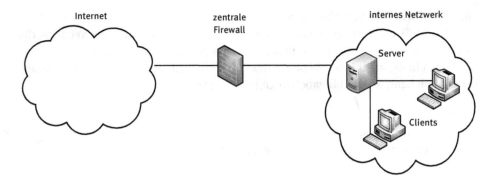

Abb. 10.17: Zentrale Firewall

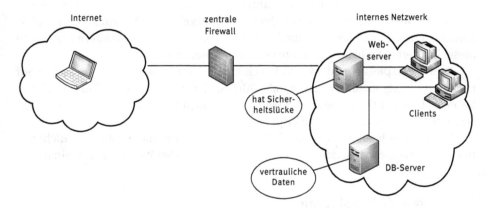

Abb. 10.18: Zentrale Firewall und Webserver mit Sicherheitslücke

10.6.1 Zentrale Firewall

Die einfachste Topologie ist die zentrale Firewall. Sie verfügt nur über eine einzige Komponente, die Bereiche mit Sicherheitsgefälle voneinander trennt. Dadurch erhält man eine Struktur wie die in Abb. 10.17.

Doch wo platziert man Server, die von außen erreichbar sein müssen, z.B. den E-Mail- und den Webserver? In dieser einfachen Struktur hat man nur die Auswahl zwischen internem Netzwerk und Internet. Im Internet sind die Server ungeschützt. Stellt man sie dagegen wie abgebildet ins interne Netz, dann muss man den Zugriff aus dem Internet auf solche Server erlauben.

Daraus ergibt sich ein gravierendes Problem, wie aus Abb. 10.18 hervorgeht: Was passiert, wenn der Webserver eine Sicherheitslücke hat?

Der Webserver muss von außen erreichbar sein, also lässt die Firewall Verbindungen zu ihm durch. Somit kann auch ein Angreifer Verbindungen zum Webserver

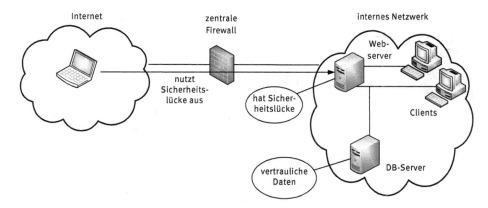

Abb. 10.19: Die Sicherheitslücke im Webserver wird ausgenutzt

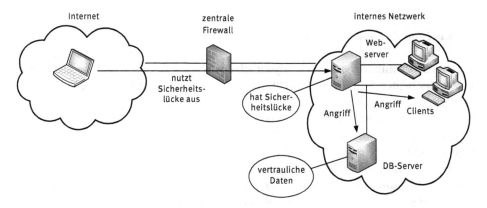

Abb. 10.20: Webserver als Ausgangsbasis für weitere Angriffe

aufbauen und diese verwenden, um die Sicherheitslücke im Webserver auszunutzen (Abb. 10.19). Der Angreifer erhält die Kontrolle über den Webserver!

Vom Webserver aus kann der Eindringling weitere Rechner im internen Netzwerk attackieren, z.B. einen Datenbankserver, dessen vertrauliche Daten er haben möchte (Abb. 10.20). Er kann auch beispielsweise versuchen, auf Clients einen Keylogger zu installieren, um an Passwörter zu gelangen.

Aus diesen Gründen ist die zentrale Firewall in ihrer Reinform nicht zu empfehlen. Eine gewisse Verbesserung erreicht man durch die Einrichtung einer DMZ.

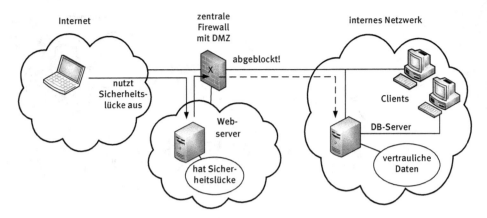

Abb. 10.21: Zentrale Firewall mit DMZ

10.6.2 Zentrale Firewall mit DMZ

Eine **DMZ** (Demilitarized Zone) ist eigentlich der Bereich zwischen den Fronten, der zu keiner der beiden Seiten gehört. In ähnlicher Weise ist die DMZ bei einer Firewall ein Bereich, der weder zum Internet noch zum internen Netzwerk gehört.

Wie aus Abb. 10.21 hervorgeht, wird eine DMZ üblicherweise durch ein drittes Netzwerkinterface an der Firewall gebildet. Dadurch ergibt sich ein Netzsegment, das eigene IP-Adressen hat und mit eigenen Firewall-Regeln versehen werden kann.

In der DMZ bringt man Server unter, die von außen erreichbar sein sollen, z.B. den besagten Webserver. Die Firewall lässt zwar Verbindungen von außen in die DMZ zu, aber nicht aus der DMZ ins lokale Netzwerk: Solche Verbindungen sind üblicherweise nicht erforderlich bzw. könnten stark eingeschränkt werden. Selbst wenn der Webserver eine Sicherheitslücke haben sollte und unter die Kontrolle eines Angreifers gerät: Verbindungen vom Webserver ins interne Netzwerk mit den vertraulichen Daten werden geblockt und der Schaden bleibt begrenzt.

10.6.3 Kaskadierte Firewall mit DMZ

Eine zentrale Firewall bietet nur eine einzige Hürde zum internen Netzwerk: Hat die Firewall eine Sicherheitslücke, steht dem Angreifer das interne Netzwerk offen. Daher schaltet man besser mehrere Firewalls mit unterschiedlicher Hard- und Software hintereinander. Das nennt man eine **mehrstufige** oder **kaskadierte Firewall**. Wie auch die zentrale Firewall kann man sie mit einer DMZ versehen (Abb. 10.22).

Sinnvollerweise wählt man für die einzelnen Firewallstufen unterschiedliche Hard- und Software, sonst wären bei einer Sicherheitslücke beide auf die gleiche Weise

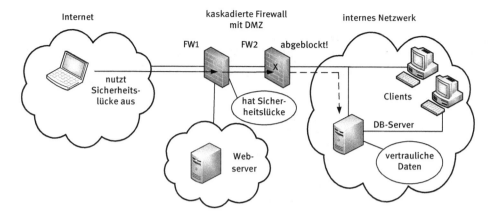

Abb. 10.22: Kaskadierte Firewall mit DMZ

kompromittierbar. Z.B. könnte man für FW1 eine proprietäre Firewall-Hardware und -Software verwenden, während FW2 eine Linux-Firewall auf Standard-Hardware ist.

Weil die Systeme unterschiedlich sind, haben sie sehr wahrscheinlich nicht beide dieselben Sicherheitslücken: Wenn FW1 überwunden werden kann, blockt FW2 den Angriff ab. Wenn FW2 den Fehler hat, aber FW1 nicht, kommt der Eindringling erst gar nicht bis zu FW2.

Im Prinzip könnte man bei einer kaskadierten Firewall die DMZ an jede der Stufen anschließen. Oder man bildet sogar mehrere DMZs. Doch Vorsicht!

- Eine DMZ an FW2 setzt voraus, dass FW1 für Datenverkehr in diese DMZ durchlässig ist. Dadurch geht der Vorteil der mehrstufigen Firewall großteils verloren.
- Den Bereich zwischen FW1 und FW2 sollte man nicht unbedingt als DMZ nutzen, denn für ihn kann man keine separaten Firewall-Regeln definieren: Man kann bei FW2 nicht gut entscheiden, ob ein Paket über FW1 von außen kommt oder ob es von einem Rechner zwischen FW1 und FW2 kommt. Manchmal sieht man eine solche **Dirty DMZ** aber aus Performance-Gründen vor.

Aus den genannten Gründen wird die DMZ üblicherweise durch ein drittes Netzwerk-Interface an FW1 gebildet. Eine DMZ, die an einem separaten Netzwerk-Interface hängt, nennt man **Protected DMZ**.

10.6.4 Sandwich-System

Beim **Sandwich-System** werden Filter kombiniert, die auf unterschiedlichen Ebenen arbeiten, meist Paketfilter und Application Gateways. Die Paketfilter sitzen in aller Regel außen, die Application Gateways innen (Abb. 10.23). So können die Paketfilter die Application Gateways vor Spoofing Attacks schützen. Außerdem gelangen durch

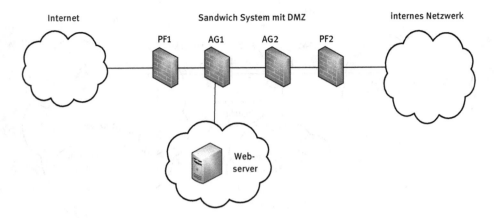

Abb. 10.23: Sandwich Firewall mit DMZ

die Vorfilterung weniger Pakete zu den Application Gateways, die so etwas entlastet werden.

Die Begrifflichkeiten sind bei Firewalls nicht immer ganz eindeutig, aber zum Unterschied zwischen kaskadierter Firewall und Sandwich System kann man grob Folgendes sagen:

- Der Begriff „kaskadierte Firewall" sagt nichts darüber aus, auf welcher Ebene die Filterung erfolgt.
- Ebenso sagt der Begriff „Sandwich System" nicht aus, dass man unbedingt unterschiedliche Hardware, teils auch Software verwenden müsste.

Dadurch, dass man die Rechenleistung für die Filterung auf mehrere Komponenten aufteilt, bekommt man zusätzlich zum Sicherheits- auch noch einen Performance-Gewinn. Wie bei der kaskadierten Firewall kann man eine oder mehrere DMZs an verschiedenen Stellen vorsehen, mit den bereits beschriebenen Vor- und Nachteilen.

10.6.5 Hochverfügbare Firewall

Bei der **hochverfügbaren Firewall** (Abb. 10.24) ist der Zweck weniger die Security, sondern eher die Safety: Die Firewall soll auch bei Ausfall einer Komponente noch arbeiten. Daher werden redundante Komponenten eingesetzt.

Einander entsprechende Komponenten stehen mit einem **Heartbeat** in Verbindung: Bleibt dieser aus, wird ein Ausfall der anderen Komponente angenommen und die noch funktionierende Komponente übernimmt die gesamte Arbeit. Das kann allerdings zu Problemen führen, wenn der Heartbeat ausfällt und jede Komponente meint, ihr Gegenpart sei ausgefallen. Dann würden diese den ganzen Datenverkehr an sich ziehen wollen.

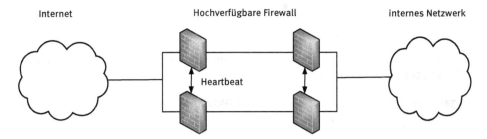

Abb. 10.24: Hochverfügbare Firewall

10.6.6 Next-Generation Firewalls (NGFW)

Eine **Next-Generation Firewall (NGFW)** kombiniert verschiedene Komponenten und Techniken, u.a.:
- Paketfilter
- Application Gateways
- **DPI (Deep Packet Inspection):** Pakete werden sowohl im Header als auch im Datenteil auf Spam, Viren und sonstige unerlaubte Inhalte geprüft.
- **IPS (Intrusion Prevention System):** Es wird nach Mustern gesucht, die auf Angriffe und Sicherheitsverletzungen hindeuten.
- Filterung von (aktiven) Inhalten aus Webseiten

Abschließend lässt sich sagen, dass in der Praxis häufig Mischformen aus allen betrachteten Firewalls anzutreffen sein werden. Wie diese Mischformen aussehen, hängt stark von den Anforderungen, dem Budget und den Gegebenheiten ab.

10.7 Aufgaben

Aufgabe 111. Wie unterscheidet man Firewalls nach den zu trennenden Ressourcen?

Aufgabe 112. Wann bringt eine Firewall nicht den erhofften Sicherheitsgewinn?

Aufgabe 113. Welche Vor- und Nachteile haben Paketfilter?

Aufgabe 114. Welche Filterkriterien sind bei Paketfiltern üblicherweise vorhanden?

Aufgabe 115. Welche Art von Firewall kann IP-Spoofing-Attacks verhindern?

Aufgabe 116. Beschreiben Sie, wie man anhand eines IP-Spoofing-Angriffs an vertrauliche Daten herankommen könnte, und wie dies durch eine Firewall unterbunden werden kann.

Aufgabe 117. Welche Art von Firewall wird vorteilhafterweise eingesetzt, um aktive Inhalte aus Webseiten zu entfernen?

Aufgabe 118. Beschreiben Sie einen Angriff, der durch ein Application Gateway abgewehrt werden kann, nicht aber durch einen Paketfilter.

Aufgabe 119. Was versteht man unter einer Web Application Firewall? Wen schützt sie? Wann ist ihr Einsatz sinnvoll?

Aufgabe 120. Beschreiben Sie anhand zweier Beispiele, gegen welche Gefahren eine Web Application Firewall einsetzbar ist!

Aufgabe 121. Warum ist eine zentrale Firewall nicht ausreichend für hochsichere Anwendungsfälle?

Aufgabe 122. Was versteht man unter einer DMZ? Wie und wozu verwendet man sie? Skizze!

Aufgabe 123. Beschreiben Sie eine möglichst sichere Firewall-Topologie zum Schutz eines Unternehmensnetzwerkes mit ihren Vor- und Nachteilen. Skizze!

11 IoT-Sicherheit

11.1 Sicherheitsproblematik

Das **Internet der Dinge (IoT, Internet of Things)** gewinnt zunehmend an Bedeutung. Darunter versteht man, dass - neben den zahlreichen PCs, Notebooks und Smartphones - mittlerweile praktisch alle Arten von Geräten auch mit Internetzugriff entwickelt werden. Egal, ob es sich um Kühlschränke, Kaffeemaschinen, Smart-TVs, Stromzähler und Beleuchtung handelt, um Windkraftanlagen, Seilbahnen, Autos, Ampelsteuerungen und Radarkameras, oder um so genannte Wearables, die man am Körper trägt, um Vitalparameter zu erfassen.

Jedes dieser Geräte begegnet ähnlichen Problemen, wie wir sie im Kapitel 9 über Internetsicherheit kennengelernt hatten. Eigentlich könnte man auch ähnliche Schutzmaßnahmen ergreifen, wie sie in den Kryptographie-Kapiteln beschrieben wurden, aber gerade im Embedded-Bereich reicht oft die Rechenleistung der Geräte dafür nicht aus bzw. sie würden dafür größer und teurer werden und mehr Energie benötigen.

Die Entwickler solcher Geräte kommen häufig aus dem Hardware- und Embedded-Bereich, wo oft nur rudimentäre Kenntnisse über IT-Sicherheit vorhanden sind oder Zeit und Budget fehlen, um entsprechende Maßnahmen umzusetzen.

Haushalts- und andere Geräte werden oft viele Jahre eingesetzt. Währenddessen werden zahlreiche Sicherheitslücken entdeckt, die aber mangels Updates nicht behoben werden können. Oder es stehen Patches zur Verfügung, aber die Benutzer spielen diese nicht ein. Oft wissen sie gar nichts davon oder haben ein mangelndes Sicherheitsbewusstsein.

Im industriellen Bereich werden im Rahmen der Digitalisierung Geräte ans lokale Netz und damit oft auch ins Internet gebracht, die nie dafür gedacht waren. Entsprechend fehlen nötige Schutzmaßnahmen.

In manchen Bereichen benötigt man eine Zertifizierung, um Geräte für einen bestimmten Zweck betreiben zu dürfen. Die Zertifizierung gilt nur für eine bestimmte Hard- und Software-Konfiguration. Das Einspielen einer neuen, sichereren Betriebssystemversion oder eventuell auch nur eines Sicherheitspatches könnte eine erneute, teure und langwierige Rezertifizierung erfordern. Das stellt einen Aufwand dar, den viele Hersteller scheuen. Wenn sie die Aktualisierung unterlassen, liefe das aber dem eigentlichen Zweck einer Zertifizierung zuwider, weil deren Ziel, nämlich die Sicherheit (im Sinne von Safety, aber auch Security) dann nicht mehr gegeben wäre.

Regelmäßig werden gravierende Schwachstellen in IoT-Geräten gefunden, und das oft in großer Anzahl. Hier einige Bereiche, wo Sicherheits- und Datenschutzprobleme entstehen könnten:

- Im Gerät selbst
- In Web-Anwendungen zur Konfiguration
- Im Falle einer App zur Nutzung des Geräts

https://doi.org/10.1515/9783110767186-011

- Bei der Datenübertragung
- Bei der Nutzung einer Cloud

Wir wollen diese Bereiche nun näher beleuchten.

11.2 Sicherheit im IoT-Gerät

Der Zugriff auf IoT-Geräte kann physisch oder über ein Netzwerk erfolgen. Daraus ergeben sich verschiedene Angriffsmöglichkeiten mit unterschiedlichen Zielsetzungen. Sicherheitsdefizite, die in dieser Hinsicht immer wieder auftreten, sind beispielsweise die folgenden:
- Passwörter: Es ist gar kein Passwort gesetzt oder das Gerät verfügt über einfach zu erratende Passwörter. Default-Passwörter werden bei der Inbetriebnahme nicht geändert oder das neue Passwort ist nicht viel sicherer als das Default-Passwort. Oft sind Wartungszugänge vorhanden, deren Passwort sich nicht ändern lässt. Passwörter können im Klartext im Gerät gespeichert sein. Ein Schutz vor Brute-Force-Attacks, z.B. Wartezeit nach Passwort-Fehleingaben, fehlt häufig.
- Firmware: Die Firmware kann aus dem Gerät ausgelesen und von Produktpiraten analysiert werden, z.B. über JTAG-Anschlüsse. Neue Firmware wird nicht auf Authentizität geprüft, z.B. mittels digitaler Signaturen. Sicherheitspatches werden vom Anwender nicht eingespielt oder vom Hersteller erst gar nicht angeboten.
- Konfiguration: Die Default-Konfiguration des Geräts ist von Haus aus unsicher oder kann durch den Benutzer unsicher gemacht werden.
- Geheime Schlüssel: Diese könnten im Gerät gespeichert sein und sind möglicherweise auslesbar. Die zugehörigen Schutzmechanismen, z.B. Verschlüsselung und digitale Signatur, könnten dadurch ausgehebelt werden.
- Datenschutz: Das Gerät erfasst und speichert Benutzerdaten ohne Kenntnis des Benutzers oder ohne dessen Einwilligung. Datensparsamkeit, Privacy by Design und Privacy by Default werden nicht beachtet.
- Gefährdung des Benutzers: Bei bestimmten Arten von IoT-Geräten, z.B. Insulinpumpen, Herzschrittmachern oder anderen Medizingeräten können Sicherheitslücken die Gesundheit oder das Leben des Benutzers gefährden.

11.2.1 Sicherheit von Webanwendungen für das IoT-Gerät

Viele IoT-Geräte können über Webanwendungen **(Web Apps)** mittels Internet-Browser konfiguriert oder gesteuert werden. Dabei können Angriffe wie die in Kapitel 10.5.3 beschriebenen möglich sein. Weitere Gefahren sind ungeschützte Weboberflächen, für die keinerlei Anmeldung nötig ist.

Auf dem IoT-Gerät muss dazu ein Webserver vorhanden sein, der sich von dem Internet-Browser kontaktieren lässt, ggf. auch von außen aus dem Internet. Der Webserver wird meist durch eine Datenbank unterstützt, die die Konfigurations- und Nutzerdaten enthält. In Kapitel 11.4.1 wird darauf eingegangen, wie Webanwendungen sicher gestaltet werden können.

11.2.2 App-Sicherheit

In zunehmendem Maße gibt es IoT-Geräte, für die vom Hersteller eine App zum Einsatz auf Mobilgeräten **(Mobile Apps)** zur Verfügung gestellt wird. Im Gegensatz zu Webanwendungen benötigen Mobile Apps nicht notwendigerweise eine Internetverbindung, sondern können auch auf andere Weise Kontakt zu einem IoT-Gerät aufnehmen, z.B. per Bluetooth. Außerdem können Mobile Apps die im Smartphone eingebauten Komponenten nutzen, auf die der Internet-Browser nicht ohne weiteres zugreifen kann, beispielsweise GPS und diverse Sensoren.

Die Kopplung von IoT-Gerät und Mobile App über Internet kann über eine Cloud erfolgen, auf die das IoT-Gerät Daten hochlädt. Die Mobile App kann wiederum auf die Daten in der Cloud zugreifen und visualisieren bzw. das IoT-Gerät auf diesem Weg mit neuen Einstellungen versorgen.

Die Sicherheit des Smartphones hängt stark davon ab, welche Berechtigungen den Mobile Apps eingeräumt werden. Auch können Mobile Apps in größerem Umfang Daten sammeln oder lokal ablegen als dies einem Internet-Browser möglich wäre. Dies verstärkt tendenziell die Datenschutzproblematik im Vergleich zu einer Nutzung nur des Internet-Browsers.

11.2.3 Sicherheit der Datenübertragung

Egal ob mit Web App oder Mobile App, die Daten vom und zum IoT-Gerät müssen übertragen werden. Dabei spielen kryptographische Methoden in allen Facetten, die wir kennengelernt haben, eine große Rolle, um Vertraulichkeit, Integrität und Authentizität zu gewährleisten und vor Replay Attacks zu schützen.

Häufig verfügt ein IoT-Gerät über mehrere Schnittstellen, z.B. Ethernet, Mobilfunknetz, Bluetooth oder spezielle IoT-Netzwerktechnologien wie LoRaWAN. Auch Schnittstellen wie USB, JTAG oder UART können prinzipiell als Einfallstore verwendet werden, zumindest bei physischem Zugriff auf das IoT-Gerät. Ein Sicherheitskonzept sollte alle vorhandenen Schnittstellen angemessen berücksichtigen.

11.2.4 Cloud-Sicherheit

IoT-Geräte können sensible Daten erfassen und verarbeiten, z.B. medizinische Daten, Aufenthaltsorte und Bewegungsprofile von Benutzern. Sobald Benutzer von IoT-Geräten deren Daten an eine Cloud übergeben, die sie nicht selbst betreiben, überlassen sie auch in großem Maße die Kontrolle über diese Daten den Geräteherstellern. Nicht immer verhalten diese sich datenschutzkonform und sicherheitsbewusst.

Beispielsweise werden Geräte mit Spracherkennung immer häufiger. Man sollte sich darüber im Klaren sein, dass die Sprache üblicherweise nicht im Gerät selbst erkannt wird, sondern sie wird in die Cloud übertragen und dort verarbeitet. Ein Kunde hat üblicherweise kaum einen Einfluss darauf

– in welchem Land dies geschieht
– ob die Daten sicher dorthin gelangen
– ob die erkannten Sätze auf sichere Weise zurück übertragen werden
– ob und wie lange die Daten gespeichert werden
– wie die Daten ausgewertet werden
– an wen sie weitergegeben werden.

Außer dem bestimmungsgemäßen Gebrauch ist es auch prinzipiell möglich, unter Ausnutzung von Sicherheitslücken Räume nach Belieben abzuhören. Kameras in Smart-TVs können das Geschehen in Privaträumen ins Internet streamen.

Bisweilen sind die Namen von gültigen Benutzerkonten lediglich Nummern, die durch Hochzählen o.ä. von Unbefugten erraten werden können. Diese könnten dann die personenbezogenen Daten anderer Benutzer einsehen.

Bevor ein IoT-Gerät eingesetzt wird, sollte man sich über bereits entdeckte Sicherheitslücken und deren Auswirkungen informieren.

11.3 Auffinden verwundbarer Geräte

11.3.1 Problematik

In Werken über Penetration Testing und Netzwerksicherheit findet man zahlreiche Methoden, um verwundbare Geräte zu finden und Sicherheitslücken aufzudecken. Im folgenden soll auf eine besonders eindrucksvolle Methode eingegangen werden: das **Google Hacking**.

Suchmaschinen wie Google finden fast alle Informationen, die aus dem Internet zugreifbar sind. Das trifft auch auf Informationen zu, die ungewollt nach außen dringen. Es kann sich beispielsweise um folgende Dinge handeln:

– Ungeschützte Webcams und andere Hardware wie Drucker, Multifunktionsgeräte, Kühlschränke oder gar Windkraftanlagen
– Login-Fenster

– Konfigurationsdateien mit Passwörtern
– Log-Dateien mit teils sensiblen Inhalten wie IP-Adressen, Benutzer- und Rechner-
  namen, usw.
– Fileshares mit Backups oder vertraulichen Dokumenten
– Verwundbare Software-Versionen

Außer dem Löschen oder der Manipulation von Daten könnten auch vertrauliche Informationen an Unbefugte gelangen, die damit z.B. Wirtschaftsspionage betreiben oder
einen Cyberangriff auf ein Unternehmen vorbereiten.

Ferner könnten Systeme heruntergefahren oder deren Benutzer ausgesperrt werden.
Wenn es sich z.B. um Industrieanlagen oder Medizingeräte handelt, wäre sogar Gefahr
für Leib und Leben denkbar.

11.3.2 Vorgehensweise

Sowohl verwundbare Software als auch Hardware, wie IoT-Geräte, können nach demselben Prinzip gefunden werden: Wenn man sie mit Anfragen anspricht, geben sie
einen **Banner** von sich. Das ist eine Textbotschaft, die üblicherweise das eingesetzte
Produkt und dessen Version offenbart.

Genau das passiert, wenn eine Suchmaschine systematisch einen Bereich des
Internets durchforstet und alle frei zugänglichen Inhalte erfasst. So werden auch die
Banners registriert.

Ebenso wie man nach herkömmlichen Webseiten sucht, kann man auch nach den
Banners gezielt suchen. Die dazu nötigen Suchbegriffe nennt man **Google Dorks**. Man
findet sie z.B. in der Exploit-DB [Exploit-DB, 2017].

Ursprünglich bezeichnete man mit Google Dork eine Person, die unzureichende Sicherheitsmaßnahmen traf. Mit der Zeit hat sich die Bedeutung hin zu den Suchbegriffen
gewandelt.

Ein Beispiel: Manche ungeschützte Webcams geben einen Banner von sich, in dem
die Zeichenkette „Network Camera" im Titel der HTML-Seite auftaucht. Ferner kommt
in der URL die Zeichenfolge „ViewerFrame?Mode=" vor. Die Suchanfrage

```
intitle:"Network Camera" inurl:"ViewerFrame?Mode="
```

sucht gezielt nach Webseiten, auf die beides zutrifft.

Viele der Treffer sind tatsächlich solche ungeschützten IP-Kameras. Unbefugte
können so möglicherweise in private Bereiche sehen. Teils ist es auch möglich, die
Kamera zu schwenken oder das Bild zu zoomen.

Aber ein Wort zur Vorsicht: Manche Websites betten einen bekannten Google
Dork bewusst in ihren Titel oder in die URL ein. Damit wollen sie gezielt Besucher

anlocken, die nach Webcams suchen. Anstelle des Webcam-Bildes wird ihnen Werbung präsentiert oder es wird versucht, den Computer des Internet-Surfers zu infizieren.

Teils muss JavaScript aktiviert sein, um das Bild einer Webcam zu sehen. Manche Webcams erfordern sogar ein spezielles Plugin. Eine entsprechend manipulierte Webseite kann versuchen, dem Benutzer ein gefälschtes Plugin unterzuschieben, um seinen Rechner anzugreifen.

Es existieren Spezial-Suchmaschinen wie **Shodan** [Shodan, 2022], die speziell auf das Finden verwundbarer Produkte zugeschnitten sind und sich dazu eignen, das eigene Firmennetz regelmäßig und automatisch danach abzusuchen.

Man kann dazu die Treffer gezielt nach Kriterien wie Name, Netzwerk, Port, Ort und Zeit filtern und mit Skriptsprachen auswerten.

11.4 Sicherheitsmaßnahmen

11.4.1 Entwicklung sicherer Web-Anwendungen

IoT-Geräte sind häufig über ein Web-Interface zugänglich. Daher haben viele der Probleme bei IoT-Geräten mit unsicheren Webanwendungen zu tun.

Das Open Web Application Security Project (**OWASP**) hat eine Liste der zehn wichtigsten Sicherheitsprobleme zusammengestellt, die **OWASP Top Ten**, zusammen mit Hinweisen zur Abhilfe [OWASP, 2022b]. Diese Liste wird alle paar Jahre aktualisiert, wobei die meisten der Top Ten Sicherheitsprobleme fortbestehen. Derzeit, im Jahr 2017, ist gerade wieder ein Aktualisierungszyklus im Gange, wo vermutlich zwei der Top Ten sich ändern könnten.

Noch umfassendere Informationen enthält das **OWASP Developer Guide Project** [OWASP, 2022a]. Beide richten sich in erster Linie an Software-Entwickler. Tatsächlich können in der Phase der Software-Entwicklung am besten Sicherheitsmaßnahmen eingebaut werden, so dass viele Angriffe ins Leere laufen.

Einige Beispiele für Angriffe auf Webanwendungen hatten wir bereits in Kapitel 10.5.3 kennen gelernt. Unter den OWASP Top Ten ist seit Jahren die Injection auf Platz 1 zu finden. In diese Rubrik fällt die SQL Injection (siehe Kapitel 10.5.3.1). Auch das Cookie-Poisoning (Kapitel 10.5.3.2) als Beispiel für fehlerhaftes Authentisierungs- und Sitzungsmanagement sowie das Cross-Site Scripting sind schon lange unter den ersten Plätzen zu finden (Kapitel 10.5.3.4).

Leider hat der Endanwender üblicherweise keinen Einfluss darauf, wie sorgfältig bei der Software-Entwicklung vorgegangen wurde. Daher wird er sich auf die nachfolgenden Maßnahmen konzentrieren müssen.

11.4.2 Durchdachte Kaufentscheidungen

Sicherheit fängt bereits vor dem Kauf eines IoT-Geräts an. Die Hersteller unterscheiden sich ziemlich stark darin, wie viel Wert sie auf die IT-Sicherheit ihrer Geräte legen.

Die Zahl und der Schweregrad bereits bekannt gewordener Sicherheitsprobleme bei Geräten eines Herstellers kann ein gutes Kauf- oder Ablehnungskriterium sein. Ebenso Berichte darüber, wie zeitnah oder ob überhaupt in der Vergangenheit auf Sicherheitsprobleme reagiert wurde.

Ein Feedback an einen Hersteller, dass aus Sicherheitsgründen ein Konkurrenzprodukt gewählt wurde, kann evtl. Einfluss darauf haben, dass bei künftig zu entwickelnden Produkten mehr Wert auf deren Sicherheit gelegt wird. Umgekehrt kann ein positives Feedback an einen Hersteller dessen Strategie bestärken, auf IT-Sicherheit zu setzen und nicht an dieser Stelle Sparmaßnahmen vorzunehmen.

11.4.3 Erfassung aller IoT-Geräte und Strategie

IoT-Geräte kann man nur dann absichern, wenn man von ihrer Existenz weiß. Ein erster Schritt besteht daher darin, dass man eine Liste aller solcher Geräte erstellt. Wesentliche Informationen sind das Kaufdatum bzw. das Datum des letzten Firmware-Updates, der Zweck des Geräts und wer dafür verantwortlich ist, sowie wer es wie nutzen darf.

Unbekannte Geräte sollten aus dem Verkehr gezogen werden, weil sie ein Einfallstor ins Unternehmensnetz darstellen könnten.

Bei Geräten, für die keine Firmware-Updates angeboten werden oder die offenbar über veraltete Firmware verfügen, sollte man sich zusätzliche Maßnahmen überlegen. Sie könnten in ein isoliertes Netzsegment gestellt oder gar durch ein neueres, besser versorgtes Gerät ersetzt werden.

Generell ist eine Regelung sinnvoll, wie im Unternehmen mit IoT-Geräten umgegangen werden soll:
– Welche Beschaffungskriterien gibt es?
– Wie werden IoT-Geräte ins Netzwerk eingebunden und administriert?
– Wie erkennt man unbekannte Geräte?
– Wie geht man mit Firmware-Updates um?
– Was macht man mit Geräten, die man nicht hinreichend absichern kann?
– Wie stellt man Sicherheitsvorkommnisse in Verbindung mit IoT-Geräten fest und wie reagiert man darauf?

11.4.4 Sichere Konfiguration

Eine wesentliche Maßnahme ist die sichere Konfiguration durch den Administrator des IoT-Geräts. Das setzt voraus, dass der Administrator sich mit der Dokumentation des Geräts beschäftigt und dessen Sicherheitseinstellungen kennen lernt.

Wann immer möglich, sollte ein Gerät gar nicht aus dem Internet erreichbar sein. In jedem Fall sollte es sich hinter einer Firewall befinden, bei der nur die unbedingt nötigen Ports freigeschaltet sind.

Das Gerät sollte keine Banners von sich geben, die sensible Informationen enthalten. Selbst wenn eine Suchmaschine dann auf das Gerät stößt, würde man es dann nicht mehr durch die einschlägigen Suchanfragen finden können.

Web-Interfaces sind durch Passwörter zu schützen. Falls ein Default-Passwort vorhanden ist, ist es zu ändern, um es Angreifern nicht unnötig leicht zu machen.

11.4.5 Eingeschränkte Zugriffsmöglichkeiten auf Daten

In IoT-Geräten werden oft sensible Daten erfasst, gespeichert oder verarbeitet. Der Zugriff auf diese Daten sollte eingeschränkt werden, wobei im Falle von personenbezogenen Daten die Datenschutzgesetze und -regelungen zu beachten sind.

Zugriffsrechte sollten so gesetzt werden, dass man aus einer Webanwendung heraus nicht auf Konfigurations- oder Passwortdateien zugreifen kann.

Um sicherzustellen, dass nur Berechtigte auf Daten zugreifen können, sind sichere Authentisierungsmethoden vorzusehen. Insbesondere sollte auch bei Firmware-Updates geprüft werden, ob diese tatsächlich authentisch sind und nicht manipuliert wurden.

Werden Daten über das Internet übertragen, sollten sie verschlüsselt werden. Entsprechendes gilt für die Speicherung von sensiblen Daten in der Cloud. Anbieter, die die Daten in der Cloud nur schlecht absichern, sollten gemieden werden.

11.4.6 Sichtung von Log-Files

Angriffe können nur erkannt werden, wenn sicherheitsrelevante Ereignisse mitgeloggt werden. Die Log-Files sollten regelmäßig ausgewertet werden bzw. Administratoren sollten per SMS oder E-Mail Warnungen bei besonders sicherheitskritischen Vorkommnissen bekommen.

Weil Angreifer gerne Einträge in Log-Files manipulieren, um ihre Spuren zu verwischen, sollten die Log-Files auf einem separaten Log-Server liegen. Besonders kritische Meldungen könnten sogar direkt an einen Drucker gehen.

11.4.7 Pentesting

Üblicherweise wird ein neu hergestelltes Produkt im Rahmen einer Qualitätskontrolle auf einwandfreie Funktion getestet, bevor es seinen Weg zum Verbraucher antritt. Man geht nicht davon aus, dass z.B. jeder Küchenmixer, der eine Fertigungslinie verlässt, auf Anhieb funktioniert, sondern man probiert das aus. So erspart man sich unnötige Reklamationen und Kosten.

Die IT eines Unternehmens ist ungleich komplexer als ein Küchenmixer. Sie besteht oft aus Tausenden von Geräten, wobei dauernd Geräte hinzukommen oder ersetzt werden. Anwendungen werden aktualisiert und umkonfiguriert. Benutzer kommen neu dazu, verlassen das Unternehmen oder bekommen aufgrund neuer Aufgaben andere Berechtigungen. Man kann nicht erwarten, dass das alles auf Anhieb fehlerfrei funktioniert.

Es gibt auch noch einen ganz wesentlichen Unterschied im Vergleich zu einem neu gefertigten Produkt: Wenn der Küchenmixer läuft und die gewünschten Funktionalitäten vorhanden sind, dann genügt das zumeist. Wenn die IT läuft, reicht das aber nicht aus: Außer vorhandener Funktionalität muss auch noch die Abwesenheit unerwünschter Funktionalitäten, d.h. Sicherheitslücken, geprüft werden.

Um Sicherheitslücken aufzuspüren, benötigt man eine gewisse Erfahrung und ständige Übung: Es kommen immer wieder neue Sicherheitslücken hinzu, die man mit einbeziehen muss. Das können IT-Mitarbeiter neben ihrer hauptsächlichen Tätigkeit in aller Regel nicht hinreichend leisten. Daher werden für solches **Penetration Testing**, kurz **Pentesting** sehr häufig Spezialunternehmen beauftragt.

Je nach Art und Umfang der Beauftragung werden Bereiche der IT mit denselben Methoden untersucht, die auch Hacker einsetzen würden. Gefundene Sicherheitslücken werden in Form eines Berichts zusammengestellt, und es werden Hinweise zur Abhilfe gegeben. Nach der Behebung der Lücken durch die Unternehmens-IT empfiehlt es sich, die ursprünglichen Lücken nochmals zu testen. So stellt man fest, ob die Maßnahmen effektiv waren.

Es könnten zwar weitere Lücken vorhanden sein, die unentdeckt geblieben sind. Trotzdem bringt das Pentesting einen großen Zugewinn an Sicherheit. Zum einen sind wichtige Sicherheitslücken nun behoben. Zum anderen werden Unbefugte nun vermutlich schnell feststellen, dass sie kein einfaches Ziel vor sich haben und sich eher schlechter abgesicherten Unternehmen zuwenden. Weil Unbefugte nun oft erst gar nicht weiter versuchen, einzudringen, sinkt die Gefahr von erfolgreichen Angriffen auf die Unternehmens-IT zusätzlich weiter ab.

11.5 Aufgaben

Aufgabe 124. Was sind einige Besonderheiten bei der IoT-Sicherheit im Vergleich zur Sicherheit eines PCs?

Aufgabe 125. Nennen Sie drei konkret aufgetretene Beispiele für gravierende Sicherheitslücken bei IoT-Geräten!

Aufgabe 126. Welche Sicherheits- und Datenschutzprobleme können im Hinblick auf IoT-Geräte mit Sprachsteuerung auftreten?

Aufgabe 127. Was versteht man unter Google Hacking und was kann damit gefunden werden?

Aufgabe 128. Nennen Sie vier Schutzmaßnahmen, um IoT-Geräte sicher zu betreiben!

Aufgabe 129. Pentesting kann meist nicht alle vorhandenen Sicherheitslücken auffinden. Warum ist es trotzdem wirksam?

12 Automotive Security

Die Inhalte dieses Kapitels beziehen sich zwar speziell auf die Automotive Security, aber die vorgestellten Prinzipien und Methoden lassen sich mit gewissen Variationen auch auf andere Bereiche übertragen, in denen Hard- oder Software entwickelt wird. Für viele Bereiche gibt es inzwischen Standards, nach denen vorgegangen wird. Am Beispiel der Automotive Security wird gezeigt, wie ein Security-Standard aufgebaut sein kann und welche Best Practices dort enthalten sein können. Dabei werden auch Themen wie Security Threat Modeling und Risiko-Ermittlung angeschnitten.

12.1 Functional Safety und Cybersecurity

In der Fahrzeugtechnik legt man schon sehr lange großen Wert auf Safety. Dies schließt ein, dass Komponenten möglichst ausfallsicher sind und dass idealerweise keine Personen gefährdet werden, wenn eine Komponente ausfällt oder fehlerhaft arbeitet. Z.B. ist es besser, wenn beim Ausfall einer Komponente das Fahrzeug ausrollt und stehen bleibt, als dass es fortgesetzt beschleunigt. Die Safety bezieht sich in erster Linie auf zufällige Defekte und spiegelt sich in der **ISO 26262** [International Organization for Standardization, 2018] als **Functional Safety** wider.

Im Gegensatz dazu konzentriert sich die Security auf vorsätzliche Handlungen. Lange Zeit beschränkten sich solche vorsätzlichen Handlungen auf Aktivitäten, für die physischer Zugriff auf das Fahrzeug nötig war. Das Einbrechen ins Fahrzeug oder das Kurzschließen zum Zwecke des Startens und Diebstahls könnten im weiteren Sinn dazugerechnet werden. Ebenso das seitens der Hersteller meist ungewollte Chiptuning oder die Produktpiraterie bei Steuergeräten, den **ECUs** (Electronic Control Units).

Seit Fahrzeuge aber über immer mehr drahtlose Schnittstellen verfügen, hat sich das Bild geändert. Bluetooth, WLAN und Mobilfunkanbindung mit Internetzugang machen ein Fahrzeug zu einer Art großem Mobilgerät und bringen Gefährdungen aus der Welt von Notebooks und Smartphones ins Fahrzeug. Funktionalitäten wie Funkschließsysteme (**Remote Keyless Entry, RKE**) oder autonomes Fahren bringen weitere Herausforderungen für die Security mit sich. Daher spricht man in dieser Verbindung gerne von **Cybersecurity**, insbesondere in den diesbezüglichen Standards.

Generell lässt sich sagen, dass ohne Cybersecurity auch keine Safety mehr möglich ist. Wenn beispielsweise jemand über das Internet eine Vollbremsung auslöst oder bei voller Fahrt die Kofferraumklappe öffnet, dann kann dies folgenschwere Auswirkungen haben.

Wie auch in anderen Bereichen findet man in der Fahrzeugtechnik Gegebenheiten, die einst ohne Berücksichtigung der Cybersecurity entwickelt wurden und im Laufe der Zeit immer komplexer wurden. Nun muss die Cybersecurity sozusagen nachträglich in die Abläufe eingebaut werden. Dies wirkt sich auf alle Bereiche aus.

https://doi.org/10.1515/9783110767186-012

Beispielsweise reichte es bei der Softwareentwicklung lange Jahre aus, gewünschte Funktionalitäten in ein Lastenheft zu schreiben und hinterher zu prüfen, ob alle Funktionalitäten des Lastenhefts umgesetzt wurden. Bei der Cybersecurity geht es aber nicht unbedingt nur um das Vorhandensein erwünschter Funktionalitäten, sondern besonders um die Abwesenheit unerwünschter Funktionalitäten, also von Sicherheitslücken. Solche neuen Aspekte machen ganz andere Herangehensweisen erforderlich und wirken sich auf alle Phasen der Softwareentwicklung aus.

Daher wurden Standards wie der **SAE J3061** [SAE International, 2021] geschaffen. Er ergänzt ISO 26262 um Cybersecurityaspekte und definiert dazu ein **Threat Analysis and Risk Assessment (TARA)**. Dieses deckt alle Phasen des Entwicklungprozesses ab, angefangen beim Konzept und Entwurf, über Entwicklung und Validierung bis hin zur Incident Response im laufenden Betrieb.

Dieser Standard in der Version SAE J3061:2021 wird allerdings nicht weiterentwickelt. Sein Nachfolger ist **ISO/SAE 21434:2021** [ISO/SAE International, 2021], auf den wir nun überblicksmäßig eingehen wollen.

12.2 ISO/SAE 21434

Der Standard ISO/SAE 21434 [ISO/SAE International, 2021] formuliert Erfordernisse für das Cybersecurity Risk Management. Dabei umfasst er die Konzipierung, Produktentwicklung, Produktion sowie den Betrieb, die Wartung und Außerbetriebnahme von sogenannten **E/E-Systemen** (elektrische und elektronische Systeme) in Straßenfahrzeugen. Das schließt deren Komponenten und Schnittstellen ein.

Generell unterscheidet der Standard **Items** und **Komponenten**. Ein Item kann dabei eine einzelne Komponente sein oder aus mehreren Komponenten aufgebaut sein. Eine Komponente ist ein Teil, das logisch und technisch separat behandelt werden kann.

Der Standard definiert für verschiedene Bereiche die Ziele, den nötigen Input, die Erfordernisse (**Requirements**) und Empfehlungen sowie die Ergebnisse (**Work Products**). Letztere sind in der Regel zu erstellende Dokumente, die gewonnene Erkenntnisse eines Schrittes zusammenfassen und die in weiteren Etappen wieder aufgegriffen werden.

Im folgenden soll ein Überblick über den Standard und seine Anwendung gegeben werden. Für die Umsetzung realer Projekte sollte jedoch unbedingt der Standard im Original hinzugezogen werden, der viele weitere Details und Hinweise enthält.

12.2.1 Cybersecurity-Management auf Unternehmensebene

Ein Unternehmen oder eine Einrichtung sollte organisatorische Vorkehrungen treffen, um die Cybersecurity zu etablieren. Dazu zählen Policies, Regeln und Prozesse, die zu erstellen sind. Veranwortlichkeiten sind zuzuweisen und ein Cybersecurity-Budget ist vorzusehen.

Eine Cybersecurity-Kultur sorgt für Awareness-Kampagnen, Schulungen und Informationsaustausch. Dabei unterstützen Tools, während Audits wesentliche Schwächen, Stärken und Verbesserungsmöglichkeiten aufzeigen. Im Grunde sind dies Strukturen und Vorkehrungen, die in jedem Unternehmen für die Förderung der Cybersecurity vorhanden sein sollten, nicht nur in der Fahrzeugbranche.

12.2.2 Cybersecurity-Management auf Projektebene

Auch auf Projektebene sind Prozesse und Verantwortlichkeiten zu definieren. Ein Cybersecurity-Plan für das Projekt wird erstellt, der u.a. die weitere Vorgehensweise und die Begründung dafür festhält.

Nicht alle Komponenten sind relevant für die Cybersecurity. Ob dies konkret der Fall ist, ist zu ermitteln. Es stellt sich ferner die Herausforderung, bereits selbst entwickelte Komponenten wiederzuverwenden (**Reuse**), was eine **Reuse Analysis** erfordert.

Oft sind fertige Komponenten (**Off-the-Shelf**) zu integrieren, die von Anderen entwickelt wurden, beispielsweise Software-Bibliotheken. Auch ist z.B. bei Zulieferern nicht immer klar, in welchem Umfeld Komponenten später eingesetzt werden (**Out-of-Context**) und welche Auswirkungen dies auf die Cybersecurity haben kann. Hier sind Annahmen zu treffen.

Abhängig von einer Risikobewertung ist zu entscheiden, ob ein **Cybersecurity Assessment** durchgeführt wird, also eine besondere Prüfung der Cybersecurity bei dem entwickelten Produkt.

12.2.3 Verteilte Cybersecurity-Aktivitäten

Wenn mehrere Einrichtungen an der Entwicklung beteiligt sind, sind deren Aktivitäten und Verantwortlichkeiten miteinander abzustimmen. Das betrifft insbesondere Zulieferer und deren Kunden. Dazu sind vertragliche Regelungen zu treffen.

12.2.4 Kontinuierliche Cybersecurity-Aktivitäten

Als **kontinuierliche Cybersecurity-Aktivitäten** werden solche bezeichnet, die während des gesamten Produktlebenszyklus erforderlich sind. Sie können unabhängig von einem bestimmten Projekt sein und umfassen beispielsweise den Umgang mit Sicherheitslücken, die bekannt werden, und deren Behebung.

12.2.5 Konzeptphase

Bereits in der Konzeptphase werden Überlegungen angestellt, welchen Einflüssen auf dem Gebiet der Cybersecurity ein Produkt ausgesetzt sein wird, welche Cybersicherheitsziele angestrebt werden und wie sie erreicht werden können.

Dazu werden die Grenzen (**Item Boundaries**) des Objekts zu seiner Einsatzumgebung festgelegt, ferner dessen Funktionen und eine vorläufige Architektur. Außerdem wird ein Cybersecurity-Konzept erstellt.

12.2.6 Produktentwicklung

Die Schritte der Produktentwicklung lassen sich gut in einem V-Modell darstellen, auch wenn der Standard nicht darauf festgelegt ist. Auf die Konzeptphase aus Kapitel 12.2.5 folgt der Entwurf der Komponenten und der Sub-Komponenten, dann die Integration und Verifizierung der Sub-Komponenten und Komponenten in Bezug auf die Spezifikation. Schließlich folgt die Cybersecurity-Validierung aus Kapitel 12.2.7.

Es werden Cybersecurity-Spezifikationen festgelegt, die zu denen aus höheren Architekturebenen passen müssen. Mögliche Schwächen werden ermittelt, und es wird geprüft, ob die betreffende Komponente der Cybersecurity-Spezifikation entspricht. Dabei werden beispielsweise Methoden der sicheren Programmierung eingesetzt. Beim Testen ist besonderer Wert auf eine hinreichende Abdeckung der Cybersecurity-relevanten Bereiche zu legen.

12.2.7 Cybersecurity-Validierung

Die Cybersecurity-Validierung erfolgt auf Fahrzeugebene in der vorgesehenen Einsatzumgebung, wobei die Konfiguration dem späteren serienmäßigen Einsatz entspricht. Es wird geprüft, ob die Cybersecurity-Ziele erreicht wurden und ob inakzeptable Restrisiken verbleiben.

12.2.8 Produktion

Um zu verhindern, dass im Laufe der Produktion Sicherheitslücken im Produkt entstehen, wird ein Produktionskontrollplan erstellt. Er enthält u.a. die für das Post-Development erforderlichen Schritte sowie Maßnahmen, die Manipulationen verhindern sollen. Diese können sich auch auf Server beziehen, auf denen Daten für das Produkt gespeichert werden, z.B. dessen Firmware.

12.2.9 Betrieb und Wartung

Dieser Bereich deckt insbesondere Updates und **Incident Response** ab. Incident Response beschreibt, wie beim Bekanntwerden von Sicherheitslücken oder Sicherheitsvorfällen vorzugehen ist. Wird eine Schwachstelle im Produkt entdeckt, könnte eine der Maßnahmen das Einspielen eines Patches oder Firmware-Updates in die betroffene Komponente sein.

Dazu gehört, dass bereits im Vorfeld festgelegt wurde, welche Verantwortlichkeiten in dieser Hinsicht bestehen und welche Informationsquellen man nutzt, um von den Schwachstellen zu erfahren. Ferner sollte ermittelt werden, wer die nötige Expertise zur Behebung der Schwachstelle hat und auf welche Weise die nötigen Patches und Updates verbreitet werden.

12.2.10 Ende des Cybersecurity-Supports und Außerbetriebnahme

Den Kunden sollte mitgeteilt werden, ab wann kein Cybersecurity-Support mehr geleistet wird. Häufig wird dies der Zeitpunkt sein, ab dem keine Patches und Updates mehr erstellt werden.

Die Außerbetriebnahme (**Decommissioning**) kann deutlich später durch den Kunden erfolgen und liegt nicht notwendigerweise in der Hand des Herstellers. Sie kann für den Hersteller relevant werden, wenn beispielsweise Komponenten mit personenbezogenen Daten im Rahmen eines Garantiefalles an den Hersteller zurückgesendet werden.

12.3 Security Threat Modeling

Nachdem wir uns einen Überblick über den Standard ISO/SAE 21434 verschafft haben, wollen wir nun auf das **Security Threat Modeling (STM)**, kurz **Threat Modeling**, eingehen. Ein modernes Fahrzeug unterliegt, wie alle vernetzten Systeme, Cybersecurity-Bedrohungen. Das Threat Modeling versucht, diese Bedrohungen in ein theoretisches Modell zu übertragen und so systematisch mögliche Schwachstellen und Angriffsmöglichkeiten aufzudecken. Je besser das gelingt, desto eher werden die Maßnahmen, die man aufgrund dessen trifft, ihre Wirkung entfalten. Daher spielt das Threat Modeling eine wichtige Rolle dabei, ein Produkt sicherer zu machen.

Wir beginnen dabei in der Konzeptphase, denn mittels Threat Modeling sollen Bedrohungen und Sicherheitsrisiken bereits im Entwurfsstadium entdeckt werden. Eine Herausforderung ist dabei, dass ein Fahrzeug ein sehr komplexes Gebilde ist, bei dem es viele mögliche Einfallstore gibt.

12.3.1 Attack Surface und Trust Boundaries

Die Menge der möglichen Einfallstore oder **Entry Points** ins System bilden die so genannte **Attack Surface** oder Angriffsfläche. Wie auch bei zahlreichen anderen Begriffen in diesem Kapitel haben sich die englischsprachigen Bezeichnungen etabliert, während man die zugehörigen deutschen Übersetzungen eher selten findet. Entsprechend werden wir ebenfalls die englischen Begriffe verwenden.

Die Attack Surface eines Fahrzeugs ist gar nicht so einfach zu beschreiben. Dazu sollte man sich überlegen, auf welchem Wege ein Angreifer vorgehen könnte, sowohl von außen als auch von innen. Insbesondere sind folgende Punkte von Bedeutung:
– Welche Schnittstellen gibt es? Z.B. für Wartungszwecke, drahtlose Schnittstellen, Schnittstellen für elektrisches Laden.
– Welche Signale gehen darüber? Z.B. CAN-Signale, TCP/IP-Datenverkehr, Mobilfunk.
– Welche Geräte sind damit angebunden? Z.B. Sensoren, ECUs.

Die Attack Surface sollte grundsätzlich möglichst klein sein, aber darauf hat man nicht immer einen Einfluss. Mit der Ausstattung und dem Komfort wächst üblicherweise auch die Attack Surface.

Als nächstes überlegt man sich, welche Komponenten mit welchen anderen kommunizieren und welche Vertrauensebenen es gibt. Eine **Vertrauensebene** oder ein **Trust Level** umfasst – einfach gesagt – Komponenten, für die ungefähr gleichartige Ansprüche, z.B. an Vertraulichkeit oder Integrität, bestehen und auf die man mit gleichartigen Berechtigungen zugreifen darf. Dies ist vereinfacht in Abb. 12.1 zu sehen. Eine solche Darstellung nennt man **Data Flow Diagram (DFD)**.

Beispielsweise kann man alles, was aus dem Fahrzeuginnenraum zugänglich ist, zu einer Vertrauensebene zusammenfassen. Dort befindet sich u.a. das Infotainment-System und die Starttaste oder das Zündschloss. Die unmittelbare äußere Umgebung des Fahrzeugs wäre eine weitere Vertrauensebene. Aus ihr kann man das Fahrzeug öffnen oder schließen, oder es lassen sich Drahtlosverbindungen zum Fahrzeug nutzen. Je weiter unten eine Vertrauensebene in der Abbildung eingezeichnet ist, desto höher das nötige Maß an Vertrauen bzw. die Berechtigungen, die man zum Zugriff haben sollte. Die Vertrauensebenen können dabei nicht nur örtlicher, sondern auch logischer Art sein, z.B. ob es sich um Dienste von Drittanbietern oder um eigene Dienste handelt.

Zwischen den Vertrauensebenen zeichnet man **Trust Boundaries** als Grenzen ein. Sie sind in der Abb. 12.1 als gestrichelte Linien zu sehen. Üblicherweise sollte beim Übergang von einer weniger sicheren zu einer sichereren Vertrauensebene eine Form von Authentifizierung und Autorisierung vorgesehen sein. So kommt man aus dem nahen Außenbereich des Fahrzeugs durch Gebrauch eines passenden Schlüssels als Credential in den Fahrzeuginnenraum. Safety-kritische Komponenten wie das Bremssystem werden sozusagen „ganz unten" im Bereich der sichersten Vertrauensebene liegen. Sie sollten möglichst nur vom Wartungspersonal in ihrer Funktionsweise beeinflussbar sein.

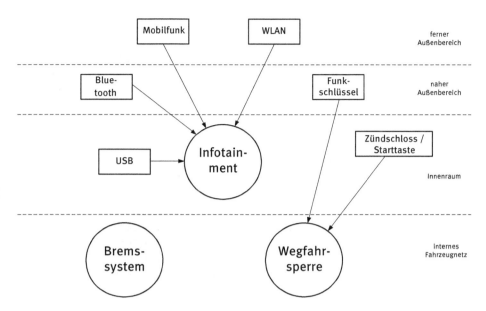

Abb. 12.1: Trust Boundaries

Die Kommunikationsverbindungen sind als Pfeile eingezeichnet. Je mehr Trust Boundaries ein solcher Pfeil überschreitet, um so größer die potentielle Gefahr.

Die USB-Schnittstelle überschreitet gar keine Trust Boundary, weil sie direkt am Infotainment-System angebracht ist. Dieses könnte man über die USB-Schnittstelle beeinflussen. So wie unser vereinfachtes Modell aufgebaut ist, besteht keine direkte Verbindung zwischen Infotainment und den Komponenten im internen Fahrzeugnetz. Das heißt nicht, dass die USB-Schnittstelle unkritisch ist, aber die Auswirkungen bleiben vermutlich eher begrenzt als bei Komponenten, die mehrere Trust Boundaries überschreiten.

So wirkt der Funkschlüssel aus der näheren Umgebung des Fahrzeugs über zwei Trust Boundaries hinweg auf die Wegfahrsperre ein und könnte ggf. zum Angriff auf weitere safety-kritische Komponenten des internen Fahrzeugnetzes eingesetzt werden. Das bedeutet nicht unbedingt, dass ein solcher Angriff existiert, aber wenn ein solcher entwickelt würde, könnte er bedeutenden Schaden anrichten. Also sollte man an dieser Stelle besonderes Augenmerk auf Security und angemessene Authentifizierung und Autorisierung legen. Entsprechendes gilt für Mobilfunk und WLAN, die ebenfalls zwei Trust Boundaries überschreiten.

Dabei könnte WLAN aber durchaus auch zum nahen statt fernen Außenbereich gerechnet werden und somit eine Trust Boundary weniger als Mobilfunk besitzen. Auch könnte man den Innenraum und das interne Fahrzeugnetz zu einer einzigen Vertrauensebene zusammenfassen, so dass durchaus ein gewisser Interpretationsspielraum besteht.

Als Kontrollmechanismen für die Zugriffe können verschiedenste Maßnahmen eingesetzt werden, z.B. im Bereich von Netzwerken Firewalls und Intrusion Detection Systeme oder im Bereich von Datenbanken rollenbasierte Zugriffskonzepte. Diese sind dann aber bereits Maßnahmen gegen die Bedrohungen, worauf im Kapitel 12.4 näher eingegangen wird.

Die Abb. 12.1 könnte eine erste Skizze sein, aber sie ist aus verschiedenen Gründen unausgereift und müsste weiter verfeinert werden:

- Die Auswahl der dargestellten Komponenten ist recht willkürlich. Möglichst alle security-relevanten Teile sollten sich wiederfinden.
- Das ganze Fahrzeug detailliert zu modellieren, führt zu sehr komplexen Darstellungen. Also könnte man in einem Top-Down-Verfahren vorgehen. Beispielsweise besteht das Infotainment aus weiteren Komponenten, die eine Rolle spielen könnten. Die Sicht darauf wäre schrittweise zu verfeinern. Man könnte sich der Reihe nach die einzelnen Bereiche herausgreifen und diese und ihr Zusammenspiel modellieren, so dass sie insgesamt ein Gesamtbild ergeben.
- Nicht nur die technischen Komponenten spielen eine Rolle, sondern auch Personen und Einrichtungen, z.B. Fahrer, Wartungstechniker, Cloud-Betreiber, usw. Diese fehlen bislang.

Doch nun betrachten wir, wie man systematisch Bedrohungen und Risiken ermitteln kann.

12.4 TARA

ISO 26262 spricht von **HARA** (Hazard Analysis and Risk Assessment) im Bereich der Functional Safety. Das Gegenstück bei der Cybersecurity ist **TARA** (Threat Analysis and Risk Assessment). TARA dient dazu, das Ausmaß an Bedrohungen und Risiken im Bereich der Cybersicherheit festzustellen, die auf einen Fahrzeuginsassen (**Road User**) einwirken könnten. Die TARA sollte gemäß ISO/SAE 21434, ähnlich wie HARA, bereits in der Konzeptphase (siehe Kapitel 12.2.5) stattfinden. Um sich möglichst gut in bestehende Entwicklungsprozesse zu integrieren, wurde TARA sehr ähnlich zu HARA aufgebaut.

12.4.1 Item Definition

Ein wesentlicher Schritt der Konzeptphase ist die **Item Definition**. Sie spielt eine wichtige Rolle als erster Schritt der TARA. Es ist wichtig, sich über die beteiligten Komponenten und Schnittstellen klar zu werden, die einen Einfluss auf die Cybersecurity haben können. Die im Kapitel 12.3 aufgezeigten Dinge wie DFD, Attack Surface und Trust Boundaries sind sinnvoll festzulegen.

Als Beispiel betrachten wir Over-the-air (OTA)-Updates. Es sollen also z.b. Sicherheitspatches oder Updates drahtlos in das Fahrzeug eingespielt werden. Zunächst überlegt man sich Fragen wie die folgenden:

- Sollen die OTA-Updates grundsätzlich nur per Mobilfunk übertragen werden oder sind auch WLAN oder Bluetooth denkbar, z.B. durch spezielle Geräte im Rahmen einer Wartung?
- Handelt es sich letztlich nur um eine Übertragung über das Internet mit allen seinen Risiken oder werden die Daten besonders geschützt, indem sie z.b. das Netz des Mobilfunkanbieters nicht verlassen?
- Welche Komponenten sind OTA-fähig? Z.B. ECUs oder Infotainment. Üblicherweise findet man zwei getrennte CAN-Busse für die ECUs und für das Infotainment, die aber durch ein CAN-Gateway gekoppelt sein können.
- Werden die Updates von außen initiiert oder durch das Fahrzeug?
- Wo werden die Updates bereitgestellt? Auf eigenen Systemen oder auf solchen von Drittanbietern?

Das sind nur einige Punkte, die Einfluss auf das zu modellierende Szenario haben und damit auf die Bedrohungen und nötigen Maßnahmen. Für unsere Zwecke beschränken wir uns auf OTA-Updates für das Infotainment, die nur per Mobilfunk heruntergeladen werden. Dazu sieht das Fahrzeug periodisch nach, ob neue Updates bereit stehen, sofern der Mobilfunk-Empfang hinreichend gut ist und das Fahrzeug längere Zeit steht. So vermeidet man Verbindungsabbrüche.

Das Modell in Abb. 12.2 kann einfach an andere Gegebenheiten angepasst werden. Beispielsweise eignet es sich auch, um OTA-Updates der Firmware in ECUs zu modellieren. Auch können weitere Schnittstellen wie OBD-II, Bluetooth oder WLAN vorgesehen werden.

12.4.2 Assets und Schutzziele

Nach der Item Definition werden die **Assets** identifiziert, also alles, was schützenswert ist, sowie deren Schutzziele. Im technischen Sinn werden die Assets meistens Daten sein, die abzusichern sind. Wir hatten in Kapitel 2.1 die fünf Säulen der IT-Sicherheit kennengelernt, die Schutzziele darstellen. Der Standard ISO/SAE 21434 verwendet davon allerdings nur die **CIA**-Eigenschaften: **C**onfidentiality – **I**ntegrity – **A**vailability. Im Standard SAE J3061 wurde u.a. noch auf STRIDE verwiesen (siehe Kapitel 12.5), das sechs Schutzziele verwendet.

Beispielsweise könnte ein Asset die Firmware des Infotainment-Systems sein. Kommunikationsverbindungen, hier das Mobilfunknetz und ggf. das CAN-Gateway, stellen

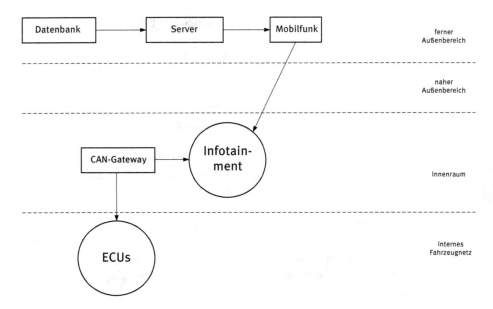

Abb. 12.2: Modell für OTA-Updates

ebenfalls Assets dar, ebenso wie Datenspeicher, also die Datenbank des Servers, in der die Firmware abgelegt ist.

Oft sind alle Schutzziele für ein Asset von Bedeutung. Für das Infotainment-System ist die Integrität der Firmware wesentlich für dessen einwandfreie Funktion. Die Vertraulichkeit der Firmware mag ebenfalls eine gewisse Rolle spielen, z.B. um Produktpiraterie zu verhindern oder das Finden von Sicherheitslücken durch Unbefugte zu erschweren. Die Verfügbarkeit eines Firmware-Updates ist wichtig, um bei Vorliegen eines Sicherheits-Patches dieses zeitnah einzuspielen.

12.4.3 Schadensszenarien

Als nächstes werden mögliche **Schadensszenarien (Damage Scenarios)** für die Assets überlegt. Dabei wird ermittelt, welche der CIA-Schutzziele des Assets durch eine Bedrohung gefährdet werden könnten und welcher Schaden dadurch entstehen könnte. In unserem Beispiel könnte man die Tabelle 12.1 aufstellen.

Wie kommt man auf diese Eintragungen? Behalten wir im Sinn, dass es um Cybersecurity-Bedrohungen geht, also um vorsätzliche Aktivitäten. Außerdem geht es um den Road User, der von den Bedrohungen betroffen wird.

Ein Cybersecurity-Angriff könnte auf verschiedene Weise die Integrität der Firmware verletzen, indem diese manipuliert wird. Dies könnte zu einem Ausfall des Infotainment-Systems führen. Dabei beachte man, dass es bei den CIA-Einträgen immer

Tab. 12.1: Schadensszenarien

Asset	C	I	A	Schadensszenario
Firmware		X		Infotainment-System fällt aus.
Firmware		X		Infotainment-System verhält sich ungewollt.
Mobilfunkverbindung		X	X	Mangels Patches werden Sicherheitslücken ausgenutzt. Angriffe auf andere Fahrzeugkomponenten werden möglich: Funktionsstörungen aller Art.
...	...	...	...	...

um die Schutzziele des betrachteten Assets geht. Die Verfügbarkeit des Infotainment-Systems wird zwar verletzt, aber das ist nicht das betrachtete Asset. Daher bleibt die Spalte A bei dem Asset Firmware leer.

Es wären auch ein Szenario denkbar, bei dem die Verfügbarkeit der Firmware verletzt wird, z.B. der Ausfall des Flash-Speichers für die Firmware. Wahrscheinlich wäre das aber nicht die Folge eines Cyberangriffs, sondern eher ein zufälliger Hardware-Ausfall. Daher fließt dieses Szenario nicht in die Betrachtung ein.

Auch ein Vertraulichkeitsverlust der Firmware ist denkbar, z.B. wenn diese aus dem Infotainment ausgelesen oder auf dem Übertragungsweg mitgeschnitten wird. Für den Road User entstünde dadurch aber kein direkter Schaden. Daher würde dies bei strengem Vorgehen nach ISO/SAE 21434 unberücksichtigt bleiben. Wohl aber wäre es für Hersteller wichtig, Maßnahmen gegen Produktpiraterie und Reverse Engineering zu treffen.

Ein weiteres Asset, das betrachtet wird, ist die Mobilfunkverbindung. Sie könnte gestört werden, was ein Angriff auf die Integrität wäre. Im Extremfall könnte gar keine Datenübertragung mehr möglich sein, so dass die Verfügbarkeit nicht mehr gewährleistet wäre. Beides würde dazu führen, dass keine Sicherheits-Patches mehr eingespielt werden könnten, was die Ausnützung von Sicherheitslücken ermöglichen würde.

Das waren nur einige Beispiele für Schadensszenarien, die man noch weiter ergänzen könnte.

12.4.4 Schadenskategorien und Impact Rating

ISO/SAE 21434 sieht folgende **Schadenskategorien (Impact Categories)** vor, auf die sich Angriffe auswirken könnten:
- **S**afety: Fahrzeuginsassen könnten verletzt werden.
- **F**inancial: Finanzieller Schaden könnte entstehen.
- **O**perational: Das Fahrzeug wird in seiner Funktionsweise beeinträchtigt.
- **P**rivacy: Personenbezogene Daten sind betroffen.

Weitere Kategorien können ergänzt werden. Jedem der oben ermittelten Schadens-szenarien wird mindestens eine dieser Schadenskategorien zugeordnet. Außerdem versucht man, die Auswirkungen der Schadensszenarien auf die Fahrzeuginsassen zu bewerten (**Impact Rating**).

Für jede Kategorie eines Schadensszenarios legt man dazu einen der folgenden Werte als Impact Rating fest:

- Severe: größtmöglicher Schaden
- Major: beträchtlicher Schaden
- Moderate: mäßiger Schaden
- Negligible: vernachlässigbarer Schadensumfang

Annex F in ISO/SAE 21434 definiert genauer, was welches Impact Rating in welcher Schadenskategorie bedeutet. Beispielsweise stellt das Impact Rating „Moderate" in der Kategorie „Operational" die teilweise Beeinträchtigung einer Fahrzeugfunktion dar, welche die Benutzerzufriedenheit mindert.

Beim Safety Impact Rating verweist ISO/SAE 21434 auf die Kategorien der ISO 26262-3:2018. So steht das Impact Rating „Severe" in der Kategorie „Safety" für die Klasse S3, welche lebensbedrohliche bis tödliche Verletzungen bedeutet.

Das Impact Rating für unser Beispiel von oben könnte etwa so aussehen, wie in Tabelle 12.2 dargestellt.

Tab. 12.2: Impact Rating

Schadensszenario	Schadenskategorie	Impact Rating
Infotainment-System fällt aus.	O	Moderate
Infotainment-System verhält sich ungewollt.	O	Moderate
Mangels Patches werden Sicherheitslücken ausgenutzt. Angriffe auf andere Fahrzeugkomponenten werden möglich: Funktionsstörungen aller Art.	S	Severe
...	...	...

An dieser Stelle mag es noch nicht ganz klar sein, welche Auswirkungen manche Scha-densszenarien haben könnten. Bis zur genaueren Klärung mag es sinnvoll sein, vom Worst Case auszugehen. Beispielsweise ist noch ungeklärt, ob es tatsächlich gelingen könnte, vom Infotainment-System aus Einfluss auf Bremsen o.ä. zu nehmen. Wahr-scheinlich ist das wegen des CAN-Gateways eher schwierig. Aber bei einem so großen Schadenspotential sollte man sich nicht von Vermutungen leiten lassen, sondern bis zum Vorhandensein der nötigen Fakten den schlimmstmöglichen Verlauf mitzuführen.

Ein Schadensszenario kann auch Schäden mehrerer Kategorien nach sich ziehen, die berücksichtigt werden müssen, aber bei einem Severe-Rating bei der Safety können andere Schadenskategorien im Vergleich dazu evtl. vernachlässigt werden.

12.4.5 Bedrohungsszenarien

Bei einem **Bedrohungsszenario (Threat Scenario)** überlegt man sich genauer, auf welche Weise es zu einem Schadensszenario kommen könnte. Teils gibt es dazu mehrere Wege, die festzuhalten sind. Das ist beispielhaft in Tab. 12.3 dargestellt.

Tab. 12.3: Bedrohungsszenarien

Schadensszenario	Bedrohungsszenario
Infotainment-System fällt aus.	Die Firmware des Infotainment-Systems wird auf dem Übertragungsweg manipuliert. Das kann im Mobilfunknetz geschehen, aber auch durch Einflussnahme auf den CAN-Bus oder bereits auf dem Server oder bei seiner Anbindung an das Mobilfunknetz
Infotainment-System fällt aus.	Das Infotainment-System kann durch eine DoS-Attack zum Absturz gebracht werden, z.B. durch Senden fehlerhafter Datenpakete
Infotainment-System verhält sich ungewollt.	Bedrohungsszenarien ähnlich wie bei „Infotainment-System fällt aus."
Mangels Patches werden Sicherheitslücken ausgenutzt. Angriffe auf andere Fahrzeugkomponenten werden möglich: Funktionsstörungen aller Art.	Es ist schwer abschätzbar, welcher Art künftig zu entdeckende Sicherheitslücken sein könnten. Von einer Vielzahl von möglichen Bedrohungsszenarien ist auszugehen.
...	...

12.4.6 Angriffspfadanalyse (Attack Path Analysis)

Sobald die Bedrohungsszenarien ermittelt wurden, lässt sich eine Angriffspfadanalyse oder **Attack Path Analysis** durchführen. Man versucht für jedes Bedrohungsszenario herauszufinden, auf welchen Wegen ein Angreifer es herbeiführen könnte. Das ist für unser Beispiel in Tab. 12.4 zu sehen.

12.4.7 Attack Feasibility Rating

Beim darauf folgenden **Attack Feasibility Rating** versucht man, jeden Angriffspfad im Hinblick auf seine Schwierigkeit bzw. Durchführbarkeit zu klassifizieren. Dabei sind für die Attack Feasibility folgende Werte vorgesehen:
- High
- Medium

Tab. 12.4: Angriffspfade

Bedrohungsszenario	Angriffspfade
Die Firmware des Infotainment-Systems wird auf dem Übertragungsweg manipuliert. Das kann im Mobilfunknetz geschehen, aber auch durch Einflussnahme auf den CAN-Bus oder bereits auf dem Server oder bei seiner Anbindung an das Mobilfunknetz	– Eindringen in den Server und Manipulation des Firmware-Images – Manipulation der Netzwerkpakete auf dem Weg vom Server zum Mobilfunkanbieter – Unterschieben gefälschter Firmware mittels gespoofter Mobilfunkstation – …
Das Infotainment-System kann durch eine DoS-Attack zum Absturz gebracht werden, z.B. durch Senden fehlerhafter Datenpakete	– Fuzzing (Senden willkürlich gestalteter Datenpakete) – Überlastung durch zu viele Datenpakete – …
…	…

- Low
- Very Low

Im Standard ISO/SAE 21434 werden verschiedene Möglichkeiten vorgeschlagen, wie man auf einen dieser Werte bei einem bestimmten Angriffspfad kommt:
- Angriffspotential-basierter Ansatz: Es fließen Faktoren wie die nötige Zeitdauer, die Kenntnis der Komponente und die erforderliche Ausstattung ein.
- CVSS-basierter Ansatz: CVSS ist das Common Vulnerability Scoring System. Dabei werden der Angriffsvektor und die Komplexität, evtl. nötige Benutzerinteraktion sowie Berechtigungen verwendet
- Angriffsvektor-basierter Ansatz: Es wird eingeschätzt, was der bevorzugte Angriffsvektor sein könnte, und dieser wird bewertet. Z.B. werden Angriffsvektoren, die aus der Ferne wirksam sind, denen vorgezogen, für die man physischen Zugriff auf das Ziel benötigt.

In Tab. 12.5 ist das Attack Feasibility Rating mit Angriffspotential-basiertem Ansatz für unser Beispiel zu sehen.
Dabei bedeuten:
- ZB: nötiger Zeitbedarf für die Entdeckung der Schwachstelle bis zum erfolgreichen Exploit
- E: nötige Expertise
- KK: Kenntnis der Interna einer Komponente
- ZF: passendes Zeitfenster, das getroffen werden muss
- A: Ausstattung

Tab. 12.5: Attack Feasibility Rating, Angriffspotential-basiert

Bedrohungsszenario	Angriffspfade		ZB	E	KK	ZF	A	Summe	Rating
Die Firmware des Infotainment-Systems wird auf dem Übertragungs-weg manipuliert.	–	Eindringen in den Server und Manipu-lation des Firmware-Images	0	3	0	4	0	7	High
	–	Manipulation der Netzwerkpake-te auf dem Weg vom Server zum Mobilfunkanbieter							
	–	Unterschieben ge-fälschter Firmware mittels gespoofter Mobilfunkstation							
	–	...							
Das Infotainment-System kann durch eine DoS-Attack zum Absturz ge-bracht werden.	–	Fuzzing (Senden willkürlich gestalte-ter Datenpakete)	0	0	0	4	0	4	High
	–	Überlastung durch zu viele Datenpake-te							
	–	...							
...	...								

Für die Zahlenwerte, die eingetragen werden, bietet ISO/SAE 21434 eine detaillierte Vorgabe, in der die Gewichtung der einzelnen Bereiche bereits enthalten ist.

12.4.8 Risiko-Ermittlung (Risk Value Determination)

Als nächstes wird für jedes Bedrohungsszenario das damit verbundene Risiko bestimmt. Dieses ergibt sich aus dem Impact Rating und dem Feasibility Rating der Angriffspfade für das Szenario. Ein niedriges Risiko bekommt den Wert 1, ein sehr hohes Risiko den Wert 5 zugeordnet.

Der Standard macht keine definitiven Vorgaben, auf welchem Weg die Risiko-Ermittlung erfolgen soll, aber schlägt Risiko-Matrizen oder Risiko-Formeln vor.

Bei einer Risiko-Matrix nimmt man häufig als Zeilen die Eintrittswahrscheinlich-keit, als Spalten die Schadenshöhe oder umgekehrt. Der Standard schlägt aber eine Variante wie in Tabelle 12.6 vor (in Anlehnung an [ISO/SAE International, 2021], Table H.8).

Tab. 12.6: Risiko-Matrix

		Feasibility Rating			
		Very Low	Low	Medium	High
Impact Rating	Severe	2	3	4	5
	Major	1	2	3	4
	Moderate	1	2	2	3
	Negligible	1	1	1	1

Wir betrachten wieder unser Beispiel der OTA-Updates und sehen die zugehörige Risiko-Ermittlung in Tab. 12.7. Das Einspielen einer manipulierten Firmware habe unter Berücksichtigung der verschiedenen Angriffspfade ein Attack Feasibility Rating von High. Das Impact Rating hatten wir in Kapitel 12.4.4 mit Moderate eingeschätzt. Aus der Tabelle 12.6 ergibt sich somit ein Risikowert von 3.

Tab. 12.7: Risiko-Ermittlung mit Risiko-Matrix

Bedrohungsszenario	Attack Feasibility Rating	Impact Rating	Risiko
Die Firmware des Infotainment-Systems wird auf dem Übertragungsweg manipuliert.	High	Moderate	3
Das Infotainment-System kann durch eine DoS-Attack zum Absturz gebracht werden.	High	Moderate	3
...	...	...	...

Man beachte: Das Attack Feasibility Rating kommt aus einer Tabelle mit Bedrohungsszenarien als Zeilen, während das Impact Rating aus einer Tabelle mit Schadensszenarien resultiert. Es ist also zu ermitteln, zu welchem Schadensszenario eine Bedrohung gehört, um das richtige Impact Rating zu bekommen.

Als Alternative dazu erwähnt ISO/SAE 21434 den Einsatz einer Risiko-Formel. Eine häufig verwendete Risiko-Formel bildet für jeden möglichen Sicherheitsvorfall i das Produkt aus dessen Eintrittswahrscheinlichkeit p_i mal der möglichen Schadenshöhe h_i. Das wird für alle Sicherheitsvorfälle des Bedrohungsszenarios aufaddiert:

$$R = \sum_i p_i h_i$$

So bekommt man eine Einschätzung, welche Bedrohungsszenarien größere und welche davon kleinere Risiken mit sich bringen. Die Risiko-Formel aus dem Standard sieht allerdings etwas anders aus:

$$R = 1 + I \times F$$

Dabei ist *I* das Impact Rating und *F* das Attack Feasibility Rating. Wir wenden diese Formel auf unser Beispiel an und erhalten das Ergebnis aus Tab. 12.8.

Tab. 12.8: Risiko-Ermittlung mit Risiko-Formel

Bedrohungsszenario	Attack Feasibility Rating	Impact Rating	Risiko
Die Firmware des Infotainment-Systems wird auf dem Übertragungsweg manipuliert.	2	1	3
Das Infotainment-System kann durch eine DoS-Attack zum Absturz gebracht werden.	2	1	3
...	...	...	...

Der Standard ISO/SAE 21434 enthält ein Mapping der verbalen in die numerischen Werte, bei denen die Formel dieselben Ergebnisse liefert wie die Risiko-Matrix.

12.4.9 Entscheidung über den Umgang mit den Risiken

Wir haben nun für jedes Bedrohungsszenario einen Risikowert ermittelt. Nun wird entschieden, ob das betreffende Risiko vermieden werden soll, z.B. dadurch, dass eine riskante Funktionalität abgeschaltet wird. Alternativ könnte man durch Treffen geeigneter Maßnahmen das Risiko verringern oder man versichert sich dagegen. Eine weitere Möglichkeit wäre, das Risiko als Restrisiko in Kauf zu nehmen.

Welchen Ansatz man wählt, hängt zum einen von der Höhe des Risikos ab. Einen kleinen Risikowert wird man eher als Restrisiko akzeptieren können als einen hohen Risikowert.

Zum anderen bilden der Aufwand und die daraus entstehenden Kosten einen weiteren wesentlichen Faktor. Hohe Risiken sollte man durch geeignete Maßnahmen reduzieren. Meistens wird man einen Kompromiss treffen, um mit möglichst günstigen Maßnahmen eine möglichst hohe Reduktion des Risikos zu bekommen. Oft haben einfache Maßnahmen bereits einen großen Effekt, während man zur weiteren Risikoreduktion einen teils exponentiell ansteigenden Aufwand treiben müsste. Wo genau die Grenze gezogen wird, ist eine Management-Entscheidung.

12.5 Alternative Threat Modeling Methoden

ISO/SAE 21434 ist zwar der aktuelle und für die nächste Zukunft gültige Standard, aber eine Reihe von Unternehmen werden sich noch eine Zeitlang an seinem Vorgänger

SAE J3061 orientieren. Darum soll kurz auf Threat Modeling Methoden eingegangen werden, die man damit in Verbindung öfter findet.

Es gibt eine Vielzahl an solchen Verfahren, die Namen wie **PASTA**, **VAST**, **DREAD** oder **STRIDE** tragen, nur um einige zu nennen.

Aus diesen Methoden wollen wir nun STRIDE herausgreifen und näher betrachten. STRIDE wurde von der Firma Microsoft entwickelt und besitzt, obwohl ursprünglich für andere Zwecke gedacht, auch im Automotive-Bereich eine gewisse Verbreitung.

Microsoft stellt das kostenlose Microsoft Threat Modeling Tool [Microsoft, 2022] bereit, mit dem sich zunächst ein Data Flow Diagram (DFD) erstellen lässt, und aus diesem kann ein Threat Report automatisiert erzeugt werden. Dazu gibt es einige Automotive-spezifische Templates wie [NCC Group, 2022] mit Focus auf **Fahrerassistenzsystemen** (**ADAS**, Advanced Driver Assistance System) oder für Over-the-Air (**OTA**) Updates [Zhendong Ma, 2022][Ma and Schmittner, 2016].

Die Bezeichnung STRIDE ist eine Abkürzung für die folgenden sechs Bereiche von Bedrohungen, die in das Threat Modeling einbezogen werden:

1. **S**poofing: Fälschung der Herkunft oder des Absenders von Daten. Wir hatten in Kapitel 10.2.1 kennengelernt, dass von außen stammende Daten als von innen kommend ausgegeben werden könnten. Auch könnte die Identität des Absenders der Daten gefälscht werden. Spoofing stellt einen Angriff auf die Authentizität von Daten dar.

2. **T**ampering: Die Integrität von Daten oder Code wird verletzt. Daten werden verfälscht oder es wird schädlicher Code in eine Software eingebaut. Der Begriff des Tamperings ist uns in Verbindung mit Webseiten bereits begegnet (siehe Kapitel 10.5.3.3).

3. **R**epudiation: Deren Gegenteil, die Non-Repudiation, hatten wir als eine der Säulen der IT-Sicherheit in Kapitel 2.1 kennengelernt und die Nicht-Abstreibarkeit und Verbindlichkeit in Verbindung mit Replay-Attacks betrachtet (siehe Kapitel 6.1).

4. **I**nformation Disclosure: Dabei handelt es sich um die Verletzung der Vertraulichkeit von Daten.

5. **D**enial of Service: Dieses Thema hatten wir in Kapitel 8 ausführlich beleuchtet.

6. **E**levation of Privileges: Hierbei eignet sich ein Benutzer größere Rechte an, als ihm zustehen. Dazu können beispielsweise Sicherheitslücken ausgenützt werden. Dabei wird die Autorisierung ausgehebelt.

Wie wir sehen, finden wir in dieser Liste die fünf Säulen der IT-Sicherheit wieder (Kapitel 2.1), ergänzt um die Autorisierung (Kapitel 1.3.2).

Wir haben nun einen Einblick in die Besonderheiten des Automotive-Bereichs vorgenommen. Es gäbe noch viele weitere Themen, die man ergänzen könnte, aber das würde den Rahmen dieses Kapitels sprengen. In den Aufgaben und den zugehörigen Lösungen werden einige Hinweise für eigene Nachforschungen gegeben, um das Kapitel zu erweitern und zu vertiefen.

12.6 Aufgaben

Aufgabe 130. Informieren Sie sich über aktuelle Sicherheitsvorfälle im Bereich der Automotive Security.

Aufgabe 131. Finden Sie heraus, wie der CAN-Bus funktioniert. Welche Security-Eigenschaften hat er?

Aufgabe 132. Forschen Sie nach, welche Methoden AUTOSAR SecOC zur Verbesserung der Security bietet.

Aufgabe 133. Wie wirkt sich das Vorhandensein eines CAN-Gateways (siehe Abb. 12.2) auf die Security-Betrachtungen einer USB-Schnittstelle aus? Vergleichen Sie mit Abb. 12.1.

Aufgabe 134. Verwenden Sie das Microsoft Threat Modeling Tool [Microsoft, 2022], um unser Beispiel der OTA-Updates damit nachzuvollziehen. Sehen Sie sich den Threat Modeling Report an und vergleichen Sie ihn mit unseren Beispiel-Annahmen und Ergebnissen.

13 Lösungen zu den Aufgaben

Hinweis: Die hier aufgeführten Lösungen fassen die Erklärungen aus den Buchkapiteln meist sehr kurz zusammen. Es mag sinnvoll sein, ergänzend dazu die entsprechenden Abschnitte der Buchkapitel nochmal für weitergehende Informationen anzusehen. Werden die Aufgaben als Prüfungsfragen verwendet, sollten die Antworten sicher deutlich detaillierter ausfallen und auch etwaige Zusatzinformationen aus den Buchkapiteln umfassen.

Lösung 1. Datenschutz deckt nur personenbezogene Daten ab, Datensicherheit alle Formen von Daten. Datensicherheit bezieht sich hauptsächlich auf technische, aber auch auf organisatorische Maßnahmen. Bei Datenschutz spielen außerdem rechtliche Randbedingungen eine große Rolle.

Lösung 2. Datensicherung ist die Anfertigung von Sicherheitskopien (Backups). Weil IT-Sicherheit auch die Verfügbarkeit abdeckt, gehört die regelmäßige Datensicherung zur gängigen Praxis in der IT-Sicherheit.

Lösung 3. Laut Schätzungen soll oft mehr als die Hälfte des Unternehmenswertes in den Daten des Unternehmens liegen, für deren Schutz die IT-Sicherheit sorgt. Bei der Vernachlässigung der IT-Sicherheit können neben rechtlichen Konsequenzen z.B. Imageschäden, Abwanderung von Kunden, Verlust von Geschäftsgeheimnissen und finanzielle Einbußen bis hin zur Insolvenz die Folge sein.

Lösung 4. Wirtschaftsspione können Nachlässigkeiten von Mitarbeitern ausnutzen, z.B. offen stehende Büros und zu einfache Passwörter. Neugier kann dazu führen, dass z.B. herumliegende USB-Sticks ausprobiert werden, die Systeme infizieren und für Wirtschaftsspione zugänglich machen. Oft werden Social-Engineering-Methoden verwendet, um Mitarbeitern vertrauliche Informationen zu entlocken oder deren Systeme unsicher zu machen.

Lösung 5. Kryptographie ist die Lehre von der Verschlüsselung. Kryptologie umfasst als Oberbegriff neben der Kryptographie auch noch die Kryptoanalyse, also die Lehre vom Brechen von Verschlüsselung sowie die Steganographie, also die Lehre vom Verstecken von Informationen.

Lösung 6. Steganographie ist die Lehre vom Verstecken von Informationen. Dazu werden Bilder oder Audiodateien verwendet, in denen niederwertigste Bits die zu versteckenden Informationen übertragen bekommen. Das ist idealerweise optisch bzw. akustisch nicht ohne weiteres erkennbar, sondern man muss wissen, welche Bits in welcher Reihenfolge zusammengefügt werden müssen, um die Information wieder zu extrahieren.

https://doi.org/10.1515/9783110767186-013

Lösung 7. Die Hauptprinzipien der IT-Sicherheit sind:
- Vertraulichkeit
- Authentizität
- Nicht-Abstreitbarkeit bzw. Verbindlichkeit
- Integrität
- Verfügbarkeit

Bis auf die Verfügbarkeit lassen sich alle mit kryptographischen Methoden gewährleisten. Als die 3 wichtigsten Schutzziele werden Integrität, Vertraulichkeit und Verfügbarkeit angesehen.

Lösung 8. Die Cäsar-Chiffre oder Shift Cipher basiert darauf, dass Klartextalphabet und Chiffretextalphabet um eine bestimmte Anzahl von Positionen gegeneinander verschoben werden. Einem Klartextzeichen entspricht das darunter stehende Chiffretextzeichen. Zur Entschlüsselung verschiebt man entsprechend in die entgegengesetzte Richtung.

Lösung 9. Der Schlüssel S wird zum Klartextzeichen dazu addiert, was im konkreten Fall einem Verschieben des Chiffretextalphabets um 11 Zeichen nach links entspricht, also etwa so:

a	b	c	d	e	f	g	h	i	j	k	l	...	v	w	x	y	z
l	m	n	o	p	q	r	s	t	u	v	w	...	g	h	i	j	k

Das Klartext-a wird also zum Chiffretext-l. Daraus ergibt sich als Chiffrat old tde rpsptx.

Lösung 10. Symmetrische Verfahren verwenden zum Ver- und Entschlüsseln denselben Schlüssel, während asymmetrische Verfahren zwei unterschiedliche Schlüssel einsetzen. Von diesen ist in der Regel einer geheim und der andere darf der Allgemeinheit bekannt sein.

Lösung 11. Die Buchstaben natürlicher Sprache sind nicht gleichverteilt, sondern manche sind im Mittel häufiger, andere seltener. Weil gleiche Klartextbuchstaben immer in die gleichen Chiffretextbuchstaben abgebildet werden, spiegelt sich diese Häufigkeitsverteilung auch im Chiffrat wider. Vergleicht man nun die Häufigkeitsverteilung des Chiffrats mit derjenigen der vermutlich vorliegenden Sprache, kann man Rückschlüsse auf die Klartextbuchstaben ziehen. Der im Chiffrat häufigste Buchstabe ist vermutlich derjenige, der auch in der Sprache am häufigsten vorkommt. Entsprechendes gilt der Reihe nach für die nächstselteneren Buchstaben. Auch wenn diese Zuordnung nicht immer genau gilt, reduziert es doch den Suchaufwand.

Lösung 12. Bei einem affinen Chiffrierverfahren hat die Verschlüsselungsfunktion die Form

$$c(T_i) := (T_i S_1 + S_2) \mod n$$

Es wird wie bei allen monoalphabetischen Substitutionschiffren nur ein einziges Alphabet verwendet, so dass eine Häufigkeitsanalyse möglich ist.

Lösung 13. Klassisches Beispiel ist die Enigma, die z.B. 3 oder 5 Alphabete immer abwechselnd verwendete. Man kann für jedes der Alphabete eine Häufigkeitsverteilung der Chiffrate bilden und dadurch eine mehrfache Häufigkeitsanalyse durchführen.

Lösung 14. Zum einen darf der Chiffretext keine Hinweise auf den Klartext oder auf den Schlüssel liefern. Zum anderen muss jeder mögliche Klartext gleich wahrscheinlich sein. Will man beliebige, auch natürlichsprachige Klartexte direkt verschlüsseln, wird letzteres schwer erfüllbar sein. Um zumindest ersteres zu erreichen, könnte man One-Time-Pads (OTP) mit mindestens der Klartextlänge einsetzen, die rein zufällig und gleichverteilt sein müssen.

Lösung 15. Beim One-Time-Pad (OTP) wird jeder Schlüssel nur einmal verwendet. OTPs müssen rein zufällig und gleichverteilt sein und mindestens die Länge des Klartextes besitzen. Man könnte dafür näherungsweise einen Pseudo-Zufallsgenerator einsetzen.

Lösung 16. Ein Pseudo-Zufallsgenerator (PZG, PRNG) erzeugt aus einer Seed eine Bitfolge. Dieselbe Seed erzeugt immer dieselbe Bitfolge, die sich nach einer gewissen Periodenlänge wiederholt. Der PZG arbeitet also rein deterministisch.

Lösung 17. Nullen und Einsen müssen gleich häufig sein. Es dürfen keine Regelmäßigkeiten oder Muster in der Bitfolge erkennbar sein. Die Periodenlänge muss möglichst groß und mindestens gleich der Klartextlänge sein.

Lösung 18. Ein PRNG verwendet interne Zuständen, die der Reihe nach durchlaufen werden. Mit n Bits kann man höchstens 2^n verschiedene Zustände erhalten, spätestens dann geht der Durchlauf von vorne los und die Bitfolge wiederholt sich.

Lösung 19.
- Verschlüsselung: Die Schlüsselbits K_i werden mit dem Klartext T_i bitweise XOR-verknüpft, was das Chiffrat C_i ergibt: $C_i = T_i \oplus K_i$
- Entschlüsselung: $C_i \oplus K_i = T_i$
- Schaubild siehe Abb. 2.2.
- Vorteile: einfach, performant, Schlüssel kann im Voraus berechnet werden
- Nachteile: Periodenlänge des PRNG und Wiederverwendung von Schlüsseln bergen Fallstricke. Verloren gegangene Bits erfordern erneutes Aufsetzen der Verbindung.

Lösung 20. Jeder Schlüssel darf nur einmal verwendet werden. Ansonsten könnte man die Chiffrate XOR-verknüpfen, wodurch der Schlüssel herausfällt und eine XOR-Verknüpfung der Klartexte entsteht. Kann man einen der Klartexte herausfinden, könnte man den anderen ebenfalls ermitteln.

Lösung 21. Abb. 2.3 zeigt die Known Plaintext Attack bei einem Dokument mit bekanntem Dateiformat. Man kennt somit für den Datei-Header sowohl Klartext T_1 als auch Chiffrat C_1.

Eine XOR-Verknüpfung ergibt den Schlüssel K: $T_1 \oplus C_1 = T_1 \oplus T_1 \oplus K = (T_1 \oplus T_1) \oplus K = 0 \oplus K = K$

Mit dem Schlüssel K lassen sich weitere Bereiche des Dokuments entschlüsseln. Das lässt sich verhindern, falls die Periodenlänge des PRNG mindestens der Dokumentlänge entspricht, weil dann keine Wiederholungen auftreten, bei denen man K erneut anwenden könnte.

Lösung 22. Klartext-Nullen lassen bei der XOR-Verknüpfung den Schlüssel K unverändert, denn es gilt $C = 0 \oplus K = K$, so dass der Schlüssel K in den betreffenden verschlüsselten Bereichen steht (Abb. 2.4).

Mit dem Schlüssel K kann man den Rest der Daten entschlüsseln, sofern sich K wiederholt. Die Periodenlänge des PRNG muss also mindestens der Klartextlänge entsprechen.

Lösung 23. Ein Unbefugter könnte zumindest zu einem der verschlüsselten Dokumente den Klartext kennen, z.B. wenn er ihn als frei zugängliches Dokument im Internet findet. Er kennt dann sowohl Chiffrat C_1 als auch Klartext T_1 und kann per Known Plaintext Attack den Schlüssel K ermitteln. Damit lassen sich die anderen Dokumente entschlüsseln (Abb. 2.5).

Es sollten also niemals zwei Dokumente oder Kommunikationsverbindungen mit demselben Schlüssel verschlüsselt werden, sondern man setzt besser Session Keys ein.

Lösung 24. Kerckhoffs kam zu dem Schluss, dass die Stärke einer Verschlüsselung nicht davon abhängen sollte, dass man den Algorithmus geheim hält, sondern nur davon, dass man vertrauliche Schlüssel geheim hält.

Lösung 25. Es kommt auf den Anwendungsfall an. Das Geheimhalten eines Verschlüsselungsalgorithmus ist gemäß Kerckhoffs' Prinzip z.B. nicht empfehlenswert: Seine Arbeitsweise kann irgendwann herausgefunden werden, und sehr wahrscheinlich entdeckt man damit in Verbindung gravierende Sicherheitslücken.

Wenn es sich dagegen z.B. um die Struktur des lokalen Netzwerks, um Firewall-Regeln oder ähnliches handelt, sollten diese sicherlich nicht preisgegeben werden.

Lösung 26. Bei synchronen Stromchiffren wie der XOR-Stromchiffre (Abb. 2.2) werden die Daten Bit für Bit beim Sender verschlüsselt, zum Empfänger übertragen und dort „im Gleichtakt" zum Sender entschlüsselt.

Vorteile: Der Schlüssel kann im Voraus berechnet werden, es reicht somit ein relativ langsamer PRNG, z.B. in einer Smartcard. Außerdem ist eine Replay Attack schwierig.

Nachteile: Wenn bei der Übertragung Bits verloren gehen oder Sender und Empfänger sonstwie aus dem Tritt geraten, muss die Verbindung neu aufgesetzt werden.

Selbstsynchronisierende Stromchiffren verwenden u.a. vergangene Chiffratbits zur Schlüsselgenerierung (Abb. 2.6).

Vorteile: Bei Verbindungsproblemen wie verlorenen Bits synchronisieren sich Sender und Empfänger automatisch wieder. Es muss also nicht die Verbindung neu aufgesetzt werden.

Nachteile: Der Schlüssel kann erst dann berechnet werden, wenn Klartext anfällt, aber nicht im voraus. Das bringt schlechtere Performance mit sich. Außerdem erleichtert die Selbstsynchronisierung Replay Attacks.

Lösung 27. Stromchiffren arbeiten auf einem beliebig langen Bitstrom und verarbeiten ein Bit nach dem anderen. Blockchiffren verwenden Blöcke aus einer konstanten Anzahl von Bits als kleinste Einheit.

Lösung 28. Stromchiffren: z.B. XOR-Stromchiffre, RC4

Blockchiffren: z.B. DES, 3DES, AES, CAST, Camellia, Twofish

Lösung 29.
- Electronic Code Book Mode (ECB): Jeder Block wird separat verschlüsselt.
- Cipher Block Chaining Mode (CBC): Die Blöcke werden verkettet, indem vorhergehende Chiffratsblöcke einfließen.
- Output Feedback Mode (OFB): Einsatz als synchrone Stromchiffre.
- Cipher Feedback Mode (CFB): Einsatz als selbstsynchronisierende Stromchiffre.
- Counter Mode (CTM): Ähnlich OFB, aber statt Ausgabe der Verschlüsselungsfunktion werden davon unabhängige natürliche Zahlen eingespeist.

Lösung 30. Siehe Kap. 2.8.3.

Lösung 31. Man erzeugt 2 oder 3 DES-Schlüssel und durchläuft mit diesen jeweils die DES-Verschlüsselung.

Lösung 32. DES weist eine Schlüssellänge von nur 56 Bits auf. Empfohlen werden mindestens 128 Bits. Daher ist DES anfällig für eine Brute Force Attack.

Lösung 33. Siehe Kap. 2.8.4.

Lösung 34.
1. Die Entschlüsselung dauert so lange, dass die Daten bis dahin veraltet sind.
2. Die Entschlüsselung kostet mehr als die Daten wert sind.

Lösung 35. Andere symmetrische Blockchiffren, z.B. 3DES, AES, CAST, Camellia, Two-fish.

Lösung 36. Das Schlüsseltauschproblem: Wie gelangt der Schlüssel vom Sender zum Empfänger?

Entweder verfügt man über eine sichere Kommunikationsverbindung für den Schlüsseltausch. Aber dann bräuchte man nicht zu verschlüsseln, sondern könnte die Daten gleich über diesen Kanal schicken.

Oder man hat keinen solchen Kommunikationsweg. Dann kann der Empfänger die Daten mangels Schlüssel nicht entschlüsseln.

Das Schlüsseltauschproblem kann mit asymmetrischen Verfahren, z.B. DH-Schlüsseltausch oder Public Key-Verfahren gelöst werden.

Lösung 37. Das DH-Verfahren dient zur Lösung des Schlüsseltauschproblems. Sender und Empfänger einigen sich auf einen gemeinsam genutzten symmetrischen Schlüssel. Die Informationen, die zwischen den beiden über einen unsicheren Kommunikations-weg fließen, reichen nicht aus, damit ein Unbefugter ebenfalls den symmetrischen Schlüssel ermitteln könnte.

Lösung 38. Siehe Kapitel 3.2.

Lösung 39. Auf einem Keyserver befinden sich die öffentlichen Schlüssel zahlreicher Benutzer. Vorteile:
- Man kann von dort öffentliche Schlüssel von neuen Kommunikationspartnern beziehen, mit denen man zuvor noch keinen Kontakt hatte.
- Der Keyserver ist auch online, wenn der Empfänger es nicht ist.

Lösung 40. Nein. Die Gründe:
- Es ist sicherzustellen, dass die Schlüssel tatsächlich zu den angegebenen Kommu-nikationspartnern gehören. Ansonsten könnten vertrauliche Informationen für Unbefugte verschlüsselt werden. Dazu gehören z.B. Identitätsprüfungen, bevor ein Schlüssel hochgeladen wird.
- Schlüssel dürfen nicht nachträglich manipuliert werden können, z.B. durch den Schlüssel eines Unbefugte ersetzt werden können.
- Bei einem Keyserver legt man Wert auf hohe Verfügbarkeit, um z.B. dringende Nachrichten immer verschlüsselt senden zu können, auch wenn man die Schlüssel nicht lokal zur Verfügung hat.

Lösung 41.
- Zum Unterschieben von falschen Schlüsseln, falls der Betreiber des Keyservers die hochgeladenen Schlüssel unzureichend auf Authentizität prüft.

- Als Datenquelle für Spammer, weil in den Schlüsseln die E-Mail-Adresse enthalten ist.
- Um herauszufinden, wer wen kennt: Von welchen Leuten wurde ein öffentlicher Schlüssel signiert?

Lösung 42. Siehe Kapitel 3.4.

Zur Abwehr der MITM-Attack wird zum einen der Schlüssel des Empfängers von einer vertrauenswürdigen Instanz unverfälschbar digital signiert. Zum anderen muss der Sender diese Signatur fehlerfrei prüfen können.

Lösung 43.
1. Wähle zwei etwa gleich große Primzahlen p und q.
2. Errechne den **Modul** $n := p \cdot q$.
3. Wähle eine Zahl e, die zu $(p-1)(q-1)$ teilerfremd ist.
4. Wähle eine Zahl d mit $(e \cdot d) \mod [(p-1)(q-1)] = 1$.

Lösung 44. Man nimmt eine Exponentierung mit dem öffentlichen Schlüssel e bzw. mit dem privaten Schlüssel d modulo einer Zahl n vor.

Verschlüsselung:
$$C_i := T_i^e \mod n$$

Entschlüsselung:
$$T_i := C_i^d \mod n$$

Lösung 45. Lösung durch praktischen Versuch. Es könnte eine Ausgabe ähnlich der folgenden erfolgen:

Doing 512 bit private rsa's for 10s: 183657 512 bit private RSA's in 10.00s
Doing 512 bit public rsa's for 10s: 2660047 512 bit public RSA's in 10.00s
Doing 1024 bit private rsa's for 10s: 62757 1024 bit private RSA's in 10.00s
Doing 1024 bit public rsa's for 10s: 1007564 1024 bit public RSA's in 10.00s
Doing 2048 bit private rsa's for 10s: 9111 2048 bit private RSA's in 10.00s
Doing 2048 bit public rsa's for 10s: 308535 2048 bit public RSA's in 10.00s
Doing 4096 bit private rsa's for 10s: 1303 4096 bit private RSA's in 10.00s
Doing 4096 bit public rsa's for 10s: 84099 4096 bit public RSA's in 10.00s

Wie man sieht, nimmt die Geschwindigkeit mit der Schlüssellänge rapide ab. Bei den derzeit empfohlenen 2048 Bit Schlüssellänge kann der Beispielrechner pro Sekunde 911 digitale Signaturen vornehmen bzw. 30853 digitale Signaturen prüfen.

Lösung 46. Public Key Verfahren sind sehr langsam im Vergleich zu symmetrischen Verfahren, je nach Algorithmus und Schlüssellänge z.B. ungefähr um den Faktor 1000. Daher verwendet man sie nur zu den unbedingt nötigen Schritten, z.B. für den Schlüsseltausch, und macht den Rest mit schneller symmetrischer Verschlüsselung.

Lösung 47. Für RSA als Public Key Verfahren werden mindestens 3072 Bit Schlüssellänge empfohlen, für ECC-Algorithmen 256 Bits, während für symmetrische Verschlüsselung derzeit 128 Bit Schlüssellänge als hinreichend betrachtet werden.

Lösung 48. Derzeit erscheint es am ehesten möglich, aus dem öffentlichen Schlüssel den privaten Schlüssel zu errechnen, wozu man sehr große Zahlen faktorisieren muss. Das ist sehr zeitaufwändig.

In der Zukunft könnte diese Faktorisierung mit einem Quantencomputer erfolgen, der diese in sehr kurzer Zeit durchführen könnte. Sobald es einen solchen mit hinreichender Wortbreite gäbe, wäre die RSA-Verschlüsselung nicht mehr sicher.

Lösung 49. Siehe Kapitel 3.6.

Das hybride Verfahren sieht auf den ersten Blick deutlich komplexer aus als die rein asymmetrische Verschlüsselung und benötigt tatsächlich Software oder Baugruppen für sowohl symmetrische als auch asymmetrische Verschlüsselung, was ein Nachteil ist.

Jedoch sind diese meist ohnehin nötig, und der große Vorteil des Performancegewinns überwiegt bei weitem.

Lösung 50. Beim hybriden Verfahren wird nur eine kleine Datenmenge, nämlich der Sitzungsschlüssel, asymmetrisch und somit langsam verschlüsselt. Die deutlich größeren Nutzdatenmengen werden symmetrisch und damit sehr schnell verschlüsselt. Das überwiegt zumindest bei größeren Datenmengen den Zusatzaufwand deutlich. Daher ergibt sich insgesamt ein deutlicher Performancegewinn.

Lösung 51.
- Verfahren mit elliptischen Kurven
- Verfahren mit diskreten Logarithmen
- PQC-Verfahren

Lösung 52.
- RSA
- ElGamal
- ECDSA

Lösung 53.
1. Die Hash-Funktion darf nicht umkehrbar sein.
2. Hash-Kollisionen dürfen nicht leicht zu ermitteln sein.
3. Selbst kleinste Änderungen in der Nachricht müssen zu unterschiedlichen Hash-Werten führen.

Der Hash darf außerdem nicht veränderbar sein. Das ist allerdings keine Anforderung an die Hash-Funktion, sondern an deren Art der Verwendung.

Lösung 54. Eine Hash-Funktion bildet unendlich viele Ausgangsdaten auf eine begrenzte Zahl von Hashwerten ab. Daher muss es immer Daten geben, die auf denselben Hashwert abgebildet werden, also eine Hash-Kollision darstellen.

Das ist unproblematisch, wenn es praktisch undurchführbar ist, solche Hash-Kollisionen zu finden.

Lösung 55. Siehe Kapitel 4.3.

Ändern sich Daten, Hashwert oder beides, dann passen Daten und Hashwert mit sehr großer Wahrscheinlichkeit nicht mehr zusammen.

Ein Unbefugter könnte nach der Änderung der Daten den Hashwert dazu passend erzeugen, um die Veränderung nicht bemerkbar zu machen. Dagegen hilft die Verschlüsselung, denn der Unbefugte weiß nicht, wie er die Änderungen so vornehmen kann, dass sie nach der Entschlüsselung zusammenpassen.

Lösung 56. Siehe Kapitel 4.4.

Lösung 57. Siehe Kapitel 4.5.1.

Lösung 58. Kryptographische Hashfunktionen sind nicht umkehrbar. Man kann also aus dem Hashwert nicht das ursprüngliche Passwort errechnen.

Im Gegensatz dazu kann man symmetrisch verschlüsselte Daten mit Kenntnis des Schlüssels entschlüsseln. Der Schlüssel muss im Betriebssystem abgelegt sein, denn sonst könnte es keine Verschlüsselung vornehmen. Man könnte also unter Verwendung dieses bekannten Schlüssels alle Passwörter im Klartext erhalten, was ein Sicherheitsrisiko darstellt.

Lösung 59. 256 Bits.

Lösung 60. Von dem externen Medium könnte ein Betriebssystem gestartet werden, das den Zugriffsschutz des auf dem Rechner vorhandenen Betriebssystems ignoriert. Man könnte also Datenträger des Rechners einbinden und die dortigen Passwortdateien nach Belieben lesen oder verändern.

So könnte man die darin enthaltenen Passwörter knacken, einem Benutzer ein bekanntes Passwort zuweisen, um sich damit anzumelden, oder man könnte neue Benutzer mit bekannten Zugangsdaten hinzufügen.

Lösung 61. Wie der Name schon andeutet, verwendet man ein Wörterbuch mit vielen potentiellen Passwörtern. Diese probiert man der Reihe nach durch.

Zumindest einfachere Passwörter findet man auf diese Weise sehr schnell, aber fortgeschrittene Knackprogramme erlauben es auch, z.B. angehängte Ziffern auszuprobieren, einzelne Buchstaben durch Sonderzeichen zu ersetzen, oder dergleichen.

Lösung 62. Um eine Rainbow Table aufzubauen, nimmt man eine riesige Zahl von Passwörtern, z.B. alle Möglichkeiten mit bis zu 8 Zeichen Länge, und errechnet jeweils den zugehörigen Passwort-Hash. Diesen legt man zusammen mit dem Passwort in einer Tabelle ab, der Rainbow Table.

Hat man nun einen Passwort-Hash, z.B. aus einem Einbruch in ein Computersystem, dann kann man in der Tabelle nachsehen, ob dieser Passwort-Hash enthalten ist. Wenn ja, hat man sofort das zugehörige Passwort.

Lösung 63. Man hängt an ein vom Benutzer gewähltes Passwort einen Salt-Wert an und errechnet über beides gemeinsam einen Hashwert. Diesen legt man zusammen mit dem Salt in der Passwortdatei ab.

Falls ein Eindringling an die Passwortdatei gelangt, dann erfährt er zwar auch den Salt-Wert, aber er kann zumindest keine Rainbow Tables mehr anwenden: Die Rainbow Table enthält ja nur Hashes ohne Salt. Daher wird das Knacken der Passwörter durch das Salzen erschwert.

Lösung 64. Siehe Kapitel 4.6.1.

Lösung 65. Einige verbreitete Hash-Algorithmen sind nach demselben Prinzip aufgebaut, das sich als unsicher herausgestellt hat. Demzufolge sind alle diese Algorithmen als gebrochen anzusehen. Man sollte sich daher auf die relativ wenigen Hash-Algorithmen beschränken, die sowohl anders aufgebaut als auch in puncto Sicherheit ausreichend untersucht wurden.

Lösung 66. Der Effekt ist ähnlich wie bei gesalzenen Passwörtern: Man kann keine Rainbow Tables mehr anwenden, die nur den einmaligen Hash über die Passwörter enthalten.

Außerdem muss ein Unbefugter für jedes auszuprobierende Passwort die mehrfache Hash-Operation anwenden, was die Zeit zum Knacken der Passwörter vervielfacht.

Lösung 67.
- ☐ DES
- ☐ RSA
- ☐ Twofish
- ☒ Whirlpool
- ☒ SHA-2
- ☒ RIPE-MD
- ☐ AES
- ☐ ECDSA
- ☐ El Gamal
- ☒ MD5
- ☐ Skipjack
- ☐ IDEA

Lösung 68.
- Whirlpool
- SHA-2
- SHA-3 / Keccak

Lösung 69. 1 SHA-1
0 RSA
1 RIPE-MD 160
2 Whirlpool
2 SHA-2
1 MD5
0 Skipjack
2 Keccak
0 IDEA

Lösung 70.
1. Authentizität: Der Urheber der digitalen Signatur ist eindeutig identifizierbar.
2. Fälschungssicherheit: Die digitale Signatur kann nicht von einem Unbefugten erzeugt worden sein.
3. Integrität: Man kann prüfen, ob die unterzeichneten Daten verfälscht wurden.
4. Verifizierbarkeit: Eine dritte Instanz kann die Gültigkeit der digitalen Signatur prüfen.
5. Eindeutigkeit, Nicht-Wiederverwendbarkeit: Die Signatur kann nicht für andere Dokumente wiederverwendet werden.
6. Nichtabstreitbarkeit: Der Unterzeichnende kann nicht nachträglich leugnen, dass er die Signatur erstellt hat.

Lösung 71. Siehe Kapitel 5.2.
Es kann im Grunde jeder entschlüsseln, wir haben also keine Vertraulichkeit. Dazu müssten wir zusätzlich so verschlüsseln, dass nur der berechtigte Empfänger entschlüsseln kann.

Lösung 72. Es wird ein Hashwert über das Dokument gebildet, den der Empfänger automatisiert prüfen kann.

Lösung 73. Es geht viel schneller, weil die Datenmenge viel kleiner ist. Ferner bleibt das Dokument für Menschen lesbar.

Lösung 74.
- RSA

- DSA
- ECDSA

Lösung 75. Das Web of Trust ist eine dezentrale Lösung für vertrauenswürdige Zertifikate. Man kann sich selbst davon überzeugen, dass ein Zertifikat zu einer bestimmten Person gehört und signiert dieses Zertifikat mit dem eigenen Schlüssel. Oder man verlässt sich darauf, dass andere dies mit hinreichender Sorgfalt getan haben, was durch deren Signaturen an einem Zertifikat bestätigt wird.

Lösung 76. Eine PKI (Public Key Infrastructure) ist ein zentraler Ansatz, um die Echtheit von Zertifikaten zu garantieren. Dazu gehören im weiteren Sinne Hardware, Software, Personen, Policies und Prozesse, um digitale Zertifikate zu erzeugen, zu verwalten, zu verteilen, anzuwenden, zu speichern und zu widerrufen.

Lösung 77. Ein Zertifikat wird von einer CA (Certificate Authority, Zertifizierungsstelle) erzeugt und signiert. Deren Zertifikat kann von weiteren CAs, bis hin zu einer Root CA, signiert worden sein. Dadurch entsteht eine Chain of Trust.

Bei der Prüfung eines Zertifikats auf Echtheit durchläuft man die Chain of Trust bis zur Root CA, wobei keine Lücken durch nicht-überprüfbare Signaturen auftreten dürfen.

Lösung 78.
1. Einfache elektronische Signatur: Eine elektronische Signatur, die nicht den Anforderungen an eine fortgeschrittene oder qualifizierte elektronische Signatur entspricht, z.B. Fußtext in einer E-Mail oder eingescannte Unterschrift.
2. Fortgeschrittene elektronische Signatur: Eindeutig dem Unterzeichner zugeordnet, identifiziert diesen. Mit dessen geheimem Schlüssel erstellt und mit Integritätsschutz versehen.
3. Qualifizierte elektronische Signatur: Erfüllt zusätzlich zur fortgeschrittenen elektronischen Signatur die Anforderungen, dass sie von einer qualifizierten elektronischen Signaturerstellungseinheit erstellt wurde und auf einem qualifizierten Zertifikat für elektronische Signaturen beruht.

Lösung 79. Siehe Kapitel 6.1. Die Nachteile sind folgende:
- Zeitstempel müssen hochauflösend sein, so dass sich auch bei maximaler Datentransferrate für jedes Datenpaket unterschiedliche Zeitstempel ergeben.
- Zeitstempel können wegen der Datenmenge nur für ein gewisses Zeitfenster gespeichert werden. Wird eine Replay Attack nach Ablauf des Zeitfensters gestartet, könnten die Pakete als neu erkannt werden. Ebenso könnten gültige Pakete ungewollt verworfen werden, wenn sie zu lange unterwegs sind und das Zeitfenster verlassen.

– Für jeden Kommunikationspartner muss eine Liste mit Zeitstempeln geführt werden, was ressourcenintensiv ist.

Lösung 80. Siehe Kapitel 7.1.

Lösung 81. Es sollten immer möglichst neue TLS-Versionen eingesetzt werden, weil die älteren oft gravierende Sicherheitslücken aufweisen.

Ferner muss darauf geachtet werden, dass eine sichere Konfiguration vorliegt. Unsichere Verbindungsmodi dürfen nicht angeboten oder akzeptiert werden.

Lösung 82.
1. Spoofing Attack: Ein Unbefugter gibt sich als Kommunikationspartner Alice aus und bekommt Informationen, die nur für Alice bestimmt sind.
2. MITM-Attack: Ein Unbefugter sitzt zwischen Alice und Bob und kann den gesamten Datenverkehr zwischen den beiden mitlesen.
3. Hijacking Attack: Ein Unbefugter schaltet zuerst Alice aus, z.B. mit einer DoS-Attack, und nimmt dann deren Rolle gegenüber Bob ein, der ihm vertrauliche Informationen preisgibt.
4. Illegaler Zustandswechsel: Ein Unbefugter bringt auf einem System Code zur Ausführung, der z.B. einen Buffer Overflow auslöst und dadurch die Verschlüsselung ausschaltet. Dann kann die übertragene Information mitgelesen werden.

Lösung 83.
☐ Lesen geheimer Daten (ist Sache der Vertraulichkeit)
☐ Chosen Plaintext Attack (zum Brechen von Verschlüsselung)
☒ Replay Attack
☐ Spoofing Attack (ist Authentizitätsproblem)
☐ Verkehrsflussanalyse (mit Kryptographie nicht verhinderbar)
☐ Unerwünschter Zustandswechsel (Software-Problem)

Lösung 84.
☐ Replay Attack
☒ Modifizierte Verschlüsselungssoftware, die ungewollt vertrauliche Daten an Unbefugte versendet
☐ Unbemerkbare Manipulation an Daten
☐ Spoofing Attack
☒ Verkehrsflussanalyse
☒ Lesen von Originaldokumenten vor der Verschlüsselung

Lösung 85. Siehe Kapitel 7.4.

Lösung 86. Vorteile:
- Idealerweise unbemerkbarer Informationsfluss
- Kombinierbar mit Kryptographie

Nachteile:
- Umständlich
- Oft nur für weniger gebräuchliche Trägerdateiformate
- Mit statistischen Methoden entdeckbar

Lösung 87. Four-Nines-Availability bedeutet eine Verfügbarkeit von 99,99%. Das entspricht einer Downtime von weniger als einer Stunde pro Jahr.

Lösung 88. MTBF (mean time between failures) bedeutet die durchschnittliche Zeit zwischen Systemausfällen, wobei das System nach einem Ausfall repariert wird.

Lösung 89. Die Badewannenkurve erhält man, wenn man Ausfallrate eines Produkts über der Zeit aufträgt. Man erkennt zu Beginn eine relativ hohe Ausfallrate (Frühausfälle) aufgrund von Fehlern bei der Fertigung. Diese nimmt schnell ab. Es folgt eine relativ lange Zeitspanne mit gleichbleibend niedriger Ausfallrate. Das ist die übliche Nutzungsdauer des Produkts. Dann steigt die Ausfallrate alterungsbedingt allmählich wieder an (Spätausfälle).

Lösung 90. Gegen Frühausfälle führt man ein Burn-In beim Hersteller durch. Dabei wird das Produkt so lange am Stück betrieben, bis die Zeitspanne der Frühausfälle weitgehend vorbei ist. Das fördert die Kundenzufriedenheit und vermindert teure Rückläufe.

Spätausfälle lassen sich durch vorbeugende Wartung verringern. Bevor ein Produkt erfahrungsgemäß ausfällt, wird es durch ein neues ersetzt. Dadurch verhindert man weitgehend die Folgeschäden, die mit einem Ausfall einhergehen.

Beide Verfahren verhindern nicht, dass ein Produkt ausfällt, aber sie reduzieren die damit verbundenen Folgen.

Lösung 91.
- Redundante System und Komponenten: Rechenzentren, Server, Speichermedien, Netzwerkkomponenten
- Einsatz einer USV / UPS
- Proaktive Wartung
- Verbesserung der Gebäudesicherheit
- Rufbereitschaft für Techniker und Administratoren

Lösung 92.
- Sichere Softwareentwicklung in allen Entwurfs- und Umsetzungsstadien
- Redundante Applikationen (Fallback-Lösungen)
- Backups
- Rufbereitschaft für Administratoren

Lösung 93. Es werden mindestens 3 Datenträger benötigt. Auf diese werden abwechselnd Datenblöcke und Prüfsummen geschrieben, wobei immer für je 2 Datenblöcke eine Prüfsumme errechnet wird. Das geschieht durch XOR-Verknüpfung der Datenblöcke.

Die Prüfsumme erlaubt den Ausfall eines Datenträgers ohne Datenverlust. Die Rekonstruktion erfolgt durch XOR-Verknüpfung der verbliebenen beiden Blöcke.

Die Prüfsummenblöcke werden auf alle Datenträger verteilt und brauchen im Normalbetrieb nicht gelesen zu werden. Daher erreicht man bei n Datenträgern die n-fache Leseperformance.

Lösung 94. Level 5 weist eine geringere Redundanz auf, weil nur $n + 1$ Datenträger nötig sind statt $2n$.

Anstatt wie bei Level 0 den kompletten Inhalt zu spiegeln, wird bei Level 5 nur ein XOR-Prüfsummenblock aus 2 Datenblöcken gebildet. Aus diesem ist eine Rekonstruktion möglich. Die Prüfsummenblöcke werden über die Platten verteilt.

Level 5 erreicht eine höhere Performance beim Schreiben (n-fach), weil unterschiedliche Datenblöcke parallel auf n Datenträger geschrieben werden. Bei Level 1 wird nur 1 Block auf beide Datenträger geschrieben, so dass man lediglich einfache Performance erreicht.

Beim Lesen können bei beiden RAID Levels unterschiedliche Datenblöcke parallel von allen Datenträgern gelesen werden. RAID 1 mit 2 Datenträgern erreicht also doppelte Performance, RAID 5 mit 3 Datenträgern 3-fache Leseperformance.

Lösung 95. Level 6 schützt vor Ausfall von zwei Datenträgern statt nur einem. Dazu werden zwei voneinander unabhängige Prüfsummenblöcke über die Platten verteilt.

Eine Verdopplung eines Prüfsummenblocks würde z.B. bei 4 Platten dazu führen, dass beim Ausfall zweier Datenträger für ein Drittel der Daten nur die beiden identischen Prüfsummenblöcke übrig blieben, so dass die Daten nicht rekonstruiert werden könnten.

Lösung 96.
- Wenn das ganze RAID-Array beschädigt wird, sind alle Daten verloren.
- Ein defekter Controller könnte auf alle Datenträger fehlerhafte Daten schreiben, so dass die Daten unbrauchbar wären.
- Datenträger gleichen Typs könnten dicht hintereinander ausfallen, bevor sie ersetzt werden. So könnten die Daten trotz RAID nicht mehr rekonstruierbar sein.

Lösung 97. dDOS-Attacks werden von Kriminellen zunehmend eingesetzt, um Firmen zu erpressen. Folgen der Angriffe können sein:
- Produktivitätsverlust
- Umsatzeinbußen
- Imageverlust und abwandernde Kunden
- Kurseinbrüche bei börsennotierten Unternehmen

Lösung 98.
- Abstellen nicht benötigter Funktionalitäten
- Schulung der Benutzer (Awareness)
- Festlegung der erlaubten und verbotenen Aktivitäten durch Regeln und Policies

Lösung 99. Nach der Art der Infektion unterscheidet man
- Viren
- Würmer
- „Trojaner"

  Nach dem Zweck unterteilt man Malware u.a. in
- Rootkits
- Backdoors
- Ransomware
- Spyware
- Scareware
- Adware

Lösung 100. Ein Rootkit wird meist von Eindringlingen von Hand installiert, um Dateien zu verstecken und evtl. Hintertüren zu öffnen. Es modifiziert Ausgabe von Betriebssystembefehlen, um seine Aktivitäten zu verschleiern.

Malware ist der Oberbegriff für alle Arten von Schadsoftware, z.B. Viren, Trojanische Pferde oder Würmer.

Spyware späht einen Rechner aus, um an vertrauliche Informationen zu gelangen. Die Informationen werden an den Urheber der Spyware oder einen vordefinierten Ort im Internet übermittelt.

Lösung 101.
- Ein Virus hat keine nützliche Funktion, während ein Trojanisches Pferd vorgibt, ein nützliches Programm zu sein.
- Ein Virus verbirgt sein Vorhandensein, während der Benutzer beim Trojanischen Pferd weiß, dass die Software installiert ist bzw. er hat sie selbst installiert.

Lösung 102. Siehe Kapitel 9.2.1.2.

Lösung 103.
- Schulung der Benutzer
- Wahl eines möglichst wenig anfälligen Betriebssystems und entsprechender Anwendungen
- Einsatz zeitgemäßer Software, die fortlaufend mit Sicherheitspatches versorgt wird
- Zeitnahe Anwendung von Patches
- Isolation veralteter und potentiell gefährdeter Systeme, restriktive Konfiguration
- Verbot von Privatgeräten im Unternehmensnetz oder Verwendung wirksamer Sicherheitslösungen dafür (NAC, MDM)
- Keine Installation von Anwendungen auf Clients durch Benutzer
- Regelmäßige Backups
- Verpflichtende Regelungen

Lösung 104. Siehe Kapitel 9.3.1.

Lösung 105. Siehe Kapitel 9.4.3.

Lösung 106.
- Mitlesen, kopieren oder verändern durch Unbefugte
- Spoofing des Absenders
- Erstellung von Kommunikationsprofilen
- Überwachung durch dauerhafte Speicherung von Inhalten
- Wirtschaftsspionage bei schlecht abgesicherten Mail-Servern
- Einschleppen von Malware-Infektionen
- Phishing
- Mail Bombing
- Fehlleiten von E-Mail aus ganzen Domänen durch Fehlkonfiguration
- Aufgegebene Accounts

Lösung 107.
- Kein Versand vertraulicher Inhalte per E-Mail über das Internet
- Keine E-Mail-Verwendung bei dringenden Inhalten oder solchen, die unbedingt ankommen müssen
- Verschlüsselung vertraulicher Daten
- Mitdenken, bevor Anhänge geöffnet werden oder auf Links geklickt wird
- Verwendung von Spam-Filtern

Lösung 108.
- Ressourcen des eigenen Rechners können zweckentfremdet werden, z.B. für das Knacken von Passwörtern.
- Der Rechner kann extrem langsam werden oder abstürzen.
- Es können unbemerkt evtl. bösartige Internetadressen angesteuert werden.
- Der Benutzer kann dazu verleitet werden, vertrauliche Informationen, z.B. Zugangsdaten, auf bösartigen Webseiten einzugeben.

Lösung 109.
- Schulung der Nutzer
- Aktivierung von aktiven Inhalten nur auf vertrauenswürdigen Websites
- Filterung aktiver Inhalte durch Firewalls
- Einsatz aktueller, aber ausgereifter Browserversionen
- Vorsicht beim Klicken auf Schaltflächen, insbesondere bei unbekannten Websites
- Am besten sichert man vor dem Surfen im Internet wichtige geöffnete Dokumente, für den Fall, dass der Rechner unerwartet abstürzt.

Lösung 110.
- Standalone-PC
- Autarkes Netzwerk
- Dedizierte Surf-PCs
- Live Medien

Lösung 111.
- externe Firewall: trennt Intranet vom Internet
- interne Firewall: befindet sich komplett im internen Netzwerk und trennt Netzsegmente mit sensiblen Daten von solchen mit weniger sensiblen Daten
- lokale Firewall: schirmt den eigenen Rechner von der Außenwelt ab

Lösung 112.
- wenn sie zu wenig restriktiv konfiguriert ist
- wenn sie fehlerhaft konfiguriert ist
- wenn sie nicht dauernd gepflegt wird
- wenn Log-Dateien nicht gesichtet werden
- wenn sie leicht umgangen werden kann

Lösung 113. Vorteile:

- einfach
- schnell
- günstig
- in zahlreichen Geräten vorhanden

Nachteil:

- bringt relativ wenig Sicherheit: sieht nur untere Schichten der Datenübertragung

Lösung 114.
- Schnittstelle, an der das Paket ankommt
- IP-Adresse des Absenders
- Ziel-IP-Adresse
- Protokoll
- Port
- Bitmasken, z.B. um Viren zu erkennen

Lösung 115. Paketfilter

Lösung 116. Siehe Kapitel 10.2.1.

Lösung 117. Application Gateway

Lösung 118. Ein Paketfilter sieht im Gegensatz zum Application Gateway nicht, was auf höherer Ebene passiert. Angenommen, der Port für E-Mail-Kommunikation sei offen. Dann lässt der Paketfilter Daten, die über diesen Port gehen, passieren.

Über den Port können aber auch andere Informationen als E-Mails übertragen werden. Z.B. könnten geheime Informationen nach außen geschickt werden, oder der Rechner könnte von außen über diesen Port ferngesteuert werden. Der Paketfilter kann dagegen nichts machen, wohl aber ein Application Gateway, das genaue Informationen über den Aufbau von E-Mails besitzt und Abweichungen entdecken könnte.

Lösung 119. Eine WAF schützt Webserver vor Angriffen durch Clients. Sie filtert bösartige Inhalte heraus und ist dann sinnvoll, wenn man fertige Software verwendet, auf deren Code man keinen Einfluss hat.

Lösung 120. Clients können Web-Formulare, Cookies, etc. manipulieren oder unerwartete Eingaben tätigen. Sonderzeichen in Benutzereingaben können durch eine Shell interpretiert werden oder Aktionen in Datenbanken auslösen.

Z.B. SQL Injection: Benutzer-Eingaben enthalten SQL-Code, der Bedingungen wegkommentiert und dazu führt, dass man ungewollt Informationen erhält. Eine WAF filtert gefährliche Zeichen aus, so dass SQL Injection sich nicht mehr auswirkt.

Z.B. Cookie Poisoning: Cookies werden verfälscht. Das kann dazu führen, dass man den Warenkorb eines anderen Benutzers einsehen kann. Cookies werden von der WAF verschlüsselt und auf Integrität geprüft, so dass Änderungen erkannt werden.

Lösung 121. Die Kompromittierung der zentralen FW würde ein ungehindertes Eindringen ins zu schützende Netz erlauben, da sie die einzige Hürde dazwischen bildet. Besser sind kaskadierte Firewalls mit DMZ.

Lösung 122. DMZ bedeutet Demilitarisierte Zone. Es handelt sich dabei um ein separates Netz, das an einem dritten Netzwerk-Interface einer Firewall angeschlossen ist. Generell bietet eine DMZ möglichst viele Dienste nach außen bei möglichst hoher Sicherheit nach innen.

In der DMZ wird z.B. ein Webserver oder E-Mail-Server untergebracht, der von außen erreichbar sein muss. Wird ein solcher kompromittiert, ist dennoch kein Angriff auf das interne Netzwerk möglich, weil durch entsprechende Regeln ein Verbindungsaufbau von der DMZ ins interne Netz geblockt werden kann. Das wäre nicht möglich, wenn Server bereits im internen Netz wäre.

Skizze siehe Abb. 10.21.

Lösung 123. Zweck einer hochsicheren Firewall ist es, möglichst viele unterschiedliche Hürden zu schaffen, die ein Angreifer überwinden müsste, um ins geschützte Netz zu gelangen. Die Verfügbarkeit ist oft eher zweitrangig.

Dazu kombiniert man Paketfilter und Application Gateway zu einem Sandwich-System, siehe Abb. 10.23. Das hat den Vorteil, dass auf beiden Ebenen Angriffe erkannt werden können.

Es wird verschiedene Hardware und Software eingesetzt. Das bietet den Vorteil, dass bei einer Sicherheitslücke in einem Gerät nicht gleich ein Eindringen möglich ist, weil noch weitere Hürden zu überwinden sind.

Typischerweise ist eine demilitarisierte Zone (DMZ) vorhanden, z.B. für Webserver. Vorteil: Es können möglichst viele Dienste nach außen angeboten werden, bei gleichzeitig hoher Sicherheit nach innen. Eine Sicherheitslücke im Webserver kann nicht zum Eindringen nach innen genutzt werden.

Nachteilig ist, dass ein hoher Aufwand für Konfiguration und Pflege nötig ist. Ferner ist ein solcher mehrstufiger Aufbau relativ teuer.

Lösung 124.
- Geringe Rechenleistung der Geräte und damit eingeschränkte Möglichkeiten für kryptographische Methoden
- Entwickler haben oft kaum IT-Sicherheitskenntnisse
- Einsatz der Geräte über viele Jahre hinweg, kaum / keine Updates
- Gefahren oft unbekannt oder unterschätzt

Lösung 125. Bitte suchen Sie in einschlägigen Sicherheits-Datenbanken, z.B. Exploit-DB [2017].

Lösung 126. Die Sprachdaten werden üblicherweise in die Cloud übertragen. Ein Kunde hat üblicherweise kaum einen Einfluss darauf
- in welchem Land seine Sprachdaten vararbeitet werden
- ob die Daten sicher dorthin gelangen
- ob die erkannten Sätze auf sichere Weise zurück übertragen werden
- ob und wie lange die Daten gespeichert werden
- wie die Daten ausgewertet werden
- an wen sie weitergegeben werden.

Lösung 127. Google Hacking bedeutet, dass man sicherheitskritsche, meist verwundbare Geräte oder Software mit Hilfe von Suchanfragen auffinden kann. Dazu gehören z.B. Passwortdateien, ungeschützte Web-Interfaces von IP-Telefonen, Routern, Druckern und anderen Geräten. Ferner Backups oder vertrauliche Dokumente auf ungeschützten Fileshares.

Lösung 128.
- Beachten der Hinweise zur Entwicklung sicherer Web-Anwendungen
- Kauf nur von hinreichend sicheren Geräten
- Sichere Konfiguration
- Einschränkung der Zugriffsmöglichkeiten auf Daten
- Sichtung von Log-Files
- Pentesting

Lösung 129. Zumindest die gefundenen Lücken können behoben werden, so dass man weniger Angriffsfläche bietet.

Unbefugte haben kein schnelles Erfolgserlebnis und suchen sich wahrscheinlich leichtere Ziele.

Lösung 130. Siehe z.B. [ZDNet] oder [Heise].

Lösung 131. Siehe z.B. [Smith, 2016].

Security ist praktisch nicht vorhanden. Insbesondere gibt es keinen Schutz vor Replay-Attacks, dem Mitlesen oder Verfälschen von Informationen, dem Einhängen bösartiger CAN-Geräte oder der Überlastung des CAN-Bus mittels unerwünscht erzeugten Paketen.

Es gibt eine gewisse Form von Security by Obscurity, weil nicht von Haus aus standardisiert ist, welche Nutzdaten was bewirken und jeder Hersteller eigene Spezifikationen in dieser Hinsicht erstellen kann. Manche Protokolle, die auf CAN aufsetzen, machen jedoch zusätzliche Festlegungen, z.B. CANOpen [CAN-CIA, 2022].

Lösung 132. Siehe Website von autosar.org, insbesondere [AUTOSAR, 2017], [AUTO-SAR, 2021b], [AUTOSAR, 2021a] sowie die Templates [AUTOSAR, 2021d] und [AUTOSAR, 2021c].

Lösung 133. Die USB-Schnittstelle könnte über das CAN-Gateway eine weitere Trust Boundary überschreiten und somit eine deutlich größere Bedeutung für die Security des Gesamtsystems bekommen.

Lösung 134. Das OTA-Template finden Sie unter [Zhendong Ma, 2022].

Stichwortverzeichnis

https://doi.org/10.1515/9783110767186-014

Literatur

AUTOSAR. Specification of Secure Onboard Communication, 2017. URL https://www.autosar.org/fileadmin/user_upload/standards/classic/4-3/AUTOSAR_SWS_SecureOnboardCommunication.pdf.

AUTOSAR. Specification of Communication Management, 2021a. URL https://www.autosar.org/fileadmin/user_upload/standards/adaptive/21-11/AUTOSAR_SWS_CommunicationManagement.pdf.

AUTOSAR. Requirements on Secure Onboard Communication, 2021b. URL https://www.autosar.org/fileadmin/user_upload/standards/classic/21-11/AUTOSAR_SRS_SecureOnboardCommunication.pdf.

AUTOSAR. Software Component Template, 2021c. URL https://www.autosar.org/fileadmin/user_upload/standards/classic/4-3/AUTOSAR_TPS_SoftwareComponentTemplate.pdf.

AUTOSAR. System Template, 2021d. URL https://www.autosar.org/fileadmin/user_upload/standards/classic/21-11/AUTOSAR_TPS_SystemTemplate.pdf.

BSI. Hochverfügbarkeitskompendium Band G, Kapitel 2: Definitionen, 2013. URL https://www.bsi.bund.de/SharedDocs/Downloads/DE/BSI/Hochverfuegbarkeit/BandG/G2_Definitionen.pdf?__blob=publicationFile&v=3.

BSI. BSI TR-02102-1 Kryptographische Verfahren: Empfehlungen und Schlüssellängen, Version: 2017-01, 2017. URL https://www.bsi.bund.de/SharedDocs/Downloads/DE/BSI/Publikationen/TechnischeRichtlinien/TR02102/BSI-TR-02102.pdf.

CAN-CIA, 2022. URL https://www.can-cia.org.

CVE. Common Vulnerabilities and Exposures, 2022. URL https://cve.mitre.org/.

Wolfgang Ertel. *Angewandte Kryptografie*. Hanser, 2012.

EU. Verordnung (EU) Nr. 910/2014 des Europäischen Parlaments und des Rates vom 23. Juli 2014 über elektronische Identifizierung und Vertrauensdienste für elektronische Transaktionen im Binnenmarkt und zur Aufhebung der Richtlinie 1999/93/EG, 2014. URL https://eur-lex.europa.eu/legal-content/DE/TXT/?uri=CELEX:32014R0910.

Exploit-DB. Exploit-DB, 2017. URL http://www.exploit-db.com/google-dorks/.

Stephan Hansen-Oest. *Datenschutzbeauftragte – Einsteigerlektüre für Anfänger: mit Mustern & Vorlagen*. Fachmedien Recht und Wirtschaft in Deutscher Fachverlag GmbH, 2020.

Heise. Newsticker Security. URL https://www.heise.de/security/.

Roland Hellmann. *Rechnerarchitektur*. DeGruyter, 2022.

IETF. The Transport Layer Security (TLS) Protocol Version 1.3, 2018. URL https://datatracker.ietf.org/doc/html/rfc8446.

International Organization for Standardization. *ISO 26262 Road vehicles - Functional safety*. 2018.

ISO/SAE International. *ISO/SAE 21434 Road vehicles — Cybersecurity engineering*. 2021.

Zhendong Ma and Christoph Schmittner. Threat modeling for automotive security analysis. Zenodo, Nov 2016. 10.5281/zenodo.240551.

Microsoft. Microsoft Threat Modeling Tool, 2022. URL https://aka.ms/threatmodelingtool.

NCC Group. The Automotive Threat Modeling Template, 2022. URL https://github.com/nccgroup/The_Automotive_Threat_Modeling_Template.

OWASP. OWASP Developer Guide Project, 2022a. URL https://wiki.owasp.org/index.php/OWASP_Guide_Project.

OWASP. OWASP Top Ten Project, 2022b. URL https://owasp.org/www-project-top-ten.

SAE International. *Cybersecurity Guidebook for Cyber-Physical Vehicle Systems*. 2021.

Klaus Schmeh. *Kryptografie: Verfahren, Protokolle, Infrastrukturen*. dpunkt, 2016.

Shodan. Shodan, 2022. URL https://www.shodan.io/.

https://doi.org/10.1515/9783110767186-015

Craig Smith. *The Car Hacker's Handbook - A Guide for the Penetration Tester*. No Starch Press, 2016.

Wikipedia. Wikipedia, 2022. URL https://www.wikipedia.org.

Tim Wybitul. *EU-Datenschutz-Grundverordnung im Unternehmen: Praxisleitfaden*. Fachmedien Recht und Wirtschaft in Deutscher Fachverlag GmbH, 2016.

ZDNet. Newsticker Security. URL http://www.zdnet.de/kategorie/security/.

Zhendong Ma. Automotive Threat Modeling, 2022. URL https://github.com/zhendongma/Automotive_Threat_Modeling.

Harald Zisler. *Computer-Netzwerke: Grundlagen, Funktionsweise, Anwendung*. Rheinwerk Computing, 2016.

www.ingramcontent.com/pod-product-compliance
Lightning Source LLC
Chambersburg PA
CBHW060539060326
40690CB00017B/3543